ПОЛЕЗНЫЕ СОВЕТЫ КАББАЛИСТА

мужчине и женщине,
родителям и детям

МЕЖДУНАРОДНАЯ
АКАДЕМИЯ
КАББАЛЫ

УДК 130.12
ББК 87/Л18

Беседы с Михаэлем Лайтманом
П18   **ПОЛЕЗНЫЕ СОВЕТЫ КАББАЛИСТА:** мужчине и женщине, родителям и детям. – М: НФ «ИПИ», 2025. – 296 с.

Besedi s Laitmanom Michaelem
P18   **POLEZNIE SOVETI KABBALISTA:** mujchine i jenshine, roditelyam i detyam. – M: NF «IPI», 2025 – 296 pages.

ISBN 978-5-91072-031-6

Читатель может подумать, что эта книга – о женщине, мужчине и о том, как наладить их непростые взаимоотношения. Читателю может показаться, что она – о создании успешной и счастливой семьи, об ответственных родителях, их непослушных детях и необычных приемах правильного воспитания.

И это действительно так. Но, в то же самое время, эта книга раскроет вам нечто совершенно иное. Книга составлена из бесед Михаэля Лайтмана, каббалиста и ученого, со своими учениками.

Михаэль Лайтман – профессор онтологии и теории познания, является основателем и президентом Ashlag Research Institute и Международной академии каббалы. Профессор Лайтман является автором более 40 книг переведенных на 17 языков.

Михаэль Лайтман – всемирно известный эксперт в области классической каббалы, а также ученик самых выдающихся представителей этой древней мудрости в XX веке, Б. Ашлага и Й. Ашлага, автора комментария Сулам [Лестница] на Книгу Зоар.

УДК 130.12 ББК 87

ISBN 978-5-91072-032-3   © Laitman Kabbalah Publishers, 2025
                                                    © НФ «Институт перспективных исследований» 2025

ПОЛЕЗНЫЕ СОВЕТЫ КАББАЛИСТА

мужчине и женщине,

родителям и детям

Беседы с Михаэлем Лайтманом

СОДЕРЖАНИЕ

ЧАСТЬ ПЕРВАЯ: МУЖЧИНА И ЖЕНЩИНА 18
- МУЖЧИНА И ЖЕНЩИНА 19
- СЕКС 39
- СНОВА МУЖЧИНА И ЖЕНЩИНА 67
- ЖЕНСКОЕ ОДИНОЧЕСТВО 89
- ЛЮБОВЬ И СЕМЬЯ 101
- НЕЗАВИСИМОСТЬ 125
- СУПРУЖЕСТВО 137

ЧАСТЬ ВТОРАЯ: РОДИТЕЛИ И ДЕТИ 149
- СЕМЬЯ 150
- ВОСПИТАНИЕ (начало) 160
- ВОСПИТАНИЕ (окончание) 186
- ЭТАПЫ РАЗВИТИЯ ЧЕЛОВЕКА (начало) 206
- ЭТАПЫ РАЗВИТИЯ ЧЕЛОВЕКА (продолжение)..222
- ЭТАПЫ РАЗВИТИЯ ЧЕЛОВЕКА (окончание) 240
- ВЫБОР ПАРТНЕРА И ПРОФЕССИИ 252
- ДЕТСКАЯ ДЕПРЕССИЯ 262
- ОТВЕТЫ НА ДЕТСКИЕ ВОПРОСЫ 272

ДОПОЛНИТЕЛЬНАЯ ИНФОРМАЦИЯ 281

ЧИТАТЕЛЬ МОЖЕТ ПОДУМАТЬ,
ЧТО ЭТА КНИГА — О ЖЕНЩИНЕ, МУЖЧИНЕ
И О ТОМ, КАК НАЛАДИТЬ
ИХ НЕПРОСТЫЕ ВЗАИМООТНОШЕНИЯ.

ЧИТАТЕЛЮ МОЖЕТ ПОКАЗАТЬСЯ, ЧТО ОНА —
О СОЗДАНИИ УСПЕШНОЙ И СЧАСТЛИВОЙ
СЕМЬИ,
ОБ ОТВЕТСТВЕННЫХ РОДИТЕЛЯХ,
ИХ НЕПОСЛУШНЫХ ДЕТЯХ
И НЕОБЫЧНЫХ ПРИЕМАХ ПРАВИЛЬНОГО
ВОСПИТАНИЯ.

И ЭТО ДЕЙСТВИТЕЛЬНО ТАК.
НО, В ТО ЖЕ САМОЕ ВРЕМЯ, ЭТА КНИГА
РАСКРОЕТ ВАМ НЕЧТО СОВЕРШЕННО ИНОЕ.

КНИГА СОСТАВЛЕНА ИЗ БЕСЕД
МИХАЭЛЯ ЛАЙТМАНА, КАББАЛИСТА И
УЧЕНОГО, СО СВОИМИ УЧЕНИКАМИ.

НИВ НАВОН, УЧИТЕЛЬ

Н. Навон: Я расскажу, как я пришел к тому, что стал семейным человеком. Меня подтолкнули к этому довольно неожиданно. Все произошло очень быстро. И вот я женат. Вскоре появились дети. Поверьте мне…

М. Лайтман: Ты что, хочешь сейчас выяснить, почему это произошло?

МАУРО АДМОНИ, ФОТОХУДОЖНИК

М. Адмони: А мужчина, чего мужчина хочет больше: любить женщину или быть любимым?

М. Лайтман: Мужчина хочет от женщины признания.

М. Адмони: Признания?

М. Лайтман: Да. Ему нужно чувствовать, что женщина его ценит. И если женщина умеет показать это мужчине, дать ему почувствовать, что она им восхищается, что он значителен в ее глазах, что он обожаемый, сильный, особенный, тогда он готов ради нее на все. Это слабое место мужчины. Ему нужна поддержка женщины, ее признание. Это следствие духовного мира.

М. Адмони: И как это связано с духовным развитием? Есть у вас пример?

АНАТОЛИЙ УЛЬЯНОВ, ПСИХОЛОГ

А. Ульянов: Предположим, ребенок начинает врать, просто откровенно врет.

М. Лайтман: Ну, и что?

А. Ульянов: Ну, и что? (Смеется) Как я должен с ним взаимодействовать? Как я должен работать с его враньем?

М. Лайтман: Начать ему врать в лицо еще больше, чем он сам. И так вы доведете ситуацию до абсурда и вернетесь к правде.

А. Ульянов: Очень интересно. (Смеется). Видите, я не могу сдерживаться…

М. Лайтман: Вы же его должны привести к правде. Как вы можете иначе? Как вы можете иначе? Вы должны ему показать на своем примере, что значит врать. Вот так вот просто и открыто вы ему врете. Еще больше даже.

А. Ульянов: Утрировать?

ШЕЛЛИ ПЭР, КОРРЕСПОНДЕНТ

Ш. Пэр: Я хотела бы спросить нечто другое: кто кого должен выбирать, мужчина или женщина?

М. Лайтман: В сущности, выбирает мужчина. А женщина обладает свойством привыкать к мужчине: она тянется за мужчиной, который ее выбрал.

Ш. Пэр: Значит, если он ее выбрал, то, даже не чувствуя к нему влечения, она вдруг захочет его?

ЕЛЕНА ФРИДМАН, ТЕЛЕВЕДУЩАЯ

М. Лайтман: Так вот, вы не судите о ребенке по его маленькому тельцу, а судите его по той душе, которая в нем. Она уже старая, ей надо делать что-то с собой. Она уже мудрая, она уже понимает, что все это ни к чему. Она уже прожила столько, что вы ее не сможете запутать.

Что вы будете с ней делать?

Е. Фридман: Вот и я не знаю, что делать.

МАЙЯ ГРИН, АКТРИСА, И **АЛЕКСАНДР КОЗЛОВ,** ЭКОНОМИСТ

М. Грин: Выходит, что женщины на самом деле более одиноки, чем мужчины?

М. Лайтман: Несомненно, и мы это видим хотя бы по фильмам. Возьмите фильмы для женщин: как отличаются рассказанные там истории от фильмов для мужчин!

А. Козлов: Мужчины чувствуют одиночество в той же степени, в какой его чувствуют женщины?

М. Лайтман: Нет. Мужчины больше чувствуют недостаток самореализации.

А женщина свое угнетенное состояние даже не может в точности выразить.

Она думает, что это исходит от мужа, детей. На самом деле, и сейчас это становится все более очевидным, даже если женщины занимают высокие должности, ничего не меняется. Существовало мнение, что необходимо достичь равенства, чтобы у женщины были такие же условия, как у мужчины. Современная техника облегчила быт: не надо стирать, гладить, готовить пищу – все есть в супермаркете, все к твоим услугам. Сегодня дома даже не нужна кухня, кроме холодильника и микроволновой печи.

Для женщины сделали все – и нет наполнения!

А. Козлов: Дети, муж, дом не являются наполнением женщины?

М. Лайтман: Нет. Это занимает ее некоторое время, а затем …

А. Козлов: …вновь возвращается чувство одиночества?

МИХАИЛ САНИЛЕВИЧ, ПОЛИЦЕЙСКИЙ

М. Санилевич: Но давайте от этой горькой реальности перенесемся в исправленный мир: опишите, пожалуйста, какие отношения будут между родителями и детьми?

М. Лайтман: У человека и к родителям, и к детям, и к друзьям, и просто к другому человеку будет то же самое отношение – любовь. Ты слышишь? То же самое отношение! Странно? Но будет именно так! Мы сейчас видим в нашем развивающемся эгоизме, что человек одинок: все вокруг чужие. Но когда он исправит эгоизм, все станут близкими.

М. Санилевич: Вы хотите сказать, что я буду относиться к своему сыну…

М. Лайтман: …и к моему одинаково! К своему или моему сыну, ко мне или любому человеку ты будешь относиться одинаково – все равны.

М. Санилевич: Но как возможно, что я буду любить своего сына так, как люблю вашего сына?

АННА ТЕЛЕМ, ПРОДЮСЕР ТВ

М. Лайтман: От природы мы устроены таким образом, что у каждой женщины есть мужчина, который ее захочет.

А. Телем: Следовательно, существует такое явление, как суженый, только его необходимо найти?

ИЛЬЯ ВИНОКУР, ПИСАТЕЛЬ

И. Винокур: Вы как-то говорили, что если учить ребенка правильно относиться к большой семье, то это дает ему правильный подход к миру.

М. Лайтман: Он не может правильно относиться к миру, если не знает, откуда он, кто он, не видит своего окружения, которое всегда на него воздействует. Современному человеку этого очень не хватает. Причем, я не имею в виду родственников. Речь идет об обществе, к которому ты принадлежишь. Именно это мы стараемся дать нашим детям.

И. Винокур: То есть влияние оказывает не столько семья, сколько община, люди, которых я чувствую близкими?

ЕВГЕНИЙ ЛИТВАРЬ, БЛОГГЕР

М. Лайтман: На самом деле мы существуем в других, а не в себе.

Е. Литварь: Таким образом, я начинаю получать наслаждение тем большее, чем я больше люблю людей?

М. Лайтман: Правильно. Когда я выхожу из себя вовне, то начинаю обнаруживать свое истинное «Я» – не маленького уродливого эгоистичного человечка, а свое "Я", существующее на самом деле вне меня, и вижу себя, как проекцию всей природы, всего мироздания. И если я так отношусь ко всему, то это «Я».

Е. Литварь: То есть все ощущения, существующие вне меня у других людей, у животных, у природы, – это все начну ощущать я?

М. Лайтман: Это «Я». Это мое! То есть, когда человек строит над собой такое отношение к миру, он понимает, почему он сотворен эгоистом: для того, чтобы самому выйти из себя, выплеснуть, отдать себя остальным, – и в этом, в них, себя найти.

Сделав это правильно, искренне, человек ощутит себя существующим вечно и совершенно, как вся природа. Это всеобщий интегральный закон природы, и к этому состоянию мы все равно придем. Не в этой жизни, так в следующей.

Е. Литварь: Это и есть любовь?

ИРИНА ЯКОВИЧ, ПСИХОЛОГ

М. Лайтман: Дело в том, что мы не найдем спокойствия, цели и смысла в этом мире. Он не предназначен для того, чтобы мы наслаждались, преуспевали и довольствовались тем, что здесь происходит. Он существует, и мы существуем в этой реальности, только для того, чтобы побудить нас к раскрытию высшего мира. Ведь наш мир – самый низший и самый худший из всех миров.

И. Якович: Мир, в котором мы живем?

М. Лайтман: Да, хуже мира, в котором мы живем сейчас, нет. Возможно, это вас в чем-то успокоит.

И. Якович: Не особенно! Но допустим. Значит, это самое дно?

ЧАСТЬ ПЕРВАЯ: МУЖЧИНА И ЖЕНЩИНА

МУЖЧИНА И ЖЕНЩИНА

Беседа первая, из которой мы пытаемся понять, почему в мироздании существует два вида живых существ: мужчина и женщина.

О причине того, что женщины сегодня хотят командовать миром.

О том, что сегодня женщина не знает, чего же она на самом деле хочет от мужчины, и о том, как мужчина может полностью удовлетворить любую женщину.

И, конечно, о том, как мужчинам и женщинам понять друг друга.

СОБЕСЕДНИКИ: ЕВГЕНИЙ ЛИТВАРЬ, МИХАИЛ САНИЛЕВИЧ

Е. Литварь: Мы общаемся сегодня с известным каббалистом, профессором Михаэлем Лайтманом.

На протяжении последнего времени мы получили множество вопросов от людей, которые познакомились с материалами нашего сайта. Кроме того, на улицах Москвы и Петербурга проводился массовый опрос. Прохожих спрашивали: «Если бы у вас была возможность задать три вопроса настоящему каббалисту, о чем бы вы спросили?».

Таким образом, мы выбрали несколько тем, и сегодня хотим поговорить с Вами на одну из них. Формулируется она очень просто: «Мужчина и женщина».

М. Лайтман: Однако, объяснить ее с точки зрения каббалы непросто, именно потому, что она лежит в основе всего мира. Я понимаю, насколько эта тема актуальна. Она всегда была таковой, а сегодня особенно: она беспокоит всех в связи с проблемами, которые возникают в последнее время в обществе.

ДВА ПАРТНЕРА В ВЕЧНОМ ТАНГО

М. Санилевич: Почему существуют мужчины и женщины?

М. Лайтман: Мужчины и женщины существуют, потому что существует **Творец**[1] и **творение**[2], Им созданное – двое, два партнера в этом танго.

Существует прообраз Творца дающего, влияющего, ведущего. Это мужчина, мужской корень. И существует творение получающее, сближающее, идущее навстречу Творцу. Это женский корень. То же самое и в нашей жизни.

Если мы в соответствии с этим будем правильно поступать, ясно понимая, как заложены и связаны между собой эти два корня в природе, то мы прекрасно устроимся – и мужчины, и женщины. Ведь не только мы, но и вся природа, которая расположена под нами, разделена сверху вниз на ярко выраженные корни: мужской и женский.

Е. Литварь: То есть отличие мужчины и женщины заключается в том, что мужчина относится к Творцу…

М. Лайтман: Ведет свой **духовный корень**[3] от Творца…

Е. Литварь: …а женщина – к творению?

---

1 **Творец:** желание отдавать, наслаждать; общий замысел и природа мироздания, глобальный закон, который нисходит на нас, строит нас, создает нашу Вселенную, управляет всем, ведет к изначальной цели: поднять творения в развитии до Своего уровня.

2 **Творение:** желание получить, насладиться, созданное Творцом из ничего, которое является материалом всей существующей действительности.

3 **Духовный корень:** в нашем мире нет объектов или сил управления ими, которые не исходили бы из своих корней в Высшем мире, и все, что есть в нашем мире, начинается в Высшем мире, а затем постепенно нисходит в наш мир.

М. Лайтман: …а женщина от творения.

Е. Литварь: Значит, мужчина – не творение?

М. Лайтман: Мужчина – тоже творение. Мы говорим о двух видах творения, корни которых просто исходят из разных источников: корень одного в Творце, а корень другого в созданном творении.

Е. Литварь: Тогда получается, что Творец создал женщину, но не создавал мужчину?

М. Лайтман: Нет. Творец создал вообще нечто единое, как и написано: Он создал **Адама**[4]. Потом из Адама, говоря аллегорически, создал еще и женскую часть.

 Творец создал желание – желание насладиться, желание наполниться. Затем это желание разделилось на две разные части: желание наполниться ради других и желание наполниться ради себя. Желание наполниться ради других – это мужская составляющая. Желание наполниться ради себя – женская составляющая.

Е. Литварь: В нашем мире это совершенно не заметно.

М. Лайтман: Да. В нашем мире ничего этого не заметно! Наш мир противоположен духовному миру, и поэтому все в нем противоположно, даже более того (если бы это было просто противоположно!), совершенно перепутано.

Е. Литварь: Значит, получается, что мы, сидящие здесь, считающие себя мужчинами, не можем пока похвастаться тем, что у нас есть что-то от Творца?

М. Лайтман: Конечно, нет.

С точки зрения связи – ничего, кроме зачатка, корня, некого маленького духовного гена, не более того.

Е. Литварь: Значит, никаких оснований, чтобы гордиться перед женой, у меня пока нет?

М. Лайтман: Нет. Духовно Вы от своей жены ничем не отличаетесь.

Е. Литварь: Очень жаль. Начало было лучше.

М. Лайтман: Над этим надо работать.

М. Санилевич: А кто лучше – мужчина или женщина?

М. Лайтман: Так вопрос вообще не стоит. Если творение достигает своего корня, своего предназначения, то оно становится хорошим, если не достигает, оно плохое. Если оно стремится к достижению своего корня, то в мере его усилия, неважно на каком уровне, можно говорить о том, кто лучше, а кто хуже.

---

4   **Адам:** 1. Созданная Творцом единая душа, единое желание получить общее наслаждение. 2. Адам (в нашем мире) – человек, живший почти 6000 лет назад, который первым из людей получил желание познать Высший мир.

Е. Литварь: В нашем мире мужчины, как правило, сильнее женщин.

М. Лайтман: В чем?

Е. Литварь: Физически…

М. Лайтман: А! Так возьмите слона или еще кого-то.

Е. Литварь: В том, что мужчина физически сильнее женщины, есть духовный корень?

М. Лайтман: Да. Конечно. Потому что физический вид мужчины по сравнению с женщиной является как бы отображением Творца, он внешне менее, чем женщина, зависим от других, от природы. Это выражается, в том числе, и в его физической силе.

Е. Литварь: То есть менее зависим в духовном понимании, а не в плане нашего мира?

М. Лайтман: Нет. Ты спрашиваешь: «Как сказывается в нашем материальном мире положение о том, что Творец выше творения, отражается ли это на каких-то качествах мужчины и женщины?». Мужчина якобы (якобы!) менее зависим от окружающих, от мира, даже от женщины, от семьи, но это только внешне.

На самом деле, если мы возьмем внутренние связи и рассмотрим, как они действуют в природе, то увидим, что наоборот, женщина командует всем развитием и всем течением природы, а не мужчина.

ПОЧЕМУ ЖЕНЩИНЫ ХОТЯТ КОМАНДОВАТЬ МИРОМ

Е. Литварь: У нас есть вопрос на эту тему от женщины из Петербурга. Она говорит, что в современном обществе многие женщины занимают доминирующее положение: они руководят предприятиями, главенствуют в семьях, кормят, содержат семью. А современный мужчина с удовольствием и с радостью соглашается с таким положением женщины. Женщин это беспокоит, и они спрашивают, как к этому относится каббала: почему женщина стала выходить на лидирующие позиции и правильно ли это?

М. Лайтман: Объясню вкратце. До тех пор, пока наш мир не исправлен, до тех пор пока мы находимся в состоянии, противоположном духовному, ситуация такова, что чем больше нашим миром командуют женщины, тем ему лучше и тем он надежней.

Если мир начнет исправляться, поворачиваться к его истинной цели, заданной природой, и идти к ней, то тут же надо будет менять ситуацию и определять место женщины и мужчины. Мужчина должен будет идти впереди и быть предводителем – в принципе, это выяснится мгновенно.

Именно тот факт, что сегодня женщина выходит вперед и поневоле проявляет себя как ведущая и главенствующая, более сильная, энергичная составляющая, говорит только о том, что наш мир является неисправным, разрушенным, находящимся в кризисе.

Как только мы начнем выходить из этого кризиса, установятся нормальные связи и взаимоотношения между нашим миром и Высшим миром: в нашем мире начнут образовываться оптимальные взаимосвязи между всеми его частями, мужчина сразу же приподнимется, станет ведущим в этой жизни, и женщина с удовольствием это примет. Мужчина начнет вести себя ответственней, иначе, чем сегодня.

Е. Литварь: Можно ли сказать, что сегодня усиливающаяся активность женщин, на фоне некоторой слабости мужчин, вызвана тем, что мужчины подсознательно боятся сделать некий шаг по направлению к духовности?

М. Лайтман: Отчасти это так. Кроме того, это проявляется во всем: и в воспитании, и в разделении семейных обязанностей.

Посмотрите на шведские семьи – там при разводе дети остаются, как правило, с отцом, а не с мамой. Мужчина получает алименты. Во многих случаях он сидит дома, готовит, а женщина идет зарабатывать деньги, то есть все наоборот, не так, как было в пещерные времена. Не было такого, чтобы женщина охотилась (разве что амазонки, но это в мифах), а мужчина сидел в пещере. Чем он будет кормить ребенка? Грудью? То есть, все, все противоестественно. Это только и говорит о проявлении настоящего, серьезного, громадного кризиса во всем, на всех уровнях.

ПОЧЕМУ ЖЕНЩИНА НЕ ЗНАЕТ, ЧЕГО В ТОЧНОСТИ ОНА ХОЧЕТ ОТ МУЖЧИНЫ, И ЧЕГО ЖЕ ТОГДА ОНА ВСЕ ВРЕМЯ ОТ НЕГО ЖДЕТ

М. Санилевич: У меня такой вопрос: почему женщина всегда недовольна своим мужчиной, а чужого – наоборот, хвалит?

М. Лайтман: Я думаю, они просто фантазируют: им представляется, что чужой мужчина выглядит так, как должен выглядеть идеальный мужчина.

В принципе, женщина сама точно не знает, чего она желает от мужчины. Это не ее минус – я просто говорю о проявлении природы. Ее подталкивает вперед очень жесткая сила природы, очень тесно с ней связанная и в ней проявляющаяся.

 Женщина ищет правильного устройства мира. Она ближе к природе и внутренне ощущает сегодняшнее мироустройство неверным. Это касается любых взаимоотношений: с детьми, внутри семьи, между семьями и, естественно, между государствами. И даже тех взаимосвязей, к которым она в принципе не имеет никакого отношения.

Но все они давят на нее, беспокоят, потому что сегодняшнее глобальное международное и экологическое состояние влияет и на семью, и на детей, и на их будущее – одним словом, на все. Таким образом, она вдруг оказывается задействованной в таком огромном пространстве, которое больше не ограничивается лишь четырьмя стенами четырех помещений: кухня, спальня, гостиная, детская, – раньше это был весь ее мир.

Ведь женщина совсем недавно начала получать разрешение вообще выйти из дому! А теперь ее стали, даже наоборот, как бы выгонять: иди, работай и приноси еще половину зарплаты. Этого же никогда прежде не было!

Естественно, по своей природе, женщина – это «дом». Она воспитывает детей, ведет хозяйство, готовит, встречает мужа. Так идет со времен каменного века. То, что в наше время все происходит по-другому, говорит о том, что мы уже «дошли до ручки».

Так что недовольство своим мужчиной, возможно, основано на том, что средства массовой информации представляют другие идеалы. Хотя, по-моему, на всех уровнях мы видим отрицательный образ мужчины, а не положительный, но почему-то все это смакуют, всем этот образ нравится. Мы не воспитываем молодое поколение на положительных образах. Отсюда и общее недовольство.

Собственно это даже не недовольство. Я думаю, это вообще впечатление от мужчины, которое вызывает у женщин стремление поменьше давать ему воли, поменьше быть зависимой от него, меньше ожидать, не тешить себя какими-то иллюзиями.

Старые времена прошли. Поэтому сегодня женщины и становятся более самостоятельными, ведущими.

М. Санилевич: В связи со сказанным Вами возникает такой вопрос: есть ли духовный корень у феминизма вообще?

М. Лайтман: Все идет отсюда же. Сегодня уже понятно, почему женщины хотят взять все дела в свои руки, почему не желают быть зависимыми от мужчин, почему они организуются между собой. Они от природы как бы зависимы больше, но они не хотят этой зависимости, потому что не могут, не в состоянии терпеть.

Невозможно быть зависимыми от такой части природы, которая вдруг перестала нормально функционировать и не обеспечивает их тем, что они требуют, тем, что им положено.

Поэтому проявления феминизма противоестественны, с одной стороны, но, с другой стороны, они являются естественным порождением сегодняшнего кризиса.

И надо, конечно, принимать это во внимание. Куда же мы денемся?! Это большая часть человечества, его «прекрасная половина», и она сейчас выходит вперед.

Мы говорили, что в духовном мужчина превалирует над женщиной, в корнях, а у нас будет наоборот, потому что, действительно, наш мир является обратным духовному.

Е. Литварь: Это явление положительное или отрицательное?

М. Лайтман: Нет, это, естественно, в равновесии с природой. Природа уравновешивает себя таким образом между двумя мирами так, что противоположные части, как и должно быть, расположены напротив друг друга.

Е. Литварь: Многие говорят, что, пусть даже неосознанно, но женщины ощущают духовный мир, духовность, намного точнее, чувственнее, чем мужчины. Может быть, у женщины существует некий внутренний идеал настоящего мужчины? И именно поэтому она всегда недовольна мужем, то есть ее муж не соответствует этому идеалу.

М. Лайтман: Проблема в требованиях.

Поскольку женщина ниже мужчины по духовному корню, то и в нашем мире требования мужчины относительно женщины более низкие, чем уровень «человека» в человеке.

Мужчина требует от женщины, на самом деле, обслуживания, верности, принадлежности и той внешности, которая бы его удовлетворяла.

Женщина, поскольку она, в соответствии со своим духовным корнем, смотрит на мужчину как бы снизу вверх, требует от него более высокого уровня, не животного, как он от нее, а духовного, душевного, человеческого, культурного.

От этого и происходят в нашем мире всем известные различия в требованиях мужчин к женщинам и женщин к мужчинам. Это исходит из духовного корня и поэтому проявляется абсолютно во всех видах и на всех уровнях наших отношений: семейных, общественных, с детьми, то есть с сыновьями и дочерьми, и так далее – везде.

Решение только одно: соответствовать духовному корню, иначе мы не найдем никакого выхода.

Половинчатые решения ни к чему не приведут. Они только будут искажать мир и замедлять процесс исправления, к которому мир все равно должен будет прийти. Поскольку природа не терпит пустоты, она не терпит и противоположностей, только если эти противоположности не уравновешены гармонично между собой. Поэтому мы все равно должны будем под воздействием всех отрицательных сил, которые сами же вызываем своим несоответствием духовным корням, прийти к равновесию – гомеостазу.

Вот это-то равновесие как главный закон природы должно быть нами изучено. Это, в принципе, является моей профессией.

Каббала именно этим и занимается: обучает тому, как соответствовать духовным корням, потому что иначе нам делать нечего – у нас нет никакой возможности возразить природе или убежать от нее куда-то.

 Быть настоящим мужчиной и настоящей женщиной – это значит абсолютно соответствовать нашим духовным корням.

И тогда мы просто будем существовать в огромном, вечном, совершенном объеме природы в гармонии на всех уровнях.

А пока мы и дальше будем видеть, насколько женщины становятся более независимыми. Когда они выходят на уровень независимости и продвижения вперед, то тут начинают проявляться все более серьезные проблемы у мужчин.

 Исправление мира, то есть исправление себя и всего человечества, лежит на мужчине, так как он несет в себе корень Творца.

Женщина же является всего лишь его помощницей в этом, содействующей, как и сказано в Библии: «Создал тебе помощь против тебя (напротив тебя)».

Так что мужчина будет выглядеть все более и более несчастным, а женщина – все более и более независимой, сильной и совершенной.

Е. Литварь: Я боюсь, что мужчин это не очень порадует, но я этот вопрос все-таки задам. Следует ли из вышесказанного вывод, что постоянные требования женщин к своим мужьям относительно того, что мужчина должен, должен семье, жене справедливы, согласно духовным корням?

М. Лайтман: Согласно духовным корням, если бы мужчина выполнял свое главное предназначение – самоисправление – и то же самое делал в своей семье относительно жены и детей (то есть привносил бы духовный элемент в связь между ним и женой, между ним, женой и детьми), то женщина, согласно духовным корням связи между ними, ничего бы больше не требовала от него.

Ее требования были бы минимальными, потому что на самом деле это именно то, что она внутренне желает видеть в своем мужчине, исходя из своего духовного гена – и ничего больше. Минимальное обеспечение для проживания, хоть в пещере – даже если это будет в нашем современном мире, – лишь бы быть довольной своим мужчиной духовно, душевно.

Е. Литварь: То есть если бы мужчина привнес в семью некое духовное продвижение, некую духовную цель…

М. Лайтман: И минимальный заработок…

Е. Литварь: …то женские требования, постоянное давление на него со всех сторон – «дай!» – принципиально бы изменились?

М. Лайтман: Да.

Е. Литварь: Так, мужчины! Есть лекарство!

М. Лайтман: То есть лекарство очень простое: взять книжечку и изучить, что же такое мужчина и женщина в духовном мире, и следовать этому. Гарантирую абсолютное понимание, гармонию и наслаждение семейной жизнью каждому, любому – от президента и до последнего пахаря.

М. Санилевич: Вы говорили о настоящем мужчине, и у меня возник вопрос: что значит быть настоящим мужчиной, с точки зрения каббалы? Мы все выросли на голливудских фильмах. Хочешь, не хочешь – у меня уже есть какой-то штамп в представлении о настоящем мужчине.

М. Лайтман: Поскольку мы все-таки внутри себя содержим духовный корень, то для женщины идеалом является присоединение к мужскому духовному корню и подпитка от него. Когда она присоединяется к нему, то это позволяет мужчине развиваться и расти.

 Мужчина духовно не может развиваться без женщины.

В частности, когда в каббалу приходят новые люди и начинают заниматься этой наукой, они явно ощущают, что им необходима семья. Мы говорим о человеке, который уже начинает ощущать духовный корень, себя, и как ему следует дальше продвигаться. Ему необходимо и в нашем мире создать аналогию тех связей, которые существуют наверху между двумя корнями всего мироздания – мужским и женским. Он должен построить эту модель здесь, внутри себя, – и снаружи, в семейной ячейке.

Именно в этом и заключается идеал женщины.

Она это чувствует изнутри, так как очень близка к природе. Ее не заманишь всеми теми игрушками, которые создает для себя мужчина: спорт, политика, биржа и все остальное. Она начинает в этом участвовать постольку, поскольку сегодня ощущает давление, чувствует, что таков мир и что необходимо играть по этим правилам. На самом же деле, если вы прислушаетесь к женской беседе и присмотритесь, то увидите насколько это далеко даже от современной женщины. Она близка к природе, и ей надо то, что находится в ее духовном корне. Этого не уберешь. Так что мужской идеал ищите в этом.

ДУХОВНОЕ – ЭТО СИЛА, КОТОРАЯ НАМИ УПРАВЛЯЕТ. О ТОМ, КАК МУЖЧИНЕ ПОЛНОСТЬЮ УДОВЛЕТВОРИТЬ ЛЮБУЮ ЖЕНЩИНУ

М. Санилевич: А что такое «духовное»?

М. Лайтман: Духовное – это та сила, которая нами управляет, которая стоит за материей, а не что-то воображаемое, далекое. Это все, что я делаю сейчас, что мной руководит, что мной движет: мои мысли, желания, возникающие во мне неизвестно откуда; то, как я принимаю решения; все, что происходит вокруг каждую секунду с миллиардами других людей или с объектами.

Все это управляется сеткой сил, заранее созданной, заранее запрограммированной в природе, проявляющейся в нашем воображении, в наших ощущениях в качестве времени (прошедшего, настоящего, будущего) и дающей нам новые субстанции.

Кроме того, мы сейчас начинаем понимать, что существуют и другие измерения, другие миры и иные возможности существования в других ощущениях. Так вот, если мы вернемся поближе к природе, то все, что существует вокруг нас, но не улавливается в наших земных ощущениях и потому не принимается нами во внимание (хотя мы от этого многое теряем, не понимая, где находимся), называется духовным миром.

Он реально существует с его информацией, с его силами, управляющими нами, но мы его не ощущаем. Вот это все называется «духовным».

Если мы будем подчиняться его законам, соответствовать ему, понимать, как он существует, каким образом этот мир создал нас, что нами управляет, нам будет комфортно. Мы не знаем, не понимаем этих законов и все время получаем удары, постоянно совершаем какие-то непонятные и ужасные ошибки.

Наука о познании духовного мира называется каббалой – наукой о получении Высшей информации.

Так что все проблемы – и мужские, и женские – находятся внизу, а все решения находятся наверху.

М. Санилевич: То есть духовным называется мужчина, который познает эту сетку сил?

М. Лайтман: Да. Духовным мужчиной или духовной женщиной – вообще «духовным» – называется объект в нашем мире (в нашем мире!), который правильно соединяется со своим корнем или хотя бы ищет с ним связь. То есть пытается раскрыть для себя Высший мир, управляющий нами, для того чтобы ему соответствовать и, таким образом, сделать оба мира гармонично соединенными между собой.

М. Санилевич: И это полностью удовлетворит женщину?

М. Лайтман: Конечно! Вся природа тянется к гармонии, к взаимозависимости, к гомеостазису. Как в нашем теле: если какая-то клетка нарушает правильное соединение с другими клетками, то нарушается слаженная работа всего организма, – и он называется больным. Так и мы – все наше человеческое общество на земле – являемся просто одним огромным единственным больным во всей Вселенной, во всех мирах.

Е. Литварь: Можно ли сказать, что все человеческое общество – это больная клетка?

М. Лайтман: Нет, это не клетка. На самом деле все человеческое общество – это весь сегодняшний мир, потому что оно включает в себя неживую, растительную и животную составляющие природы нашего мира. Поэтому, если мы исправим человеческое общество, – иначе говоря, придадим ему правильное соответствие его духовному корню, – то установим равновесие природы на всех уровнях, в том числе и на экологическом, то есть на неживом, растительном и животном уровнях. Но это уже другая тема.

Е. Литварь: Это очень интересная тема…

М. Лайтман: Она касается равновесия всей природы в обоих мирах.

Е. Литварь: В Вашем предыдущем ответе проскользнула фраза, что человек не понимает, откуда в нем возникают желания.

М. Лайтман: Мысли и желания в сердце и в разуме. Я не знаю, что в следующий момент со мной произойдет – вдруг я что-то захочу, вдруг о чем-то подумаю.

Е. Литварь: И откуда это?

М. Лайтман: Не только внутри меня поднимаются информационные данные в желании и в мысли, но и вокруг меня происходит то, что я совершенно не могу прогнозировать. Откуда я могу точно знать, что произойдет? «Все течет»… Но для меня это абсолютно скрыто, как и для каждого из нас.

Эта сетка сил, которая управляет нами извне, каждый раз вызывая в нас новые желания и мысли, действует по программе, которая совершенно оторвана от нас, от нашего осознания. Поэтому, в принципе, мы являемся некими марионетками, которых передвигают, чтобы подобру-поздорову, хорошим, добрым путем, то есть осознанием, пониманием, или же с помощью ударов судьбы, наказаний, но чтобы в результате обратить наше внимание на необходимость соответствия природе. Куда нас передвигают? К цели. К какой цели?

К соответствию природе.

МИЛЛИОНЫ ШАГОВ, ВЕДУЩИХ К ПРОИГРЫШУ, ИЛИ О ТОМ, ЧТО ВСЕ НАМ, С КАКОЙ-ТО ЦЕЛЬЮ, ПРЕДНАЧЕРТАНО СУДЬБОЙ

Е. Литварь: Если мы марионетки, то возникает мысль, что существует рок, судьба, то есть для человека все предначертано, все прописано? Он только идет по дорожке, по ступеням тех состояний, которые для него уже созданы?

М. Лайтман: Да.

Е. Литварь: Именно так?

М. Лайтман: Да. Но мы же этого не знаем. Так какая разница?

Е. Литварь: То есть мы играем в игру, не зная следующего шага?

М. Лайтман: Конечно. Не зная следующего правильного шага, мы делаем миллионы всяких шагов, и все они ведут нас к проигрышу.

А природа управляет нами непонятно для нас и ведет к своей цели. Получается, что мы пытаемся постоянно идти в другую сторону, не зная точно куда, и нам кажется, что вот-вот будет хорошо, а на самом деле все время становится хуже и хуже. И природа ведет нас к осознанию того, что плохо.

Надо начать разбираться в мире, в котором ты живешь.

В нем все взаимосвязано. Из понимания всей природы, ее интегральности, мы начинаем приходить к мысли: весь мир – это маленькая деревня, все мы связаны между собой, с одной стороны. С другой стороны, мы огромные эгоисты и не желаем сосуществовать даже внутри семьи. Вот это и есть наша внутренняя, разрывающая нас, эгоистическая природа относительно огромной внешней интегральной альтруистической природы.

И сейчас мы приходим к раскрытию этого противоречия: человек, человечество относительно всей остальной природы является противоположным ей. Здесь и проявляется наше предназначение – исправить себя и стать интегральным элементом всей природы.

Е. Литварь: Вы уже несколько раз употребили понятие «природа». Но я не уверен, что Вы имеете в виду то же самое, что имею в виду я. Вы ведь не подразумеваете под природой дождик, лес и зайчиков?

ЧЕГО ЖЕ НА САМОМ ДЕЛЕ ХОЧЕТ КАЖДАЯ ЖЕНЩИНА, И КАК НАМ, В СВЯЗИ С ЭТИМ, ПОНЯТЬ ДРУГ ДРУГА

М. Лайтман: Природа – это один великий Закон, который управляет материей во всех ее проявлениях: неживая, растительная, животная, человек, духовная материя. Все это вместе, все, что только можно вообразить, в том числе и Творца, мы называем «Природа», то есть все «Существующее».

Е. Литварь: Ясно. Это большая тема.

М. Санилевич: Может быть, мы продолжим о мужчинах и женщинах?

М. Лайтман: Каббала состоит из очень многих частей: восприятие действительности, сопоставление миров, их строение, подъем человека по этим мирам, существование вне тела, рождение в этом мире, уход из него (куда и как), рок, судьба каждого человека, как ее понять, раскрыть для себя и идти в унисон с силами, которые тобой управляют. Тогда можно даже опережать эти силы так, что не они, а ты будешь сам управлять своим жизненным путем.

Е. Литварь: Значит, все-таки такая возможность есть?

М. Лайтман: Да. Но для этого надо понять эти силы, осознать их и подняться выше них.

Е. Литварь: Возвращаясь к нашей теме, женщина из Вологды задает вопрос: почему мужчины и женщины никак не могут понять друг друга? То, что важно для женщин, мужчины считают ерундой, а женщины в свою очередь считают мужчин вечными детьми. Как каббала объясняет такое тотальное взаимонепонимание?

М. Лайтман: Женщина связана с природой. Она ближе к природе и поэтому реже ошибается. Она не рвется вперед. У нее отсутствует тот полет фантазии, который есть у мужчин. Она не может ярко, правильно проявить себя вне дома. Это сказано не в ущерб женщинам, не в насмешку – не дай Бог, чтобы меня не так поняли.

Если мы возьмем любую специальность, которая требует фантазии, воображения (даже отличный повар), – это мужчина. Какую бы вы ни взяли профессию, даже вроде бы женскую, – женщине трудно с ней справиться, как только она выходит за рамки дома, или это должна быть особая женщина.

В доме мужчина теряется. Вне дома теряется женщина. Так что надо это понимать.

Мужчина, согласно духовному управлению, должен обеспечивать свою семью материально самым необходимым, а во всем остальном заботиться о соответствии духовным корням себя, своей семьи и общества. Все остальные его занятия представляются в глазах женщины не более чем игрушками.

Потому что на самом деле ее не интересует даже количество денег, которое лежит у него в банке, величие, важность, сила, известность и власть, которые он может приобрести, – для нее это неощущаемые вещи. Для мужчины это что-то впечатляющее, на что он готов положить всю свою жизнь. А женщина абсолютно не измеряет жизнь этими категориями.

Женщина, будучи тесно связанной с природой, соизмеряет жизнь на начальном этапе с уверенностью в сегодняшнем и завтрашнем дне

для себя и детей, а на следующем этапе – только с уверенностью в достижении связи со своим духовным корнем через своего мужчину. Если это есть, ей больше ничего не надо.

Поэтому женские идеалы не настолько испорчены в нашем мире, они подсознательно правильнее у женщин по сравнению с мужчинами, а у мужчин они полностью выходят за рамки того, что должно быть в соответствии с духовным корнем.

Мужчина – это, действительно, заигравшийся элемент: он играет в жизнь, выдумывает себе разные жизненные цели, занимает свое время играми. Так же, как в детстве собираются мальчишки и играют между собой, так и, повзрослев, они тоже играют: это и рыбалки, и футбол, и карты, – чего только нет, но это все те же игры. Мужчина остается игровым элементом природы. Почему? Потому что с помощью игры в нем развивается фантазия, и он должен достичь связи со своим духовным корнем, начать исправление себя и женщины, но, к сожалению, дальше игры он не идет.

Е. Литварь: Удовлетворится ли женщина духовной работой мужчины, если это будет в рамках неких эзотерических учений, или он будет регулярно ходить в храм, исповедуя какую-то религию?

М. Лайтман: Тут все зависит от уровня, до которого развилась женщина, от уровня ее духовного гена. Это по-разному проявляется.

Мы же не говорим о женщине как о неком законченном, исправленном элементе природы, вокруг которого, как электрон вокруг ядра, крутится «неисправный» мужчина, являющийся постоянной помехой. Мы взаимосвязаны. Мы существуем в испорченном мире. Я просто говорю о том, кто из нас в большей мере ощущает внутреннее ядро мира, его естественную потребность, общее течение жизни, а на самом деле оба мы неисправны. То есть нечего требовать от любой женщины (и от тех, которые задают вам вопросы) действительного понимания того, что ими руководит, к чему надо стремиться, что надо требовать от мужчины. На самом деле этого понимания у них тоже нет. Все проблемы женщин намного ближе к тем, которые должны решить мы, мужчины.

МОЖЕТ ЛИ ЖЕНЩИНА ВОПЛОТИТЬСЯ В ТЕЛЕ МУЖЧИНЫ?

М. Санилевич: Если душа жила в одной жизни в теле женщины, в следующей жизни она тоже воплощается в теле женщины? Или может воплотиться в теле мужчины?

М. Лайтман: Нет, не может. Душа имеет пол, так же как имеет пол в нашем мире тело, которое является производным от души, и поэтому такого быть не может.

Как мы знаем, в нашем мире сегодня существует множество различных неправильных отношений между полами и проявлений внутри самих полов, но если мы говорим глобально, то не может быть изменения пола. Мы же не говорим о теле мужском или теле женском. Мы говорим о духовно-энергетическом гене, его состоянии, его корне, а корень – он неизменен, поэтому проявление его в нашем мире, в материальных оболочках всегда соответствует самому корню или мужскому, или женскому. Так что, если я сегодня женщина или мужчина, я и останусь таким.

Но какая разница?! Я из круговорота в круговорот себя не помню, не знаю, – так почему меня это должно заботить, озадачивать? То, что мне не нравится сегодняшнее мое состояние в роли мужчины или женщины, совершенно не говорит о том, что в следующем состоянии я буду таким же. Это зависит только от меры моей исправленности, соответствия духовным силам, которые мной управляют. Если я буду им соответствовать, то буду чувствовать себя комфортно, и не важно, кем я буду, мужчиной или женщиной.

Что значит – «Я»? Где это «Я», которое переносится из одной жизни в другую, почему я сейчас озабочен: «Ой, в следующей жизни я буду женщиной»? Что такое мое «Я»?

Человек думает, что «Я» в нем остается неизменным, вечным, переносится из тела в тело…

 То, что каждый из нас представляет себе сегодня в качестве своего «Я», бережет, холит, лелеет, вместе с телом безвозвратно исчезает.

Е. Литварь: У нас есть вопрос, который задают практически все женщины, я даже не буду перечислять города, области, регионы и страны. Он звучит приблизительно так: может ли каждая женщина подняться в духовный мир, и до какого уровня, если вообще может?

М. Лайтман: И мужчина, и женщина поневоле или осознанно все равно должны будут постичь свой духовный корень, из которого они низошли в наш мир, приобрели телесную оболочку. Они должны будут в этом мире в течение данной жизни или в последующих жизнях, то есть в период своего существовании на нашей планете, достичь духовного корня и существовать одновременно в двух мирах – и в духовном, и в нашем мире – как в одном едином пространстве.

Чем раньше мы этого достигнем, тем нам будет проще, лучше, комфортней жить. Чем дольше мы будем упираться на этом пути, тем большие страдания испытаем, тем более ощутимые удары получим, как упрямый ребенок или животное, которых все равно вынуждают сделать то, что надо.

Наш духовный корень – это та цель, которую мы обязаны достичь.

БЛАГОДАРЮ ТЕБЯ, ТВОРЕЦ, ЗА ТО, ЧТО ТЫ НЕ СОЗДАЛ МЕНЯ ЖЕНЩИНОЙ!

М. Санилевич: Есть такая молитва, в которой мужчина молится Творцу и благодарит его за то, что Он не сотворил его женщиной. Как это понять?

М. Лайтман: Это можно понять очень просто: мужчина благодарен Высшей силе природы, называемой Творцом (Творец и природа в каббале одно и то же), которая создала его равным Себе, подобным Себе, наделив свободой воли самому производить все исправления в мире. То есть он благодарен Творцу за то, что Он создал его потенциально большим, равным Себе.

Можно подумать, что женская часть в этом отношении ущербна. На самом деле она не ущербна ни в чем, потому что в принципе является в этом процессе главной частью и более важной, чем мужчина, ведь все, что развивается, проходит через женскую часть, с ее помощью рождаются и воспитываются новые поколения.

Представьте себе мир без женщин. Если рядом с сегодняшним новорожденным не будет женщины, мир через 50, максимум через 70 лет закончится. Что значит «мир без женщины»?

То есть женщина является порождением всего того, что существует, она рожает все и все развивает. Мужчина – как бы источник энергии. А на самом деле все развивается по программе, которая заложена внутри женщины.

Тут существует очень интересное соответствие между двумя полами. Мужчина создан подобным Творцу для того, чтобы соединиться с Высшим источником и принести энергию, информацию, развить ее. И все для того, чтобы передать это женщине, которая бы эту информацию приняла, и именно из нее развилась бы вся природа.

Е. Литварь: То есть женщина важнее в мироздании, чем мужчина?

М. Лайтман: О-о! Вот именно! Нам только надо перестать играться. Нам надо приносить в дом то, что женщина требует, и тогда все будет хорошо.

М. Санилевич: Все женщины, которых я знаю, завидуют мужчинам. Почему?

М. Лайтман: Потому что они, к сожалению, зависят от них, – и больше ничего. Но в принципе, если дать женщине все, что надо, то она будет счастливее, чем мужчина. Она самодостаточна, если получает тот минимум духовной энергии, который ей нужен от мужчины.

Е. Литварь: После сегодняшней беседы имею ли я полноценное право начать завидовать женщинам?

М. Лайтман: В нашем мире нечему и некому завидовать.

Е. Литварь: Нет, не в нашем мире. В потенциале.

М. Лайтман: В потенциале эти две части природы, два вида творения соединяются между собой и достигают совершенства, которое есть у Творца, самого высшего уровня Природы, но именно в своем соединении, в дополнении друг друга. Поэтому нечего завидовать! Надо просто каждому гармонично дополнить себя за счет другого и развить себя, находясь в состоянии этого гармоничного единения, до уровня гармонии с Творцом.

ОБ ОДНОМ НЕТОЧНОМ ПЕРЕВОДЕ БИБЛИИ

Е. Литварь: Я задам Вам последний вопрос: когда Адам и Ева стали друг друга стесняться, были ли уже в это время на земле люди? То есть, были ли на земле уже мужчины и женщины? Или они появились после того, как Адам и Ева стали стесняться своей наготы?

М. Лайтман: Все, что рассказывается в Библии, говорится аллегорически. Подразумеваются Высшие силы, которые управляют этим миром. Поэтому трудно опираться на те образы, которые вы хотите сейчас, как бы овеществить – «Адам и Ева». Человечество существует десятки тысяч лет. Мы говорим о неком образе, существовавшем, согласно библейскому летоисчислению, 5770 лет назад. А до этого что – ничего не было? Какой-то боженька сотворил из комочка земли, водички и из чего-то там еще Адама, потом вытащил из него ребрышко и вокруг этого ребрышка сотворил еще и женщину?

Надо понимать, что речь идет о духовных силах, которые действуют в нашем мире, и тогда мы действительно правильно сможем увидеть проявление этих сил.

Адам (в нашем мире) – это человек, который действительно жил 5770 лет назад и в определенный момент своей жизни почувствовал стремление к постижению Высшего корня, Высшей силы. «Стремление к своему корню» означает стремление узнать кто я, откуда, для чего существую. Вот это стремление первый раз возникло у человека 5770 лет назад. И этот человек, кстати говоря, написал книгу, которая называется «Тайный ангел», каббалистическую книгу. А что значит «каббалистическую»? Она содержит описания ощущений, полученных благодаря познанию Высших сил, впечатление от связи с ними – то, что он увидел и познал, он описал в книге. Она дошла да наших дней. Вы ее можете купить в магазине соответствующей литературы.

Так что такого состояния, которое вы имеете в виду (Адам создан божьими руками из комочка земли, а потом из него же создана женщина), нет. Это говорится аллегорически о духовных силах, которые формируют энергетический образ, называемый «человеком» – мужчина и женщина.

Что значит, – «создана из ребра»? Это вообще неточный перевод слова «цлаот». На самом деле это слово имеет два определения: (1) – «тень», «отображение» и (2) – «ребро». Так вот, подобно тому, как человек создан подобным Творцу, но обратным

Ему в своей испорченности, так и женщина создана обратной, противоположной мужчине. Только об этом и говорится, это и значит «из ребра».

Е. Литварь: То есть не из ребра?

М. Лайтман: С иврита это слово переводится – из «подобия», «отображения» мужчины.

Е. Литварь: Я думаю, что после этого наша беседа станет просто сенсацией.

М. Лайтман: Нет, это общеизвестные вещи. Они известны многим людям, не только каббалистам. Тем, кто действительно хочет знать именно точный комментарий того, что описано в Библии, правильный перевод. Ну, кто же может сегодня закрывать глаза на те части Библии, где говорится о создании мужчины и женщины, или просто отбрасывать эти части?

Вообще вся Библия – это книга, которая говорит о духовных силах. Она не рассказывает о персонажах, которые находятся на нашей земле в овеществленном виде, как мы с вами. Поэтому Библия и называется святой книгой, приподнятой над нашим миром, говорящей о тех силах, которые нами управляют. А иначе, зачем же мне тогда ее изучать? Тогда это просто история или, может быть, какая-то книга нравоучений. Она святая именно тем, что рассказывает о Высшем мире, о Высших силах. Если я их постигну, то смогу им уподобиться, смогу с ними гармонично взаимодействовать. Тогда я стану вровень с ними, обрету вечность и совершенство, подобно самим этим силам.

Е. Литварь: Сейчас мы переходим к новому разделу, который интересует, наоборот, больше всего мужчин. Называется он «О сексе».

М. Лайтман: Я хотел бы предупредить, что на все вопросы в мире не ответишь. Они все время возникают – вопрос за вопросом. Поэтому только систематические знания, хотя бы минимальные, которые можно приобрести, буквально за несколько уроков каббалы для начинающих, помогут человеку. Наша беседа просто показывает, чем занимается каббала, какой круг вопросов она затрагивает. Но затем, если человек хочет более глубоко разобраться в чем-то, то пройдя несколько уроков каббалы из курса Академии для начинающих, он сможет отвечать на них сам.

СЕКС

Беседа вторая, в которой на очень простые вопросы мы получаем неожиданно непростые ответы.

О максимальном наслаждении, доступном в нашем мире, и откуда происходит крайняя неловкость этого вопроса.

О том, почему после секса наступают опустошение и разочарование.

Почему мужчина хочет, чтобы женщина принадлежала только ему, была его вещью, или об одном очень древнем проклятии.

Какое единственное ощущение необходимо получить женщине от мужчины, чтобы простить ему все.

Почему женщина в принципе не видит в мужчине особой красоты, и что же тогда она в нем все-таки находит.

О том, что не может быть такого, чтобы мы не думали о сексе, даже не думая о нем.

СОБЕСЕДНИКИ: МИХАИЛ САНИЛЕВИЧ, ЕВГЕНИЙ ЛИТВАРЬ

О ТОМ, ЧТО СЕКС В НАШЕМ МИРЕ ОПРЕДЕЛЯЕТ, В ОБЩЕМ-ТО, ВСЕ, И ПОЧЕМУ

М. Санилевич: Начнем, наверное, с самого тривиального вопроса: каковы духовные корни секса? Есть ли они вообще?

М. Лайтман: Каббала относится ко всему просто, как к природе, и поэтому не надо никаких извинений, рассуждений о том, что красиво, что не красиво. Тут нет запрещенных тем, и совершенно не важно, о чем мы сейчас говорим: мы можем рассуждать о сексе, о детях, и каких-то больших научных проблемах, о кризисе вселенной, о ее зарождении или об исчезновении жизни, о детских игрушках или о футболе, – но о чем бы мы ни говорили, мы имеем в виду природу. Если то или иное явление существует в природе, то мы его разбираем.

Секс – это огромная, мощная движущая сила, которая заботит взрослых людей на протяжении, практически, всей их жизни и определяет подавляющее большинство мотивов нашего поведения. Конечно же, это очень серьезное проявление человеческого естества, и оно лежит в самой основе нашей жизни. Мы видим, что от него зависят почти все аспекты нашей жизни: культура, литература, науки, общение, само построение общества, – то есть именно секс, любовь, ревность определяют, в общем-то, все.

Так заранее создано в нас природой, что эти вещи самые важные. Во-первых, потому что без них не было бы продолжения жизни, а природа стремится к продолжению и развитию, во-вторых, потому что без секса люди лишились бы огромного стимула общаться друг с другом. На этом явлении, на этом внутреннем стремлении базируется огромная надстройка в виде человеческого общества, оно все зиждется только на этом. Я уже не говорю о семье и детях. Секс определяет всю структуру вселенной, соотношение между полами. Но это не просто соотношение между полами, это еще и источник максимального в нашем мире наслаждения.

 Вся природа нашего мира – это желание насладиться.

И чем большее вознаграждение следует за действием, то есть чем большее наслаждение, наполнение может доставить тот или иной объект или явление, тем оно сильнее по отношению к другим и тем скорее подавляет остальные явления.

Потому так и устроено природой, чтобы отношения между полами, взаимодействие между ними давало максимально возможное в нашем мире удовольствие. Подсознательно и осознанно мы все время ищем, сравниваем, анализируем и выбираем все относительно этого явления как самого большого, самого яркого в нашей жизни.

Если мы обратимся к психологам, физиологам, генетикам, то они подтвердят, что все в жизни завязано на соотношении между полами. Это происходит на животном уровне, когда мы по запаху, по каким-то непонятным нам самим свойствам, качествам ощущаем неприязнь или притяжение, отдаление или влечение друг к другу на подсознательном уровне или осознанном – на любом.

Каббала уделяет этому явлению большое внимание, потому что оно дает нам жизнь, движение, распространение, развитие. И она говорит, что это самая мощная движущая сила во Вселенной.

Все мироздание разделено на мужскую и женскую составляющие. Духовный корень секса – это духовная сила, которая при вступлении в контакт наполняет каждую из сторон, доставляет им духовное наслаждение.

Это устроено так специально, чтобы привести природу к единству, к соединению, к системе, к общей связи.

НЕЛОВКОСТЬ ЭТОГО ВОПРОСА, ПРОИСХОДЯЩАЯ ОТ СКРЫТИЯ НАШЕЙ НЕСВОБОДЫ

М. Санилевич: Если мы говорим, что секс – естественное, природное явление, то откуда все-таки возникает стеснительность, ограничения, неловкость вокруг этого вопроса? Почему люди, как правило, стесняются говорить о сексе, если у него тоже существует духовный корень?

М. Лайтман: Это очень интересно видеть на примере из Библии: Адам и Ева обнаружили вдруг, что они нагие (раньше они не замечали этого), начали стесняться своей наготы и сделали себе одежду, – отсюда все и пошло. У животных стеснения нет, у них есть только борьба за соитие и не более того. Отличие животного уровня от человеческого в первую очередь в этом и проявляется.

Человек уже ощущает свободу воли, возможность выбора своего поведения, того или иного партнера, того или иного качества связи с ним – и человек краснеет, потому что не знает, как это может быть оценено в глазах других, к какому результату это может его привести и так далее.

То есть все, что касается не только секса, но и получения наслаждения в любых более или менее ощутимых порциях на человеческом уровне связано с неловкостью, поскольку здесь человек волен выбирать, как ему поступить. Если бы эти его поступки были не столь свободными, а строго детерминированными природой, то, естественно, у нас не возникало бы к ним никакого особого отношения, мы выполняли бы свои функции так же, как их выполняют животные.

М. Санилевич: Эти поступки свободны, или нам только кажется, что они свободны? Ведь в прошлой беседе мы говорили, что у человека нет свободы воли?

М. Лайтман: В нашем мире на нашем уровне они считаются свободными?

Конечно, нет. В итоге все, что происходит, является не более чем эгоистическим расчетом, который мы производим сознательно или подсознательно, – в основном и так, и так.

На самом деле, здесь происходит очень интересное скрытие от человека того обстоятельства, что в том, что он делает, нет ничего противного природе, и скрытие того, что здесь нет никакой свободы воли. А эти ощущения стыда нам даются для того, чтобы мы все-таки продвигались в своем эгоистическом, абсолютно несвободном развитии до тех пор, пока мы не достигнем такого уровня развития, когда начнем приподниматься над своей природой, в том числе, над сексом и над всем, что с ним связано, и пока не начнем искать себе духовное наполнение.

Как бы то ни было, все связанное с сексом отличает нас от животных, и только воспринимается нами как свобода выбора, свобода воли, и это определяет всю нашу жизнь. Не важно, в каком возрасте, независимо от силы влечения человека, – все равно это самое сильное ощущение на уровне «человек».

ОПУСТОШЕНИЕ, СЛЕДУЮЩЕЕ ЗА ЛЮБЫМ, В ТОМ ЧИСЛЕ СЕКСУАЛЬНЫМ, НАСЛАЖДЕНИЕМ, ЗАЛОЖЕНО В ПРОГРАММЕ РАЗВИТИЯ ЧЕЛОВЕКА?

Е. Литварь: Как Творец относится к многочисленным сексуальным связям человека?

М. Лайтман: Человек движется к своей цели развиться и стать равным Творцу в основном под воздействием двух противоположных сил: положительной и отрицательной. Хотя такое определение этих сил условно – просто мы их так воспринимаем. На самом деле, они исходят от одного источника – от Творца, который вызывает наше развитие, воздействуя на нас так: желание – наслаждение; наполнение – опустошение; еще большее опустошение – еще большая жажда к наполнению, и так далее. Вызывая в нас попеременно эти ощущения, Он, таким образом, развивает нас качественно.

То есть количество этих попеременных опустошений и наполнений приводят человека к определенным качественным оценкам самих процессов. На этом все и построено: голодаю – принимаю пищу, опять голодаю – опять принимаю… И так во всем: сон и бодрствование, например. То есть все делится на два попеременно противоположные состояния, движения, явления. Но какой результат возникает между ними, как человек развивается в итоге – вот, что для нас важно.

Поэтому я бы не сказал ни о каких явлениях, которые происходят с людьми, что они отрицательные или положительные, они вполне естественны для нас.

А вот где возникает свобода воли человека? Как он использует эти явления?

Вполне возможно, что он явно, откровенно использует свой эгоизм, но при этом понимает, что это использование обучает его, движет им и в итоге быстро приведет к какому-то положительному результату. Ведь очень часто мы, глядя на человека со стороны, говорим: «С ним ничего нельзя поделать. Его невозможно убедить. Он должен получить пару хороших ударов судьбы и тогда научится».

 Так все устроено в природе: наполнение – разочарование, снова наполнение – разочарование. Этим приводят человека к тому, что он остается вдвойне, втройне, многократно опустошенным.

И тогда он начинает задавать себе вопрос: «К чему мне эти наполнения? К чему мне эти опустошения? Какой вывод я должен сделать из них, каков конечный результат? Ну, хорошо, в данный момент я наслаждаюсь, и таких моментов огромное количество, а затем становлюсь опустошенным, растерянным, больным. Стоит ли мне устраивать погоню за каким-то кратким наслаждением?»

Ведь все наши наслаждения очень кратковременны по сравнению с тем временем, которое необходимо для их достижения.

Все это подводит человека к одному единственному вопросу: «А как же вообще нужно жить, чтобы не гоняться за всеми этими наслаждениями? Достижимо ли такое состояние, когда я просто наслаждаюсь и остаюсь при этом в непрерывном, вечном покое, абсолютно наполненным, ощущая в себе вечную, совершенную жизнь? Когда я не боюсь, что это все пройдет, исчезнет через минуту и не окажется каким-то угаром: вот сейчас набраться, наполниться, а завтра – хоть потоп. Такое состояние возможно?».

 Все кризисы, негативные процессы, которые мы сегодня наблюдаем: разочарования, самоубийства, наркотики, половые извращения, – все происходит из-за отсутствия возможности достичь совершенного состояния.

Отсюда и беспорядочный секс, о котором вы спрашиваете, он имеет сегодня естественную причину. Перед человеком остро встает вопрос: «В чем же я могу найти себя?» И этот непрерывный быстрый поиск и приводит к разводам, беспорядочным связям, порой, противоестественным.

Это все для того, чтобы как можно быстрее отработать соответствующую ступень нашего развития и явно осознать, что в рамках нашей жизни, на самом деле, нет ни малейшей возможности даже минимально насладиться, потому что в следующий момент за наслаждением ты ощутишь вдвое большую пустоту, чем до того, как испытал наслаждение.

Вот в этом и кроется причина того, что происходит в наше время с беспорядочными связями и прочими проблемами, связанными с сексом. Я смотрю на это, как на признак очень мощного развития человечества и очень рад, что все происходит так интенсивно: мы находимся на пороге четкого осознания никчемности такого существования и хорошей перспективы для постановки вопроса о смысле жизни.

Е. Литварь: Можно ли сказать, как говорит Жванецкий: «Напивайтесь – полезно»? Можно ли сказать сейчас: «Наслаждайтесь – полезно»?

М. Лайтман: Наслаждаться в нашем мире не запрещено. Природа установила для этого определенные рамки. Человек устанавливает для этого еще дополнительные рамки. Но мы понимаем, что все это действует только в очень относительных границах.

Человечество любит увлекаться ханжеством, прикрываться тем, что, дескать, мы не такие, какие мы есть на самом деле. Мы рисуем себе картину человечества совершенно иначе, чем та, которая существует. Если посмотреть на нас со стороны, то картина окажется намного-намного более неприглядной.

Но как бы то ни было, все идет к осознанию зла и раскрытию нашего истинного состояния. Секс в этом очень помогает.

ЗАСТАВИТЬ ТИГРА ВЫЙТИ К ОВЕЧКАМ, НО НЕ ЕСТЬ ИХ, ИЛИ – КАК СУДИТЬ ТОГО, КТО АБСОЛЮТНО УПРАВЛЯЕМ?

М. Санилевич: Можно ли сказать, что каббала не относится отрицательно к тем ограничениям, которые религия накладывает на секс?

М. Лайтман: Каббала ни к чему не относится ни положительно, ни отрицательно, кроме одного: к тому, что подводит человека к правильной постановке вопроса о смысле жизни, после которого у него будет четкое направление на получение ответа, на постижение Высшего мира. Потому что оттуда нисходят в наш мир все корни, все приказы, все законы и осуществляется управление нами. Если человек, задавшись вопросом о смысле жизни, поймет, что ему надо раскрыть для себя Высший мир, сетку управляющих сил, то любой путь к этому годится. Нет в этом ни хорошего, ни плохого. Главное – быстро отработать всю систему накопления якобы положительной и отрицательной информации, чтобы правильно задать этот вопрос.

То есть, понять, что в рамках нашего мира ответа нет. Ответ – в тех силах, которые воздействуют на нас.

Тогда, естественно, получается, что мы самого человека не судим, и не за что его судить, он абсолютно управляем. Нам нечего осуждать эти явления, потому что они природные.

А если мы их загнали в какие-то рамки, и потом за выход из них человека осуждают, то это все равно, что заставить тигра выйти к овечкам, но не есть их. Такое возможно? Ну, не в состоянии он! Разве что под влиянием каких-то особых наказаний или дрессировки можно что-то сделать, но в любую минуту он может «сорваться». Потому что природа все равно, как мы знаем, возьмет свое. Поэтому нам надо грамотно изучать человека и не скрывать от самих себя, кто же мы такие.

Я думаю, что проблема в том, что человечество почему-то считает, что оно что-то понимает в таких вопросах и, имея еще очень незначительные знания в области секса, любви, психологии, психиатрии, наполнения всевозможных желаний, определяющих поведение человека, не хочет слушать специалистов, а считает, что те нормы, которые люди сами вдруг установили, хороши. Как мода, что ли.

Я считаю, это происходит потому, что определенному слою выгодно устанавливать всевозможные рамки, чтобы управлять обществом. Смотрите, что делают с президентами: с Кеннеди, с Клинтоном, в Израиле и, вообще, по всему миру – создаются абсолютно неестественные ограничения, рамки, поощрения и наказания. Просто человек ищет для себя, как бы сделать из своей жизни какой-то более красивый спектакль, чем она на самом деле есть.

МУЖЧИНА ЖЕЛАЕТ, ЧТОБЫ КАЖДАЯ ИЗ МНОЖЕСТВА ЖЕНЩИН ПРИНАДЛЕЖАЛА ТОЛЬКО ЕМУ, БЫЛА ЕГО ВЕЩЬЮ, – И, КАК ВЫЯСНЯЕТСЯ, НЕСПРОСТА! ОБ ОДНОМ ОЧЕНЬ ДРЕВНЕМ ПРОКЛЯТИИ

Е. Литварь: В связи с этим, Юля из Новосибирска задает вопрос: считает ли каббала, что секс до брака это плохо?

М. Лайтман: Каббала ничего не считает. Каббала раскрывает нам законы мира, законы жизни. Мы видим, что сегодня все открыто и нет никаких ограничений. Дети начинают вести половую жизнь в средних классах школы, с двенадцати- тринадцати лет, и это во всем мире уже считается вроде бы нормальным. Хотя мы пытаемся об этом не очень-то говорить, но это уже стало явлением естественным, причем, оно захватывает абсолютно все страны и все культуры. Это связано с развитием человека, с тем, что мы начинаем входить в период своего настоящего эгоистического созревания. Вместе с тем возникли очень интересные явления: мода на искусственную девственность. Девушки в двадцать пять лет, после того как хорошо пожили полной жизнью, идут и восстанавливают девственность. Значит, все-таки она как-то ценится.

Я интересуюсь этими новыми веяниями, потому что они говорят об уровне развития человека: как он продвигается по каббалистической шкале, далеко ли мы находимся от осознания нашего правильного состояния. И на сегодняшний день я вижу, что после всего, что происходит, мужчина ценит девственность, хотя, казалось бы, совершенно не так воспитан. Какое воспитание он уже получил из книг, из общества, на всех этих вечеринках?..

Через десять-пятнадцать лет после начала половой жизни он придает значение чистоте и по этому признаку выбирает себе пару. То есть, это естественное требование к женщине со стороны мужчины.

Мужчина желает, чтобы женщина была частью лично его, принадлежала только ему, была его вещью. Можете говорить что угодно, насколько это красиво или нет, но это чувство, это требование в нем от природы, и оно не угасло, и никакие сегодняшние общественные условности или, наоборот, их отмена, к этому не приведут.

Интересное явление.

Я не говорю о мусульманском мире. Я говорю просто о современном обществе.

Е. Литварь: Значит, стремление мужчины найти себе жену, которая бы до него не познала других мужчин, имеет какие-то духовные корни?

М. Лайтман: Конечно.

Е. Литварь: Это не связано с его обычной, человеческой, животной природой?

М. Лайтман: Ни в коем случае.

Е. Литварь: Какие же это корни?

М. Лайтман: У человека существует такое понятие, как «девственность» (то, что вообще отсутствует у животных), которое свидетельствует о том, что это твое, и ставит здесь четкий знак. Это дает нам природа, она сама показывает, предъявляет такое отношение. Для чего оно? Почему создано так явно? Почему по сей день существует и ценится?

Потому что наш брак, рождение нашего потомства предполагает союз между двумя противоположными полами. Со стороны мужчины предъявляются другие требования, чем со стороны женщины, потому что они исходят из разных корней: верность женщины относительно мужчины подобна верности человека относительно Творца.

Е. Литварь: О!

М. Лайтман: Да. И поэтому здесь не может быть никаких вопросов. Я просто хочу сказать, что человечество в итоге придет к подобию корней и ветвей, то есть к подобию всех уровней нашей жизни – всех институтов, явлений, взаимоотношений – Высшему миру. После того, как мы увидим Высший мир, мы захотим ему уподобиться. Он станет для нас настолько притягателен, мы будем ощущать такое наслаждение от духовного наполнения, что этим будут определяться все наши земные действия.

Как только наступит такой момент, когда мы добровольно, сознательно придем к тому, что духовный мир будет определять нашу настоящую жизнь, то мы вернемся к жестким рамкам поведения, отношений между мужчиной и женщиной, потому что между духовными корнями не может быть иного. Там женщина принадлежит только одному единственному мужчине.

Е. Литварь: Вы сказали «жестким». Это будет насильно по отношению к женщине?

М. Лайтман: Нет! Не насильно, естественно. Исходя из постижения.

Е. Литварь: Это будет внутренним порывом каждого?

М. Лайтман: На основе постижения Высшего мира. Глядя на духовные корни, на всю эту сетку сил, я, естественно, не буду делать того, что мне немедленно причинит вред. Так же как сейчас я не суну руку в огонь, зная, что мне это навредит, что таков закон природы, что биологический материал в огне сгорит и погибнет.

Е. Литварь: То есть все-таки это будет мой собственный выбор?

М. Лайтман: Естественно. Исходя из осознания Высшего.

М. Санилевич: В продолжение этой темы есть такой вопрос: если изменяет мужчина, это считается нормой, все только снисходительно улыбаются, если женщина – всеобщий скандал. Неужели мужчине можно иметь несколько партнерш и по духовным законам?

М. Лайтман: Да. Так и получается. И многоженство в том числе. Мы не говорим о том, плохо это или хорошо, мы говорим о том, как это задействовано в природе. А все претензии, пожалуйста, к ее Руководителю – не к нам.

Поэтому не будем заниматься мелкими разборками здесь, на нашем уровне, как сегодня принято или не принято в нашей культуре, в нашем обществе. Мы знаем, что все это меняется, в разных странах и цивилизациях воспринимается абсолютно по-разному, то есть, нет здесь никаких эталонов. Эталон – если хочешь, узнай сам, что происходит в природе с этими явлениями.

Мужчина по своей природе полигамен, у него возможны отношения со многими женщинами, и при этом не говорится, что он изменяет то одной, то другой. Есть множество культур, они были и раньше на протяжении всей истории человечества, когда мужчине принадлежало («принадлежало» – я употребляю вполне сознательно именно этот глагол) несколько женщин, и всегда считалось, что это нормально.

То есть, как бы мы ни хотели отвернуться от этого явления (не говорите, что сегодня мы более развиты, культурны, эмоциональны или как-то наоборот), все равно оно существует в нашей крови и плоти, и не считается предосудительным относительно природы. Тут идет абсолютно четкий расчет по принадлежности. Тогда как со стороны женщины такая связь невозможна.

Это описывается в самом **Пятикнижии**[5] в виде якобы проклятия, которое произносит Творец после грехопадения, совершенного Адамом и Евой. Он говорит Еве: «И к мужу твоему вожделение твое, он же будет властвовать над тобой».

М. Санилевич: Почему же женщина требует от мужчины верности, если по духовным корням мужчина может иметь несколько жен?

ОБ ОДНОМ ЕДИНСТВЕННОМ ОЩУЩЕНИИ, КОТОРОЕ НЕОБХОДИМО ПОЛУЧИТЬ ЖЕНЩИНЕ ОТ СВОЕГО МУЖЧИНЫ, ЧТОБЫ ПРОСТИТЬ ЕМУ ВСЕ

 М. Лайтман: В нашем мире, к сожалению, мужчина, даже если у него нет других женщин, и одной единственной своей женщине не может обеспечить того ощущения, что она его.

Надо, наверное, нам этому научиться. Даже одной единственной жене один единственный муж не может, к сожалению, дать такого ощущения, что «ты моя». А женщине необходимо это испытывать, ощущать.

М. Санилевич: Если бы мы это дали ей, то…

М. Лайтман: Не было бы проблем.

М. Санилевич: …она бы согласилась на другие его отношения?..

М. Лайтман: Это, конечно, зависит еще и от общественной установки.

 Кроме ощущения полной принадлежности своему мужчине женщине ничего не надо.

Мы видим на протяжении истории человечества множество полигамных культур, в разных социальных слоях общества: и у простолюдинов было так заведено, и у людей с достатком, – и не возникало никаких проблем.

На все это надо смотреть, лишь исходя из духовных корней, только на этом базироваться: женщине требуется один партнер, потому что у человечества существует только одна управляющая сила, а у этого Партнера есть огромное

---

5   Первые пять книг Ветхого Завета.

количество людей, каждый из которых является его женской частью относительно Творца.

М. Санилевич: Но Вы бы не советовали объяснять все это жене?

М. Лайтман: Так это объясняется в каббале. На этом базируется устройство всех духовных миров. Два объекта, которые руководят нами – Зеир Анпин и Малхут. Это два устройства в духовном мире, которые управляют мужской и женской частью Мироздания. Они устроены таким образом, что Малхут является скоплением всех душ, а Зеир Анпин существует для того, чтобы наполнять, оплодотворять и развивать их. Здесь нет абсолютно никаких противоречий.

Я думаю, что вообще все эти вопросы слишком завязаны на условностях, которые придумывают люди, на культуре. Мы могли бы сегодня моментально перескочить из одних общественных установок в другие. Пользуясь современными средствами массовой информации, можно было бы мгновенно сделать все что угодно. Посмотрите, как учится молодежь: ее пичкают всевозможными установками, которые она принимает, или она создает свои установки. Они у нее вырабатываются в виде шаблонов поведения – и уже никуда от них не денешься.

Это все искусственно. Если мы пойдем природным путем, то придем к тому, о чем мы говорим.

О ЧЕЛОВЕЧЕСКОМ НАПОЛНЕНИИ СЕКСУАЛЬНОГО ЖЕЛАНИЯ ЖЕНЩИНЫ. ОТЧЕГО ОНА, В ПРИНЦИПЕ, НЕ ВИДИТ В МУЖЧИНЕ НИКАКОЙ КРАСОТЫ

Е. Литварь: Мы понимаем, что это не личный взгляд отдельного человека, а мнение ученого, основанное на точном знании духовных законов. В связи с этим, у меня к Вам откровенный вопрос женщины из Киева. Она говорит, что многие женщины не могут получить удовлетворение в сексе. Можем ли мы ей чем-нибудь помочь?

М. Лайтман: К сожалению, здесь мнение каббалы очень расходится с тем, что сегодня принято в обществе в нашем мире. Что означает понятие «наслаждение»? Оно зависит от воспитания, от общественных и моральных установок, оно не зависит просто от природы, как и вообще все в человеке. Человек – намного более сложная структура, чем простая схема: есть желание – его надо наполнить, насладить. Вот тебе возможность насладиться – наслаждайся, вот тебе для этого приспособление – машина, партнер, не важно. Все зависит от уровня развития человека.

Теперь о женщине, которая получает или не получает наслаждение. Мы знаем, насколько это зависит от того, что она желает принять под этим определением – «получить наслаждение».

У женщин все, даже секс, происходит совершенно не так, как у мужчин, на более глубоком, внутреннем уровне. Они требуют душевного, нравственного общения с партнером, ощущение его как своего, личного, причастного к себе. Это не чисто сексуальное, животное удовлетворение, – она требует еще огромного человеческого наполнения.

Поэтому говорить только об одной из этих составляющих, о сексуальном наполнении, здесь невозможно. И я не знаю точно, что подразумевает женщина, задавшая вопрос... Может быть, это искаженное представление о сексе, как о чисто животном наслаждении. И оно тоже происходит от того, что женщины не получили нормального, правильного, естественного развития, воспитания, и оно у них исказилось под воздействием окружающей среды.

Женщина, в принципе, не видит в мужчине красоту, она не понимает (применительно к мужчине), что такое красиво или не красиво. Она оценивает его по своей внутренней шкале: насколько он может быть важным, значительным, великим в ее глазах. Ее притягивает не физическая красота, не физические данные, не физическая сила партнера. Если да, то только в той мере, в которой он может обеспечить будущее ей и детям, а это, в принципе, тоже не зависит от силы в прямом смысле слова.

То есть женщина оценивает мужчину и удовлетворение, которое получает от него, не по той же шкале, что мужчина. Поэтому если вопрос задан женщиной, то его надо рассматривать в совокупности с очень многими другими человеческими желаниями: нравственными, сугубо женскими, с ее требованием к сексуальному партнеру, к мужчине. Это не требование получения наслаждения в данный момент – и все (что характерно для мужчины).

ЭТИ ЕСТЕСТВЕННЫЕ И ЭТИ НЕЕСТЕСТВЕННЫЕ ПРОЯВЛЕНИЯ СЕКСУАЛЬНЫХ ОТНОШЕНИЙ

Е. Литварь: Мы получили следующий вопрос: почему в религиях вообще, и в Библии в частности, существует строгий запрет на однополую любовь между мужчинами и никакого запрета на такую любовь между женщинами?

М. Лайтман: Явление связи между мужчинами известно с древнейших времен. Были целые народы, целые культуры, которые считали его естественным. Наравне с тем, что у мужчины была семья, жена и, может быть, не одна, дети, существовал также и другой сексуальный партнер. Мы знаем, что это практиковалось у древних греков и процветало в других крупных культурных цивилизациях, великих в нашем человеческом понимании. Они практиковали именно такое общение между полами внутри каждого пола.

В этих культурах считалось, что таким образом между мужчинами возникает очень сильная, тесная связь, своего рода дружба, которая позволяет вместо соперничества достичь союза. Конечно, это не то чтобы поощрялось, но принималось, в общем-то, снисходительно. Когда такие связи возникали среди женщин, то это происходило еще и потому, что мужчины их изолировали. Мы знаем о таких проблемах, которые существовали в замкнутых обществах.

С приходом христианства мужские связи стали преследоваться. Если говорить об иудаизме, то они полностью исключаются, согласно его законам. Связи же между женщинами строго не регламентированы, по крайней мере, в иудаизме, а в остальных религиях это уже зависит от того периода, который мы будем исследовать.

С точки зрения каббалы, связь между мужчинами абсолютно ненормальна, потому что они при этом уподобляются животным, то есть спускаются с уровня людей на уровень животных. Это считается абсолютно противоестественным, потому что в связи мужчины с себе подобным не может быть духовного корня, потому что себе подобного нет. Повторю, мужской корень – это Творец.

А духовный корень женщины находится на уровне душ, и поскольку каждая душа является женской частью относительно Творца, то связь между ними возможна. И она проистекает из отсутствия наполнения, наслаждения, которое женщина хотела бы получить от мужчины. Но непонимание, общественные рамки и все прочее приводило ее зачастую к тому, что она находила такие наполнения, утешения у своей подруги.

Кроме того, существуют и абсолютно серьезные проблемы гомосексуальности, которые исходят из духовного корня. Потому что все не так просто в наших духовных корнях. По пути нисхождения из Высшего мира в наш мир они прошли стадию, которая в лурианской каббале называется «разбиением келим» («разбиение сосудов»). И на том уровне произошло разбиение наших душ, их смешение между собой, перемешивание женской и мужской части.

В каждом мужчине есть часть женской души, в каждой женщине – часть мужской души, то есть в нас существуют противоположные включения. Поскольку это произошло на этапе падения душ с уровня духовного мира в наш мир, то одновременно произошли и такие соединения между ними, когда мужские и женские желания перемешались между собой и заняли частично место друг друга. От этого происходят все эти «лесбо» и «гомо» проблемы, которые мы наблюдаем и, кроме этого, еще много других проблем. И там же находятся корни всех психических заболеваний.

Нам надо понимать, что эти проблемы существовали и существуют. Это не просто распущенность людей, причина в неисправности наших внутренних, очень высоких по своему происхождению, душ. И только исправляя себя, ограничивая, вводя себя насильственно (насильственно!) постижением этих корней в правильное поведение, человек, исправляя свой корень, исправит также и все эти искажения.

Сегодня мы наблюдаем огромнейший всплеск, просто взрыв гомосексуализма, и общество вроде бы уже смиряется: что можно сделать с этими миллионами мужчин, которые состоят в таких связях? То есть когда это один-два человека, то явление можно подавить, запретить, посадить их за решетку и так далее. А если это миллионы? Ничего не сделаешь. Это уже входит в рамки обычных отношений.

И все это является порождением того же кризиса, который мы сегодня переживаем. Это на самом деле не кризис, а ощущение, отголоски того разбиения, которое произошло в процессе нисхождения душ. Когда мы начинаем немножко приподниматься снизу-вверх в нашем эгоистическом развитии, то достигаем уровня постижения того разбиения. И сейчас мы входим в толщу этого разбиения, которое произошло на этапе нисхождения, а мы входим в нее снизу-вверх и тут начинаем сталкиваться с очень серьезными проблемами, и еще очень много неприятностей ждет нас в будущем.

Е. Литварь: Неприятностей? Но Вы при этом улыбаетесь?

М. Лайтман: Я улыбаюсь, потому что предвкушаю, что это неисправное относительно духовного мира состояние будет скоро осознано, прочувствовано человечеством как необходимый этап. Чтобы оно могло быстро пробиться вверх, сквозь эту толщу, образовавшуюся при разбиении (это определенное место в нашей иерархии развития), надо преодолеть этот слой и достичь исправленного состояния.

А до этого момента будут только накапливаться и проявляться всевозможные отрицательные явления в нашем обществе. Наше поколение является первым на этом пути исправления, и потому так лавинообразно, с бешеной скоростью нарастают все эти проблемы в обществе. На самом деле ничего нового в них нет. Когда каббала объясняет процесс падения душ сверху вниз, она тем самым показывает, что нас ждет впереди, при подъеме снизу вверх.

М. Санилевич: С точки зрения каббалы, эти явления все-таки являются отрицательными?

М. Лайтман: С точки зрения каббалы они являются естественными, такими, над которыми человек должен работать. Интенсивно работать над собой, для того чтобы исправлением в душах перевести себя на правильное соотношение между желаниями и наслаждениями.

Е. Литварь: Вы сказали, что мужчина не может быть с другим мужчиной, потому что он один, как и Творец. Я не понял, что это значит.

М. Лайтман: Один, как его Корень.

Е. Литварь: Что значит «один», если даже здесь нас с Вами уже сидит трое, а дальше?

М. Лайтман: Мы говорим о Корне, его природе.

Мужчина чувствует себя одним единственным. На этом основании, из этой своей точки он смотрит на всех остальных, в том числе и на женщину. Его мужской корень, пребывающий в Творце, диктует ему целую систему взглядов, мировоззрения, отношения, оценки, решений и так далее – в общем, всю его внутреннюю суть. Она исходит из корня, который Единственен, Совершенен, Вечен.

Мужчину тянет к абстрактным понятиям, к духовности. Женщина же ищет духовность совершенно в ином аспекте, чем мужчина. Она ищет принадлежность, наполнение, она ищет, к чему бы прислониться, а мужчина нет. Он, наоборот, жаждет постижения, завоевания, осознания.

Совсем разные устремления у мужчин и женщин. Все исходит из духовных корней, они и определяют всю нашу суть.

Е. Литварь: Так мужчина один или мужчин много?

М. Лайтман: Каждый ощущает себя единственным.

Е. Литварь: Ощущает, и Бог с ним.

М. Лайтман: И Бог с ним.

Е. Литварь: А вот те, которые вступают друг с другом в однополые связи, они, видимо, не ощущают так?

М. Лайтман: В этом смысле слова – да. Тут-то и произошло неправильное включение мужских и женских частей друг в друга, и мужские части ощущают эти женские включения в себе.

ОДНО ЛЕКАРСТВО ДЛЯ ВСЕХ, И ОНО НЕ В НАШЕМ МИРЕ

М. Лайтман: Проблема у всех у нас единственная, и не важно, кто какой сексуальной ориентации придерживается, у кого какие сексуальные желания, кто мужчина, а кто женщина – все это не важно, потому что для всех есть только одно лекарство от бед в жизни – раскрыть Высший мир. И это приведет человека к вопросу: что мне делать с собой?

 Раскрытие Творца дает человеку такую силу правды, что после этого невозможно поступать неверно, потому что когда Закон открывается

перед тобой, ты уже знаешь и видишь, что все, исходящее от тебя, немедленно возвращается к тебе же.

Это сила, которая тобой управляет: как ты сейчас поступишь, так в следующий момент на тебя эти силы воздействуют.

Вы можете сказать: «Тогда, видя все, что происходит, человек превращается в марионетку? Раскрытие дает нам лишь одну-единственную возможность поведения, то есть мы превращаемся в машину, в робота. Если я знаю, что, сделав так-то, мне будет хорошо, а если я сделаю иначе – плохо, то, поскольку я по своей природе желаю только наслаждения, я просто обязан сделать так, чтобы мне было хорошо, а не плохо. То есть, все мои действия уже заранее заданы, они, начиная с момента раскрытия Высшего мира и далее, абсолютно регламентированы. Необходимость в наличии какого-то выбора пропадает вообще».

Но он есть. Потому что существование в Высшем мире – это непрерывное развитие. Я не знаю, что произойдет на каждой следующей ступени – и, вместе с тем, у меня есть свобода воли.

Может быть, мы зашли чуть дальше, чем предусматривал вопрос…

М. Санилевич: Вы говорите «Высший». Что значит, Высший мир?

М. Лайтман: Высший по качеству.

Е. Литварь: Душа гомосексуалиста женская или мужская?

М. Лайтман: Спутанная. Существует неправильное включение корней друг в друга. В каждом из нас есть хромосомы мужские и женские, в каждом есть женские гормоны и мужские. В молодости они находятся в одном соотношении, в зрелом возрасте – в другом, в старости – в третьем: превалируют или подавляются те или иные гормоны. У женщин проявляется больше мужских гормонов, у мужчин – больше женских. Но это нормальное соотношение мужских и женских частей в каждом мужчине и в каждой женщине.

Но есть и перепутанные, которые создались в результате разбиения душ, так сказать, неправильно перемешались. Это как бы собранные души. Их определенное количество, в них эти две составляющие неправильно состыкованы, они спутаны таким образом, что не занимают четкого положения друг относительно друга. Это то, что происходит отчасти у гомосексуалистов. Можно сказать, что и в женщинах-лесбиянках, но не настолько ярко. И если женщина идет на связь с мужчиной, рождает ребенка, создает семью, то у нее эти проблемы практически исчезают. Потому что дети, семья, муж настолько занимают ее внутренний мир, что она уже находит удовлетворение в нормальной связи с мужчиной и семьей.

Е. Литварь: Люди гомосексуальной ориентации из кругооборота в кругооборот, каждое свое воплощение на земле непременно будут гомосексуалистами?

М. Лайтман: До исправления души.

Е. Литварь: До их самостоятельного исправления души?

М. Лайтман: Да. Естественно. Так же, как у каждого из нас. Мне никто не поможет родиться в следующий раз более хорошим, более удачливым, более умным, храбрым или мудрым.

Е. Литварь: То есть не на что рассчитывать?

М. Лайтман: Не на что. Все мы, наоборот, только накапливаем все более отрицательный потенциал – для того чтобы наконец-то осознать, что мы нуждаемся в исправлении души.

М. Санилевич: Мне тут немного непонятно: смешивание произошло на духовном, на качественном уровне?

М. Лайтман: Да. Наше тело и вообще все, что происходит в нашем мире, является абсолютно четким, точным порождением духовных корней. Здесь, в нашем мире, уже не происходит никакой путаницы. Все происходит в наших душах, в энергетических составляющих, которые уже как бы отпечатывают свою внутреннюю структуру на более грубую материю: неживую, растительную, животную.

М. Санилевич: То есть, если человек был гомосексуалистом, он постоянно будет воплощаться в такое же тело и продолжит быть гомосексуалистом в нашем материальном мире?

М. Лайтман: Да, но в разных обстоятельствах, в разных системах воспитания это будет проявляться, возможно, по-разному.

М. Санилевич: Пока не исправит свою душу?

М. Лайтман: Да. И, кроме того, в нас на каждом этапе всплывают определенные потребности, стремления, определенные свойства, которые в данный момент, в данной ситуации, в данной жизни мы должны исправлять. Это проявляется в соответствии с кругооборотом душ, с общей системой исправления, которая изучается в каббале. Но это уже очень сложная система зависимости друг от друга.

Е. Литварь: Девушка из Сан-Франциско спрашивает: «Как найти свою вторую половинку, когда кругом одни извращенцы?»

М. Лайтман: Это явление наблюдается сегодня, к сожалению, не только в прекрасном городе Северной Америки, но везде и всюду. Я говорю – «к сожалению» – с точки зрения этой девушки. Я лично не сожалею, а наблюдаю за этими явлениями как за проявлением нашей общей неисправленности на земном уровне, которую мы можем исправить только из духовного уровня. Что делать? Принимать то, что есть в данных рамках, и существовать. Ничего другого мы не можем до тех пор, пока мы не осознаем, откуда это исходит, и не начнем исправлять причину. Нет лекарства в этом мире. Мы можем убежать ненадолго, приспособиться каким-то образом или приспособить немножко этот мир под себя. Но кардинальное решение – исправлять в самом источнике: где источник этого искажения, там и должно происходить исправление.

КОГДА ЖИЗНЬ ТЕРЯЕТ СМЫСЛ

Е. Литварь: Вопрос из Интернета: почему в последние годы женщины с такой легкостью стали заниматься древнейшей профессией, и процент их сильно увеличивается?

М. Лайтман: Как и на все остальные вопросы, в принципе, ответ один: потому что мы входим в период раскрытия неисправности наших душ, в тот слой, где они разбились на пути сверху вниз. Вследствие этого и происходят все эти нарушения, дисгармония во внутренних установках человека.

Для женщины свойственно принадлежать мужчине, семье, детям. И вдруг мы говорим о древнейшей профессии. Кто вынудил женщину на это? И природа, и мужчины. То, что мы видим сегодня, происходит, потому что эгоизм человека превалирует над всеми условностями, общественными и природными установками. Сегодня люди уже в массе своей совершают много того, чего в прошлом не делали, считая это вредным, невозможным для себя. Сегодня они злоупотребляют чем угодно, в том числе, и тем, что им же вредит.

Жизнь просто теряет смысл, потому что у большего эгоизма существует меньше возможности наполниться. Так стоит ли вести такую жизнь? – Можно ее сократить, можно ее задавить наркотиками, можно ее вообще прекратить…

Сколько самоубийств, сколько депрессий, из которых люди хотят вырваться, перестав чувствовать, перестав жить! Огромное количество. Возникает вопрос об эвтаназии, сокращении жизни: «50 лет. А чего мне дальше делать? Таблеточку принял и спокойно уснул».

Мы находимся в состоянии переоценки жизненных ценностей и вообще существования человечества. Перед лицом глобального кризиса мы вообще не знаем, будем ли существовать через 10-20 лет или нет. Люди уже начинают философски к этому относиться: «А что завтра? Какая разница, что завтра? Что может быть? Да, завтра лопнут все банки, да, затопит нас всех цунами или еще что-то произойдет».

Не получая связь с духовным миром, человек отрывается и от материальной действительности. Он начинает создавать совершенно новые искусственные рамки поведения, новый мир – виртуальный мир, куда хочет убежать, в котором хочет существовать. И вот в этом виртуальном мире все возможно, все нормально, все принято.

Вы говорите о древнейшей профессии. Я занимаюсь множеством различных человеческих проблем и вижу интересные явления. Девушка, для того чтобы оплатить свадьбу, занимается проституцией, не связывая одно с другим совершенно. И таких случаев много. То есть у нее есть любовь, она хочет выйти замуж, рожать детей, но для этого надо немножко «обустроиться»…

У человека возникает чувство абсолютной изоляции, разорванности процесса собственной жизни: с одной стороны древнейшая профессия, с другой – принадлежность друг другу, любовь, союз с мужчиной. И это говорит о том, что в человеке развиваются и взаимно удаляются друг от друга животные и человеческие части. Но это уже, может быть, отдельная тема.

М. Санилевич: Я все пытаюсь понять: плохо это или хорошо – проституция?

М. Лайтман: Ничего в этом нет ни плохого, ни хорошего. Это явление, которое тоже получает развитие. Посмотрите Библию, сколько там упоминаний об этом? Огромное количество! Это явление, существующее на протяжении всей истории человечества, которое тоже является следствием разбиения душ, и которое мы можем исправить, только исправив наши души, потому что все идет сверху вниз, – и нашем мире нет плохого или хорошего. В нашем мире мы наблюдаем следствия воздействия Высших сил.

Поэтому и наказывать человека не за что, и нечего требовать от него. Как ты можешь требовать, если он управляем таким образом? Можно ли вообще в нашем мире стыдить человека, угрожать ему, прятать его в тюрьму за его поступки?

Кто он такой?

Он получил все это: родившись, получил воспитание, общество навязало ему свои ценности, свои рамки поведения, плохие или хорошие – не важно. И дальше он действует, как машина, которую наполнили всевозможной информацией. Разве мы можем предъявлять к человеку какие-то требования? Требования предъявляйте к тому, кто его воспитал, к тому обществу, где он находился. Это общество тебя вырастило, и тебя же еще и наказывает? Оно себя должно наказывать, а не тебя.

М. Санилевич: Так получается, в Высшем мире не будет проституции?

М. Лайтман: В Высшем мире существует соответствие духовных корней, когда мужская и женская части объединяются вместе с Творцом. Как сказано: «Муж и жена, и Творец между ними».

Е. Литварь: В связи с этим два последних вопроса. На первый, в общем-то, Вы уже ответили. А вообще, секс – это хорошо или, как в СССР говорили, «у нас секса нет»?

М. Лайтман: Секс является естественным природным явлением, о котором не может быть сказано, хорошо это или нет, а тем более «у нас секса нет», если он является просто основой всех взаимоотношений между полами.

НЕ МОЖЕТ БЫТЬ ТАКОГО, ЧТОБЫ МЫ НЕ ДУМАЛИ О СЕКСЕ, ДАЖЕ ЕСЛИ МЫ НЕ ДУМАЕМ О НЕМ. НЕПРЕРЫВНЫЙ ОРГАЗМ – ЭТО ВОЗМОЖНО?

Е. Литварь: И следующий вопрос жителя Германии, который уже думает о своем духовном продвижении, мечтает о будущем. Вопрос такой: а в Высших мирах секс лучше или хуже, то есть более сладкий или более горький, чем у нас?

М. Лайтман: Секс в Высшем мире – это непрерывное явление, в котором находится душа. Поэтому секс и является наивысшим удовлетворением в нашем мире.

Сказано, что с тех пор, как каббалисты упали с духовного уровня в наш мир (когда-то в древнее время, когда писали Тору и остальные святые книги, существовало много каббалистов), то настоящий вкус соития остался только у тех, кто еще находится в Высшем мире или кто его постигает.

Имеется в виду, что настоящее духовное наслаждение, которое осуществляется именно слиянием мужской и женской части, называемым в каббале «зивуг», происходит именно на духовном уровне и представляет собой самое мощное ощущение наполнения души Творцом.

Е. Литварь: Вы можете сказать просто: духовный секс круче, острее, чем наш, или нет?

М. Лайтман: Да, ведь он и является основой того, что происходит у нас.

Е. Литварь: Есть ради чего туда стремиться, скажите правду?

М. Лайтман: Человек потому подсознательно и стремится к духовному миру – и сейчас это постепенно раскрывается все более явно, – что там он обнаружит настоящие непреходящие наслаждения.

М. Санилевич: Я недавно читал такую информацию, что каждые девять секунд мужчина думает о сексе.

М. Лайтман: Девять секунд? Нет.

 Согласно каббале, секс находится в основе всех наших мыслей, потому что это исходит из духовного корня единения с Творцом, где мы представляем собой женскую часть, а Он – мужскую.

И на этой нашей конечной цели основаны все явления природы. Поэтому не может быть такого, чтобы мы не думали о нем. То есть наше стремление к противоположному полу, к наслаждению исходит именно из конечного состояния слияния с Творцом, которое и называется в каббале «зивуг дэ-акаа» – постоянное сексуальное соединение.

М. Санилевич: В духовном мире мы будем каждую секунду думать о сексе?

М. Лайтман: В духовном – да, но там это немножко по-другому, чем в нашем мире, и поэтому духовный контакт вечный: он дает человеку ощущение совершенного и постоянно развивающегося наполнения. Это не как в нашем мире, когда мы занимаемся сексом, получаем какое-то мгновенное наслаждение, и затем существует огромный перерыв, восстановление желания, необходимость поиска партнера и так далее: и снова ты испытываешь наслаждение в течение нескольких секунд – и снова оно проходит, и снова все с начала.

В духовном мире, поскольку эти наслаждения взаимные и взаимно-отдающие в мужской и женской части, сверху поступает Высший **Свет**[6], который наполняет мужские и женские желания. Это выглядит так: два противоположных желания – мужское и женское – наполняются сверху одним светом. Поэтому они и не гасят друг друга, а происходит их постепенное, все большее и большее развитие.

То есть духовный оргазм постоянный и все более развивающийся. Поэтому он и дает человеку ощущение вечной жизни.

Е. Литварь: Сказка. Но Вы сказали, что мы – женщина, а Творец – как бы мужчина…

М. Лайтман: Получающий и Дающий.

Е. Литварь: Мы как женщина или Вы что-то другое имели в виду?

М. Лайтман: Душа относительно того, кто ее наполняет, относительно Творца, ощущает себя как наполняющаяся часть, зависящая часть, и поэтому она называется женской. Если один мужчина получает от другого какое-то наполнение, он тоже в этот момент является женской частью относительно мужской.

Е. Литварь: То есть все-таки мы говорим о свойстве?

М. Лайтман: Конечно.

Е. Литварь: Не то чтобы я, мужчина, стану в духовных мирах женщиной, а мы говорим о свойствах?

М. Лайтман: Мы не говорим о телах. Имеется в виду только две категории, существующие во всем творении: желание наполниться и само наполнение.

Е. Литварь: И желание наполниться – это женская часть…

М. Лайтман: Женская часть.

Е. Литварь: А наполнение, то есть Творец, – мужская?

---

6   **Свет:** воздействие Творца, ощущаемое как наслаждение, желание насладить; сила, творящая, исправляющая и наполняющая творение; источник наслаждения.

М. Лайтман: Да. И в каждый момент ситуация попеременно меняется: если вы в данный момент находитесь на определенном уровне относительно более низкого уровня, то вы являетесь мужской частью, а относительно более высоких уровней вы являетесь женской частью.

Из постоянно меняющегося соотношения между душами в духовном мире и возникают в нашем мире при разбиении всевозможные несоответствия, проблемы, противоестественные влечения.

Я понимаю, что это проблема – смотреть сквозь наш мир на Высший мир или из Высшего мира на наш мир. Для новичков, конечно, абсолютно нереально уловить такой взгляд, эту перспективу. Но надо хотя бы немножко разобраться в этом. Несколько занятий уже дадут человеку понимание того, что происходит на самом деле в наших корнях, как оттуда нисходят силы и определяют все в нашем мире. Я очень советую это всем.

Е. Литварь: В Ваших книгах написано об этом?

М. Лайтман: Они, в принципе, только об этом и говорят, о раскрытии сетки сил, которые нами управляют. И оттуда все становится явным, ясным. Человеку дают возможность самому подтянуться, оздоровить себя, войти именно в эти более комфортные состояния.

М. Санилевич: Очень тяжело, я думаю, абстрагироваться от тела, постоянно думать категориями сил, свойств, отказываться от плоти…

М. Лайтман: Минуточку, а если я иду к врачу, который начинает меня исследовать, делает кучу анализов и потом рассказывает мне о всяких химических реакциях, которые во мне происходят, о том, что во мне хорошо или плохо работает. Сообщает мне о всяких веществах, которые из меня выходят? О чем я говорю? Я говорю о теле? Я говорю о неком инструменте, о системе, которая выходит из состояния равновесия под воздействием определенных сил на неживом, растительном, на животном уровне, на уровне восприятия, запоминания и так далее. Человек – это система, никуда не денешься. Мы не можем так примитивно, как в телесериалах, говорить о нем.

Так что жизнь заставляет нас разобраться в себе, если мы хотим достичь настоящего комфортного состояния, – никуда не денешься. Иначе, отключение в наркотики – и все. Это не решение.

ОНА НАСЛАЖДАЕТСЯ ТОЛЬКО ОТТОГО, ЧТО ОН ЕЙ ПРИНАДЛЕЖИТ. ПРИЧЕМ ТОЛЬКО В ТОМ СЛУЧАЕ, ЕСЛИ ЕЙ ЭТОГО ЗАРАНЕЕ ХОЧЕТСЯ. А ХОЧЕТСЯ ЕЙ ЭТОГО В ОСОБЕННОСТИ ТОГДА, КОГДА ОНА ВИДИТ В НЕМ ДУХОВНОГО ПАРТНЕРА

М. Санилевич: Почему мужчине достаточно посмотреть на женщину, и ему уже хорошо, а женщине надо слышать и еще много всего…

Е. Литварь: Мне мало посмотреть…

М. Лайтман: Нет, не мало.

Е. Литварь: С удовольствием смотрю, но…

М. Лайтман: «С удовольствием смотрю» – значит, ты уже наслаждаешься. Женщина, оттого что смотрит на какого-то постороннего мужчину на улице (если она его вообще замечает, но, как привило, не замечает), не испытывает никакого наслаждения. Она испытывает наслаждение оттого, что ей принадлежит или может принадлежать, потому что ей заранее этого хочется (как, допустим, какой-то вещи). Она не смотрит на мужчину, оценивая его с точки зрения каких-то стандартов мужской красоты. Она не чувствует в этом для себя источника наслаждения, она не видит этого.

Мужчина же видит в женщине все, что относится к ее животной части. И в этом отношении, конечно, мы, можно сказать, более животные, чем женщина. Признайся.

Е. Литварь: Более того, мне даже нравится эта моя «животность».

М. Лайтман: Да. Только мы говорим не о том, что нравится, а говорим об иерархии наполнений. Вполне естественно, что у мужчины она более примитивная, чем у женщины. Но, опять-таки, это потому, что современный мужчина, и вообще мужчина нашего мира, замыкается только на этом наполнении. А если бы он развивал себя дальше, тогда бы он увидел, что из союза с женщиной он может достичь огромных духовных наполнений. И тогда, конечно, он смотрел бы на нее и оценивал так, как желает женщина: «Почему ты не оцениваешь меня как человека, внутренне?» Думаю, не раз слышали такие слова от женщины?

Вот здесь-то и происходит конфликт. Мужчина в нашем мире не смотрит на женщину, как на духовного партнера, а женщина желает именно это видеть в мужчине – духовного партнера. И поэтому она оценивает его не по внешности, а по его надежности в этом своем внутреннем наполнении, а мужчина ее оценивает так, как наш уважаемый друг Евгений.

М. Санилевич: У меня тогда вопрос о внешности, может быть, немного личный, но я думаю, что со мной согласятся несколько миллионов, десятков миллионов мужчин. Я имею в виду тех, которые тратят в спортзалах несколько часов в день на то, чтоб привести свою внешность в порядок. И причем, они уверены в том, что женщинам это нравится.

М. Лайтман: Это абсолютно неверно. Это просто мужчине так кажется, он вообще не понимает в этом случае женщин. Им хочется восполнить, компенсировать таким образом свои внутренние недостатки, какие-то проблемы.

Все, что мы делаем, исходит из нашего внутреннего желания достичь какого-то наполнения, более совершенного состояния. Если я чувствую его не в том, чтобы быть сильнее, а в том, чтоб быть мудрее, я ищу мудрость. Если я чувствую, что более совершенное состояние в том, чтобы быть в чем-то особенным, я занимаюсь этим. Только и всего. Существует четкий определенный расчет, зависящий от вкусов, общества, направленности, установок и так далее.

Но женщина очень поверхностно оценивает мужчину внешне.

Мы говорим о ее серьезной оценке, а не о той, когда она желает показаться с каким-то мужчиной на глазах других, чтоб ей завидовали. Тогда существует уже совсем другое решение вопроса: как она будет выглядеть в чужих глазах, насколько ей позавидуют, насколько станет плохо ее подругам, когда они увидят, что у нее такой хороший партнер. Это уже совсем другие дела. А мы говорим о более или менее естественных побуждениях – наших и женских.

На самом деле, женщины не выбирают мужчин по внешним данным, нет, тем более, по его физической силе. Такая оценка отсутствует у женщин, только, если похвастаться другим. Так это не ее личное, она берет за основу оценки общества.

Е. Литварь: Вы, наверно, все-таки не совсем правы. Сейчас очень распространены по всему миру заведения, куда женщины ходят смотреть на красавцев-мужчин, демонстрирующих им не только свою силу, но и сексуальную привлекательность. И женщины получают от этого серьезное впечатление, платят большие деньги.

М. Лайтман: Мы уже говорили, что человечество входит в свой самый последний этап земного развития, который называется «осознание зла». Осознание зла, порочности собственного эгоизма, собственного состояния, следствия разбиения душ. Все кризисы, которые мы переживаем, все болезненные состояния, которые сегодня проявляются в обществе, естественны, но в своем извращенном, болезненном виде. Нам надо все это пережить, нам надо все это понять, осознать, что это не естественные, правильные связи, а, наоборот, проявление болезни, диагноз которой мы должны вместе поставить. А диагноз очень простой – испорченность душ, неисправность душ, разбиение душ. Нам надо их исправить, и тогда мы достигнем прекрасного гармоничного состояния, совершенства, вечности, гармонии между собой, внутри себя, и все будет хорошо. Но до этого мы должны очень четко осознать все, что с нами происходит. Этому помогает каббала.

Так что секс – хорошо, и любовь, и все, о чем мы говорили в прошлых беседах, но постижение Высших сил и того, как они действуют на нас, просто необходимо, для того чтобы выжить, для того, чтобы достичь комфортной жизни. В том, что сегодня происходит с нами, мы наблюдаем только самое-самое начало раскрытия кризиса, нашей внутренней испорченной природы, которая еще только начинает проявляться.

Почему с каждым днем каббала становится более востребованной? Она начинает объяснять человеку, к чему он пришел через тысячи лет своего развития: смотри, какие древние, дремучие, низменные инстинкты вдруг поднимаются в обществе, и оно провозглашает их как какие-то ценности.

Е. Литварь: Следующую нашу встречу мы посвятим теме любви, семьe, браку, детям, материнству и так далее.

М. Лайтман: О, это менее искаженные явления в нашей жизни, тоже искаженные, конечно, но не до такой степени. Почему я снова это говорю? – Потому что в сексе это так проявляется. Мы говорили, что это самое глубокое, самое сильное желание человека, поэтому и наполнение его самое сильное, но самое кратковременное. И поэтому вокруг него закручена вся наша жизнь. Насколько интенсивно проявится эта сексуальная «болезнь» в человечестве, настолько быстрее человек осознает необходимость разобраться в своей жизни.

Потому что когда вдруг после всех этих ухищрений, которые сегодня человечество пытается себе создать, ставя искусственные цели, придумывая всевозможные способы сексуальных наслаждений, оно разочаруется, то у него исчезнет основной источник самонаполнения. Вы представляете, если убрать это из сегодняшней жизни мужчин (женщин, в меньшей мере), что тогда произойдет с нами? А ради чего жить? Что тогда останется? Футбол, поесть и выпить?

Это разочарование, эта опустошенность сейчас будет проявляться все больше и больше. И тогда просто незачем будет жить. Депрессия загонит человека в тупик, который приготовил нам Творец: задумайся над уровнем своего существования, ты обязан выйти в Высший мир.

О НЕИЗБЕЖНОЙ ЛОВУШКЕ, ПРИГОТОВЛЕННОЙ ВСЕМ НАМ ТВОРЦОМ

М. Санилевич: Может такое произойти, что у нас пропадет желание к сексу?

М. Лайтман: Конечно! После всех этих пиков произойдет отрешение. А что происходит сегодня с извращениями? Нарушаются все природные связи: мужские, женские, семейные, с детьми и так далее. Это все приведет к потере возможности наполнения от секса. Это жуткое дело. Никакие Виагры, ничего не поможет.

М. Санилевич: Тяжело представить …

М. Лайтман: Сегодняшний всплеск приведет к такому состоянию. Это всегда так происходит, в любом явлении: сначала возникает его последний, предсмертный что ли, всплеск, оживление, а потом угасание. И человечеству будет плохо. Вот тогда мы, каббалисты, сможем все-таки выйти на сцену и сказать: «У нас есть лекарство!»

Е. Литварь: Таким образом, получается, что количество людей на Земле и деторождаемость резко упадет?

М. Лайтман: Это мы и видим.

Е. Литварь: Нет, сейчас мы видим это незначительно, а так резко…

М. Лайтман: Мы находимся только в начале этого процесса, который начался всего лишь 20-30 лет назад. А на самом деле, пять-шесть лет как он проявляется уже отчетливо. 20 лет назад никто не говорил вообще, что человечество находится в состоянии кризиса. Какой-то Римский клуб тихо выступал по этому поводу, и больше ничего. Ученые даже не заикались, кое-кто из философов указывал на это (Фукуяма немного касался этой темы). И дальше что? Сегодня любая газета не видит, о чем писать без этого!

Этот кризис развивающийся, каббала предсказывала его тысячи лет назад: тупиковый путь технологического и культурного развития человечества и необходимость его духовного развития. Вот, сейчас это и произойдет. Надеемся, что еще в наше время. Так что на самом деле вечный совершенный оргазм впереди.

Снова мужчина и женщина

Беседа третья, продолжающая интересующую нас тему.

О необходимости вечного флирта и непрекращающейся игры между партнерами.

О причине измен.

О том, что сказать женатому мужчине, ищущему молоденьких женщин на стороне.

О том, как женщине найти предназначенного ей мужчину, и каким он должен быть.

О том, каким способом каждая женщина сможет привязать к себе любого мужчину, как младенца.

О том, кто кого должен выбирать: мужчина женщину, или наоборот.

О том, как мужчине заполучить любую, даже самую красивую, женщину.

В конце беседы мы думаем, что, быть может, все не так уж и плохо, если поверить в существование бесконечного наслаждения.

СОБЕСЕДНИКИ: НИВ НАВОН, ШЕЛЛИ ПЭР, АННА ТЕЛЕМ

Н. Навон: Тема супружества интересует многих из нас. Давайте побеседуем на эту тему и проясним для себя эту проблему.

Ш. Пэр: Есть тема, которая обычно беспокоит молодых людей как на этапе знакомства и свадьбы, так и после нее. Это касается игры в отношениях между супругами. Говорят, что супруг должен ощущать, что с ним как бы играют, что партнер не всегда доступен, не всегда абсолютно принадлежит ему. Это особенно заметно на этапе ухаживания, но присутствует также и в браке, продолжающемся длительное время. Меня интересует, почему нельзя быть просто естественными: ты – мой, я – твоя, и наша любовь будет продолжаться вечно?

О НЕОБХОДИМОСТИ ИГРЫ МЕЖДУ ПАРТНЕРАМИ

М. Лайтман: Ответ весьма прост! Мы находимся в мире скрытия. Почему? Потому что вся раскрываемая красота проистекает именно из скрытия. Обратите внимание, насколько свойственно природе женщины пользоваться косметикой, что-то скрывать. Эта игра естественна: она существует и на животном уровне, между животными, она есть в природе, а не изобретена нами. Раскрытие исходит из скрытия!

Творец тоже скрыт и раскрывается лишь после того, как мы устремляемся за Ним. Мы должны желать Его, следовать за Ним, просить, чтобы Он раскрылся. И только в мере моего желания – в той мере, в которой мое желание направлено лишь к Нему, лишь Его я желаю – только в этой мере Он раскрывается. И то не совсем.

А в следующее мгновение Он вновь скрывается. Почему? Потому что если я наполняюсь Его раскрытием, то что от этого получаю? Я снова должен испытывать голод, как после еды или любого другого наслаждения, чтобы вновь во мне проявилось желание.

Но в духовном мире, двигаясь к раскрытиям, мы должны каждый раз обнаруживать все более сильное желание, то есть хотеть любить Его еще сильнее, раскрыть Его еще больше.

И тогда скрытия и раскрытия приходят к нам в виде ступеней лестницы, поднимаясь по которым, мы приходим к состоянию, когда, наконец, раскрываем все. Но все скрытия и раскрытия сохраняются: в духовном мире они противостоят и поддерживают друг друга, то есть и во время абсолютного раскрытия Творца я сохраняю Его прежнее скрытие.

И тогда моя любовь к Нему и связь между нами вечны.

Если же я раскрываю Его таким образом, что раскрытие стирает во мне скрытие, то я прекращаю ощущать также и раскрытие. Это подобно сильной жажде: я пью и больше не хочу пить. И что же? У меня нет желания пить, и нет наслаждения от воды. Я уже ощутил его внутри, и оно исчезло: наслаждение погасило желание.

То же самое происходит между супругами: они раскрываются друг другу, и если раскрытие полное, то в нем нет вкуса. Как ты говоришь, он принадлежит мне, я – ему, и при этом будто ничего нет.

А. Телем: Значит, необходимо играть в игры?

М. Лайтман: Да, необходимо играть!

 Супружество в нашем мире терпит неудачу, потому что мы не знаем, как себя вести, чтобы отношения обновлялись.

Без этого мы не ощутим наслаждения – его можно ощутить лишь в новом желании. Поэтому необходимо обучать молодые пары, а также молодых людей, начинающих знакомиться, как раскрывать и дополнять друг друга. Благодаря этому они смогут сохранить отношения такими же, как в первый день встречи.

Ш. Пэр: Мы стремимся к тому, чтобы быть естественными и открытыми, а Вы говорите, что это не нужно?

М. Лайтман: Не то что не нужно, но необходимо знать, каким образом это сохранять: я играю не с партнером – я играю со своей природой.

Если я люблю своего супруга и хочу, чтобы моя любовь к нему сохранилась, то я должен желать раскрывать в нем новые грани, а он – во мне.

А. Телем: Обновляться?

М. Лайтман: Да! Иначе мы перестаем интересовать друг друга.

В самых больших наслаждениях в меру наполнения желания оно тут же успокаивается, и наслаждение исчезает.

А. Телем: Нужно думать о том, что я ему скажу? Думать о результатах?

НАША ЖИЗНЬ ОКАНЧИВАЕТСЯ ЛИШЬ ИЗ-ЗА ТОГО, ЧТО МЫ УСТАЕМ ЖЕЛАТЬ

М. Лайтман: Техника проста, и внутри семьи она индивидуальна. Оба должны понимать главный принцип, который исходит из природы. Ведь назначение мироздания – привести человека к непрерывному наслаждению. Тогда мы ощущаем жизнь в ее вечном течении.

Наша жизнь оканчивается лишь из-за того, что мы устаем желать чего-то.

Достигнув наслаждения, мы понимаем, что это вовсе не то, к чему мы стремились, снова гонимся за наслаждением и вновь ощущаем разочарование. В результате наступает усталость, и потому жизнь заканчивается.

А завесы, которые мы помещаем между собой и партнером (экраны, как они называются в науке каббала), предназначены лишь для того, чтобы раскрывать скрытие. Самая сильная часть **книги «Зоар»**[7] называется «Сафра дэ Цниюта» («Книга скромности»). В ней говорится о том, как прятать, утаивать и, благодаря этому, раскрывать. Само понятие «книга» означает раскрытие – раскрытие скрытого. Без игры мы не достигаем даже животного уровня, ведь у животных есть подобная игра до начала связи между ними, а потом они размножаются – все очень просто. Если, согласно природе, нет необходимости в связи для выращивания потомства, то животные выходят из нее.

А. Телем: То есть необходимо каждый раз раскрывать супруга заново, пытаясь найти в нем что-то новое?

М. Лайтман: И раскрывать его заново, и помогать ему раскрывать в тебе новые грани. Необходимо осознавать это, поскольку это не простая вещь, это буквально искусство. А наука каббала объясняет человеку, что так Творец играет с нами. Написано, что все творение является игрой Творца с Левиафаном – символом всего творения. Так что игра – принципиальная вещь.

А. Телем: Давайте вернемся назад, к периоду до свадьбы.

М. Лайтман: В этот период нет недостатка в игре, ведь молодые люди понимают, что иначе они не достигнут связи между собой. Это заложено в нас природой.

ЕСЛИ НАХОДЯЩИЙСЯ РЯДОМ ЧЕЛОВЕК ТЕБЯ ФИЗИЧЕСКИ ОТТАЛКИВАЕТ

А. Телем: Скажем, меня знакомят с человеком, имеющим высокий общественный статус. Разумом я понимаю, что это подходящий спутник в жизни, но на внутреннем уровне чувствую к нему отвращение – это касается простого животного полового влечения.

М. Лайтман: Это очень важно в супружестве. Если партнер тебя отталкивает на физическом уровне, через это невозможно переступить. Об этом говорится также в Библии, и нам запрещено это делать: запрещено идти против природы!

Ш. Пэр: Если в соответствии с его качествами я вижу, что это тот человек, которого я искала всю жизнь, но меня к нему не тянет, то Вы не рекомендуете такой союз?

М. Лайтман: Не рекомендую. У него могут быть подходящие качества, и ты даже можешь испытывать какие-то возвышенные чувства, но потом спускаешься на землю. Если находящийся рядом человек тебя отталкивает, то с этим ничего нельзя поделать.

---

7   **Книга «Зоар»**: широко известная каббалистическая книга, написанная примерно в 120 году н.э. Автор: рабби Шимон Бар Йохай, сокращенно РАШБИ.

ПРИЧИНА ИЗМЕН В ОТСУТСТВИИ ОБНОВЛНЕНИЯ В ОТНОШЕНИЯХ?

А. Телем: А если подобное происходит с течением времени в браке? Ведь мы видим, что затем возникают измены?

М. Лайтман: У измен иная причина: можно любить жену и в то же время желать какого-то обновления. Это вытекает из иных причин, не имеющих отношения к любви. Люди просто этого не понимают.

Ш. Пэр: Какова же причина измен? Это вид болезни?

М. Лайтман: Это не болезнь. Прежде всего, во всех древних культурах это не называлось изменой. Мужчина шел на рынок и покупал жену. Я говорю это не в осуждение – таков был обычай. В иудаизме тоже было принято, что если богатый человек мог приобрести еще одну жену, то он покупал ее. И вовсе не потому, что ему недоставало связи с ее телом, об этом не говорится.

Это имеет отношение к природе человека: он тянется к тому, что скрыто, к тому, чего у него нет.

И если он не обнаруживает никакого обновления в той, что находится рядом с ним, то, к нашему огорчению, это происходит.

А. Телем: Это характерно для и женщины тоже или только для мужчины?

М. Лайтман: В связи с усилением эгоизма женщины начали выходить из своей природы. Согласно своему естеству, женщина притягивается к своему мужчине, хочет быть с ним связанной и именно в этом находит удовлетворение. В наше время сила этой связи тоже исчезла. Здесь большую роль играет воздействие общества на женщину.

Н. Навон: Я понял из Ваших слов, что каббала поддерживает измены, считает, что это в порядке вещей?

М. Лайтман: Нет-нет. Каббала лишь разъясняет, что это находится в природе человека, и нужно видеть в этом не просто измену: человек стремится к раскрытию наслаждения. Не следует видеть в сексе нечего иного, чем в других наслаждениях.

По сути человек – это желание наслаждаться.

Он наслаждается едой, сексом, детьми, наукой, красотой, музыкой и т.д. В процессе наслаждения ему необходимо обновление, потребность. В еде мне тоже необходима потребность. Если я очень голоден, то ем все, потому что в любой еде ощущаю наполнение.

То же самое здесь, если нет ничего иного, я довольствуюсь тем, что имею, но если есть потребность и есть выбор…

Человек просто развивает дополнительные потребности, думая, что сможет получить большее наслаждение. Так вместо простой еды я заказываю деликатес, если это возможно, или же еду в путешествие – разве я не могу погулять неподалеку от дома?

То же самое касается секса. Стоит перевести явление в плоскость желания насладиться и наслаждения, наполняющего желание, и тогда мы не будем смотреть на него как нечто особенное. Оно также включается в наше желание насладиться.

А. Телем: Сексуальное желание на самом деле является самым большим желанием и самым большим наслаждением?

 М. Лайтман: Секс – самое большое желание, доставляющее самое большое наслаждение. Так устроено природой, потому что от этого зависит продолжение рода.

Если бы у человека не было к этому желания, он, возможно, не завязывал бы отношений. Например, у животных это происходит в соответствии с внутренней программой. Кроме того, наслаждение от слияния является самым большим, так как нисходит из духовного мира. Слияние с Творцом – это наслаждение, получаемое без внешних одеяний. Сказано, что из всего духовного наслаждения в наш мир упала лишь маленькая искра. Эта искра облачается во всевозможные одеяния: в еду, секс, детей, сладости, тепло, всевозможные вещи, в которых, как кажется человеку, содержится наслаждение.

Н. Навон: Значит, человек, изменивший жене, должен ей сказать: «Дорогая, что ты хочешь от меня – такова природа! Есть желание насладиться, есть наслаждение, есть соответствие! Это не я, это природа!»

М. Лайтман: Нет. Если смотреть только с точки зрения природы, то, безусловно, так и произойдет: мужчина может прийти к жене и таким образом ей объяснить.

Но мы создаем между собой длительные семейные связи, чтобы вырастить детей, женить их, построить для себя дом, семью. Находясь в семье, человек ощущает себя защищенным. Если с ним что-то случается, то о нем заботятся близкие, ухаживают за ним в старости. Он ощущает поддержку супруга. Нам необходимо это семейное гнездо, корень которого находится глубоко в природе. Оно существует с древних времен у всех народов, во всех культурах.

Разрушение семьи в наши дни и циничное отношение к ней – результат общей испорченности поколения, результат общего кризиса, в котором мы находимся.

А. Телем: Тот, кто продвигается в духовном мире, осознает, что движет им в этом случае, и способен успокоить свои чувства?

М. Лайтман: Способен успокоить или нет – это другой вопрос. Но он осознает, что именно с ним происходит.

А. Телем: И тогда желание немного ослабевает?

М. Лайтман: Совсем наоборот. Написано, что со времен разрушения Храма вкус соития остался лишь у работников Творца. Именно люди, устремленные в духовный мир и желающие приблизиться к большим наслаждениям, несмотря на то, что желают получить их ради отдачи, расширяют свои желания и в них ощущают как величину животного наслаждения, так и величину наслаждения духовного. Они становятся более чувствительными благодаря тому, что их возможность получать эти виды наслаждений расширяется.

ИГРА НЕБЕС: ПОКАЗАТЬ ЧЕЛОВЕКУ, НАСКОЛЬКО ОН НАД СОБОЙ НЕ ВЛАСТЕН

А. Телем: Вопрос относительно супружеской жизни: скажем, я начинаю свой духовный путь. Благодаря знанию я пытаюсь каждый день заново раскрывать своего супруга, находить в нем положительные стороны. Это поможет обновить отношения?

М. Лайтман: Без сомнения. Это поможет тебе постоянно обновлять семейную жизнь. И даже если происходят всевозможные события в жизни, – а в наше время это случается, и не нужно закрывать на это глаза, ведь мы хотим выяснить истину и даже более того, – то тебе понятно, откуда и почему это происходит. Кроме того, мы знаем из каббалы, что иногда человек запутывается, выходит из себя, иногда с ним играют в какую-то игру свыше, «с небес», чтобы показать ему, кто он и что он, и насколько он над собой не властвует.

Ш. Пэр: Я хочу вернуться к теме измен. Если бы люди могли относиться к этому так, как Вы представили, то, возможно, многие семьи сохранились бы, и отношение к семейной жизни было бы немного иным. Но я не понимаю, как Вы сравниваете секс с такими действиями, как еда или питье?

М. Лайтман: Я не сравниваю, а лишь говорю, что это вытекает из того же принципа соотношения желания и наслаждения, ведь кроме этого в жизни ничего нет.

ТВОРЕЦ СОЗДАЛ ТОЛЬКО ЖЕЛАНИЕ НАСЛАЖДАТЬСЯ

Ш. Пэр: Относительно меня самой это действительно может быть тем же принципом: подобно тому, как я наслаждаюсь едой, я хочу наслаждаться другими удовольствиями. Но нельзя забывать, что с другой стороны находится человек, который страдает. Если один из супругов изменяет, то второй страдает от этого: возможно, его хотят оставить?

М. Лайтман: Верно, это нужно принять в расчет. Я лишь хочу объяснить, что это вытекает из того же принципа, и ничего более. Я ничего не хочу сравнивать, не утверждаю, что это одно и то же. Говорится, что Творец создал только желание насладиться, и наслаждение приходит от Него, от Его света. И это наслаждение вместе с желанием насладиться спускается через все духовные миры, достигая нашего мира. В нашем мире желания находятся в нас, а наслаждения облачаются в различные одеяния вокруг нас. И лишь ради них мы здесь существуем, созданные подобным образом.

Помню, я был подростком лет одиннадцати. Моя мать, сексолог по специальности, дома рассказывала отцу о своей работе: о лабораторных исследованиях сексуальных желаний мужчин. Помню, я услышал ее рассказ и был поражен: как может быть, что после серии инъекций гормонов мужчина испытывает большее сексуальное влечение!? Также целью этого исследования было воздействие на формы любви. Я был поражен и спросил: «Мама, человеку делают укол, и он вдруг влюбляется?» Будучи подростком, я знал о любви лишь из романов. Она ответила: «Конечно, делают укол, и он влюбляется. У человека есть проблема: он не любит женщин, но должен жениться. Если такая проблема существует, то мы создаем лекарство, чтобы ее решить».

В мире до сегодняшнего дня не обращают на это внимания, и я думаю, что это одна из причин расцвета гомосексуализма и лесбиянства. Человек, имеющий слабое сексуальное желание, бросается в разные стороны, и общество не помогает ему, не воздействует на него нужным образом.

Ш. Пэр: Сейчас создают аналогичное средство для женщин, предназначенное пробуждать такие чувства.

М. Лайтман: Да, эта проблема существует в обществе, и я объясню, почему. Продолжительность жизни сегодня вдвое длиннее, чем сто–двести лет назад. Двести лет назад человек жил в среднем 40-50 лет – это была граница. Сегодня в развитых странах люди живут в среднем 70-80 лет.

Ш. Пэр: При этом чувства и связи «изнашиваются». Кроме того, сегодня мы можем получать наслаждение от многих других вещей, ведь кроме еды и секса существует тысяча и один вид удовольствий.

М. Лайтман: К тому же существуют различные возможности: Интернет, улица, телевидение – все это разрывает человека на части.

А. Телем: Какой совет Вы можете дать женщине лет 50, муж которой поглядывает на других женщин? Как удержать его дома, чтобы он не стремился наружу?

М. Лайтман: Чтобы не выходил наружу – привязать его!

КОГДА ЖЕНАТЫЙ МУЖЧИНА НАХОДИТ МОЛОДУЮ ЖЕНЩИНУ НА СТОРОНЕ

А. Телем: Сейчас существует такая тенденция, что многие женатые мужчины находят молодых, притягательных женщин на стороне, оставляют семьи и живут с молодой женой.

М. Лайтман: Я многое могу принять, ведь поведение может быть самым разным – все мы люди. Но решение оставить семью, оставить детей выходит за всякие рамки. Не может быть, что человек делает это, поддавшись страсти. Причина в том, что общество не воспитывает человека правильным образом: это не имеет отношения к жизни семьи, к женщине, с которой ты живешь столько лет и имеешь общих детей и внуков.

Мне кажется, что это лишь мода, которую общество приняло на себя.

Ш. Пэр: Но мужчина, найдя молодую жену, получает большее удовольствие. Почему бы ему ни отдать ей предпочтение перед 50-60-летней женщиной?

М. Лайтман: Мне не кажется, что мужчины могут с такой легкостью относиться к чему-то новому. Развлечься возможно, но оставить жену, детей, внуков, разорвать все эти связи – это может происходить, если в семье существует еще какой-то раскол, что-то не в порядке.

 Мужчина очень привязан: женщина для него в чем-то подобна матери. Если она ведет себя правильно, он не оставит семью.

А. Телем: Женщина должна простить мужчину, который один раз ей изменил?

М. Лайтман: Я не говорю о том, чтобы простить или не простить, но считаю, что самое главное – сохранить семейные рамки. Без этого общество начинает разрушаться.

Если есть какие-то «походы на сторону», то в современном обществе ничего нельзя с этим поделать, нельзя отрицать это явление. Вместе с тем нужно бороться, чтобы это не приводило к семейному кризису.

Н. Навон: Измены – да, разводы – нет?

НЕТ РАЗВОДАМ! ЭТО – БЕЗНРАВСТВЕННО! НО, С ДРУГОЙ СТОРОНЫ, – КАКОЙ Я МУЖЧИНА, ЕСЛИ ЧТО-НИБУДЬ УПУЩУ? И ОСТАНОВИТ ЛИ МЕНЯ МНЕНИЕ ОБЩЕСТВА?

М. Лайтман: Я не говорю «да» изменам, но «нет» разводам – безусловно!

Н. Навон: Что в разводе противоречит природе? Согласно закону природы, у меня есть большее желание в соответствии с принципом, о котором говорилось выше, и я говорю жене: «Дорогая, есть некто, наполняющий меня больше, чем ты, а потому я тебя оставляю». Что в этом такого ужасного?

М. Лайтман: Мы должны прийти к такому общественному мнению, которое защищало бы семью в подобных случаях. В природе мужчины все время искать что-то новое: футбол, путешествия, бунт. Взрослый мужчина подобен маленькому ребенку, это остается в его характере, в его природе.

Н. Навон: Я не думаю, что женщины будут рады это услышать.

М. Лайтман: Это всем известно. Я не играю и не строю из себя праведника, который ничего не знает о жизни.

Есть определенные явления, есть статистика, и в соответствии с этим мы говорим. Если так, то нужно изучать явление и понять, что мы можем сделать. Мы должны сформировать общественное мнение так, чтобы разводы считались злом! В семьях, которые разводятся, дети впоследствии тоже приходят к разводам, видя такие примеры. Тем самым мы разрушаем общество. Что касается измен, происходящих тут и там, то необходимо учить семьи: если нельзя это явление остановить, то принять его – значит выбрать из двух зол меньшее.

Н. Навон: Почему, в таком случае, не осуждать измены?

М. Лайтман: «За двумя зайцами погонишься – ни одного не поймаешь». Я не думаю, что это возможно. Сохранение семьи принимается всеми: что будет с детьми, внуками? Мужчина оставляет семью после 20-30 лет совместной жизни. Каждый может смотреть на это с осуждением: «Какой ты мужчина, если оставляешь семью?!»

С другой стороны, какой я мужчина, если что-то упущу?! Это нечто совсем другое. Здесь есть много частностей, которые мы должны проверять и то, что можно, отсекать, а поддающееся исправлению, исправлять.

Ш. Пэр: Говорят, что измена мужчины естественна. Но сегодня и женщины изменяют, в том числе и замужние, а ведь это запрещено?

М. Лайтман: Мы не говорим о запрете относительно замужней женщины – это понятно, мы говорим о самом явлении. Человек – продукт общества, и мы никогда не можем его обвинять. Я родился не со своими свойствами, ведь сегодня раскрывают, что на все воздействуют гены и гормоны. Например, я вор, потому что во мне есть ген воровства.

Следовательно, все вытекает из моих внутренних свойств. Я также ходил в детский сад, учился в школе, служил в армии, то есть находился под влиянием общества. Потом я на себя смотрю: откуда я такой, если не из того общества, в котором был?

Ш. Пэр: Легче всего сказать, что я продукт общества.

М. Лайтман: Но ведь это именно так! Согласно чему я думаю, одеваюсь, веду себя? – Согласно примерам общества!

Ш. Пэр: Но ведь я могу или воровать, или сказать себе: не кради – это плохо!

М. Лайтман: Человек – продукт общества, и с этим все согласны. А если ты так не думаешь, то тебе стоит это проверить. Куда я вошел – оттуда выхожу и действую согласно тому, чему научился. Мы постоянно получаем образцы поведения: у меня в памяти есть тысячи таких образцов.

Для каждой конкретной ситуации я нахожу подходящее поведение, изученное или виденное мной, и в соответствии с этим себя веду. Так мы устроены, так действуем, такова наша физиология. Ты оказываешься в каком-то месте и тут же, соответственно тому, что там принято, начинаешь себя вести, как видела в кино или еще где-то.

Поэтому, прежде всего, нам необходимо повлиять на мнение общества, чтобы в своем отношении к человеку оно что-то в нем осуждало, а что-то поощряло, но чтобы это было четко и последовательно. Я думаю, что кризис в семье и разводы – это просто катастрофа.

Ш. Пэр: Говорят, что мужчины, как правило, изменяют больше, хотя сейчас это касается и женщин.

М. Лайтман: Женщина, согласно своей природе, привязана к мужчине. Женщина связана с мужчиной, он становится ее, и она чувствует, что относится к нему. И тут кроется проблема, потому что женщины, конечно же, не изменяют в такой мере, как мужчины, хотя статистика, как вы говорите, свидетельствует о другом.

А. Телем: Да, мужчины изменяют больше, но с кем? Выясняется, что с замужними женщинами.

Ш. Пэр: Но если обратиться к первой паре, которую образовали Адам и Ева, коварной искусительницей и нарушительницей законов выступает именно Ева. А Адам выглядит святым и наивным: его соблазняют, а он якобы не знает, что делает. Так, по крайней мере, это выглядит. Чему это может нас научить?

М. Лайтман: Мне трудно опустить это в наш мир, потому что говорится не о мужчине и женщине. Речь идет о духовных силах: «мужчиной» называется отдающий, а «женщиной» – получающий. Таковы две силы, существующие в природе. В сущности, это Творец и творение. Творение извлекает наслаждение из Творца, наполняется им и становится эгоистичным. Это приводит к кризису, прегрешению, падению душ до нашего мира и т.д. Мы не можем взять оттуда пример, потому что говорится о наших очень высоких духовных корнях, а не о супружеской паре. Мы происходим от Адама и Евы, от тех духовных сил, которые постепенно материализовались и достигли этого мира. В этот мир мы действительно пришли оттуда, но после тысяч ступеней.

Ш. Пэр: Однако известно, что женщины более любопытны и всегда стремятся в места, куда мужчина не пойдет.

М. Лайтман: В чем-то характер, конечно, остался, но там был характер духовный: полностью в отдаче и любви к ближнему, совершенно вне себя. А здесь наоборот: и мужчина, и женщина в нашем мире эгоистичны. Кстати, Ева совершенно не была «нарушительницей». Женская часть, называемая Евой, хотела достичь еще большей святости и подняться еще выше. Поэтому она хотела соединиться с мужской частью и привести ее к уровню Творца. Так написано. И этим силам, этим душам было понятно, что объединением между собой они смогут достичь отдачи и доставить удовольствие Творцу.

Ш. Пэр: Значит, она не сделала ничего плохого?

М. Лайтман: Безусловно, не произошло ничего плохого, тем более, намеренного. Она дала толчок развитию. Сам Адам не мог совершить прегрешение, а с ее помощью это произошло. Вроде бы обманным путем Творец привел их к прегрешению, потому что нисхождение должно было достичь нашего мира. А теперь из этого мира мы должны подняться до их уровня. Так что не надо сравнивать и вообще искать там примеры. А в науке каббала мы изучаем весь процесс нисхождения этих двух корней до нашего мира и узнаем природу ступеней и нашу природу. В нашем мире вообще ничего нельзя понять, если мы не изучаем духовное. Мы видим, как наука не справляется с этой задачей: она немного помогает нам то тут, то там, а затем обнаруживается, что все наоборот, и это не помощь.

ЕСЛИ ЖЕНЩИНА ИЩЕТ МУЖЧИНУ, ИЛИ О ПОЛЬЗЕ СОВПАДЕНИЯ СВОЙСТВ

А. Телем: Я бы хотела вернуться немного назад. Скажем, незамужняя женщина ищет мужчину. Какие свойства она должна предпочитать в мужчине, и существует ли такое явление как души-близнецы? Как современные женщины должны искать мужчину? Мы видим, что сегодня им это плохо удается, почему?

М. Лайтман: Потому что общество запутало их, и они гонятся за культивируемым в нем стандартом: неким мачо или блестящим интеллектуалом. А это вовсе не то, что мужчины, согласно природе, собой представляют, и что необходимо женщине. Есть закон всего мироздания, всей природы в целом – и духовной, и материальной, – который называется законом равенства свойств. И на ментальном, психологическом, физиологическом уровнях, неживой, растительной, животной, человеческой ступени – не важно, где и что, в меру подобия одного явления другому они достигают успеха.

А. Телем: Но разве противоположности не притягиваются?

М. Лайтман: Противоположности притягиваются, чтобы заниматься казуистикой и играть – не больше.

Ш. Пэр: А для устойчивого брака предпочтительней подобие свойств?

М. Лайтман: Только так.

Ш. Пэр: Интересно. Обычно люди ищут нечто противоположное.

М. Лайтман: Это для того, чтобы якобы дополнить себя. Возможно, это частично подходит, но я посоветовал бы быть осторожным.

Ш. Пэр: Потому что в дальнейшем разность может оказаться очень большой?

М. Лайтман: Совершенно верно.

А. Телем: А как быть с проблемой матерей-одиночек? Женщина разочаровывается в поисках мужчины и решает родить ребенка с помощью искусственного оплодотворения. Это явление общество тоже должно осудить или нет?

М. Лайтман: О нашем обществе вообще нельзя сказать, что оно должно или не должно что-то осуждать, поскольку у него нет никаких основ. Например, для меня это явление, конечно же, неприемлемое. Но я не могу это сказать незамужней женщине в возрасте 40-50 лет, которая хочет реализовать свой материнский инстинкт хотя бы в такой форме. Однако явление само по себе нездоровое, ненормальное. Поэтому я говорю, что главное – сохранить семью. Опираясь на нее, мы сумеем достичь успеха и в остальном.

Если бы я мог, то первым делом развернул бы в обществе широкую дискуссию о том, что происходит с институтом семьи. Целью этой дискуссии должно быть осуждение развода, если с другими явлениями мы уже не можем справиться. Постепенно необходимо заниматься и другими семейными проблемами, но, ни в коем случае, не позволять расходиться.

Мы видим, что через несколько месяцев или лет все успокаивается, и жизнь продолжается. Дети и внуки являются ценностью гораздо большей, чем какие-то неприятные случаи, которые иногда происходят.

А. Телем: Мы видим, что многие люди, отчаявшиеся найти пару и создать семью, говорят: очевидно, такова моя судьба.

М. Лайтман: Это тоже проблема общества. Общество должно заботиться, чтобы ни одна девушка не осталась одна.

Ш. Пэр: Сегодня очень развиты службы знакомств и сватовства, но они не так эффективны, как в прошлом. В итоге, многие люди остаются одинокими. Как это поправить?

М. Лайтман: Только осознанием общества, что этим мы себя разрушаем. Общество в первую очередь должно заботиться о том, чтобы семья была полной, чтобы в ней были оба родителя.

КАК НАУЧИТЬСЯ ДРУГ ДРУГУ УСТУПАТЬ. КАК ЖЕНЩИНЕ ПРИВЯЗАТЬ К СЕБЕ ЛЮБОГО МУЖЧИНУ, КАК МЛАДЕНЦА

Ш. Пэр: Я хочу вернуться к вопросу о мужских и женских свойствах. Девушке говорят: будь красива и молчи – это нравится мужчине. Это действительно так или мужчины любят сильных и энергичных женщин? Что, согласно природе, нравится мужчинам в женщинах: красота, сила, скромность?

М. Лайтман: Сегодня мужчины не соответствуют своей природе, так что мои слова не для практики. Природу мы должны познавать из наших корней, и если к ним приблизимся, то нам наверняка будет хорошо.

Мужчина любит, чтобы женщина была предана ему и восполняла отсутствие матери. Ведь она становится матерью, а мужчина не рожает и остается в этом смысле большим ребенком. Поэтому жена должна ему это восполнить. Если он это от нее получает, то чувствует как очень большое дополнение. Женщина должна быть мудрой, чтобы суметь это сделать: не просто заботиться о нем, но излучать особое тепло, которое он получал от матери. Она должна научиться у его матери вещам, которые он любил, и стараться ему это показывать. Этим он становится привязанным к ней, как младенец к матери. И это не уловка – это природа.

Ш. Пэр: Но женщины этого не понимают. Они думают, что чем хуже ты относишься к мужчине, тем больше он тебя хочет.

М. Лайтман: Я не понимаю, как это возможно, и не думаю, что мужчины это ищут. Иногда люди ссорятся и извлекают из ссор новые ощущения, обнаруживая нечто новое, как мы уже говорили об играх, скрытиях и раскрытиях. Но с помощью зла притянуть мужчину?! Конечно же, нет! Вообще вся супружеская жизнь укрепляется только с помощью уступок. Просто необходимо научиться взаимно друг другу уступать. Ты начинаешь кричать и вдруг чувствуешь, что твой партнер молчит. И тогда в этом молчании ты чувствуешь, что он сдерживается и этим подает тебе пример.

А. Телем: Даже в случае, если я абсолютно права?

М. Лайтман: Я по своей природе человек вспыльчивый и раздражительный. И моя жена в первые годы нашего брака научила меня таким вещам. У нее есть внутренняя природная мудрость сдерживаться. Но в этой сдержанности скрывалась такая сила, что мне становилось стыдно. Это меня останавливало, и я тоже сдерживался. Каким бы вспыльчивым я ни был, я успокаивался, а точнее, останавливал себя. Так что только пониманием необходимости взаимных уступок можно создать крепкий союз. И это исходит из науки каббала. Сказано: «Молчи! Таков был Мой замысел!». То есть именно тем, что человек сдержан и молчалив, он формирует скрытые возможности для проявления красоты в новых отношениях. Попробуйте!

А. Телем: Человек останавливает и ограничивает себя, чтобы приобрести нечто новое?

М. Лайтман: Она останавливается, и я останавливаюсь, как будто нам больше нечего сказать. И хотя говорить можно еще много, но мы сдерживаемся. И тут обнаруживаем, что из того, что мы якобы не раскрыли друг другу, появляются новые вещи, в которых поверх прошлого мы сближаемся друг с другом.

Ты поднимаешь себя на следующую ступень в своем отношении к ней. Вы поссорились на каком-то уровне и сократили это. А теперь, не проверяя и не продолжая тех отношений, начинаете новые.

Н. Навон: Мы уничтожаем прошлое?

М. Лайтман: Не уничтожаем, а продолжаем над ним – оно остается. Просто уничтожение ничего не дает. Проблема в желании «начать с начала» вместо «продолжаем над» в том и заключается, что люди хотят стереть и не вспоминать прошлое. Нет! Написано: «все преступления покроет любовь». То есть существуют преступления, покрытие и новая любовь.

Н. Навон: Но что покрывает?

М. Лайтман: Взаимная сдержанность и уступка!

МУЖЧИНА ВСЕГДА ИЩЕТ ЧТО-НИБУДЬ БЛЕСТЯЩЕЕ, ПРИЯТНОЕ ЕГО ГЛАЗУ

А. Телем: Но кроме этого, должна ли женщина также и внешне быть привлекательной для мужа? Или он уже принимает ее само собой до старости?

М. Лайтман: Нет, он никогда не принимает ее само собой, если она не то, что не привлекает его, а не кажется ему приятной эстетически.

 Женщина всегда должна хорошо выглядеть, ведь мужчина всегда ищет нечто блестящее – не в грубом смысле, а чтобы было приятно глазу.

А. Телем: Значит, женщина должна следить за собой?

М. Лайтман: Не то чтобы следить, но не выглядеть, как половая тряпка.

Ш. Пэр: Откуда исходит тяга мужчин к красоте?

М. Лайтман: Пятикнижие тоже требует от женщины хорошо выглядеть и следить за собой. Она просто должна нормально выглядеть.

Ш. Пэр: Но я часто сталкиваюсь с мнением, что мужчины восторгаются красотой.

М. Лайтман: Это неверно и не точно, это заблуждение общества. Под красотой не подразумевается только внешний вид.

Ш. Пэр: То есть каждая женщина обладает своей красотой?

М. Лайтман: Несомненно!

Я уверен, что если она будет знать, как немного показать свою внутреннюю часть и не будет копировать поставляемые телевидением образцы, то найдет пару.

 От природы мы устроены таким образом, что у каждой женщины есть мужчина, который ее захочет.

КАК ЖЕНЩИНЕ НАЙТИ СВОЕГО СУЖЕННОГО? И КАКИМ ОН ДОЛЖЕН БЫТЬ?

А. Телем: Следовательно, существует такое явление, как суженый, только его необходимо найти?

М. Лайтман: Конечно. Но найти не означает искать во всем мире или ждать: так можно ждать до 50 лет. Найти означает себя развить.

Мы в нашем мире находимся в огромном поле сил. Например, с помощью магнитной силы мы, подобно электрическому заряду, притягиваемся своим внутренним потенциалом к месту, где чувствуем существование того, что соответствует именно нам.

 Если каждый из нас чуть глубже разовьет свою индивидуальность, то мы издали начнем чувствовать, где находится та личность, которая нам в точности подходит.

Все зависит только от внутреннего развития каждого. И это может быть самый простой человек, но это он! Наша проблема заключается в том, что мы сегодня тонем в море информации и ложных примеров. Все хотят иметь такое же лицо, такую же экипировку. Получается, что мужчина смотрит и ничего не видит – все похожи.

Ш. Пэр: Вы хотите сказать, что человек, не нашедший себе пару до 50 лет, настолько не связан со своей настоящей индивидуальностью, что это не позволяет ему найти то, что ему подходит?

М. Лайтман: Да.

А. Телем: Сегодня есть и несколько женственный тип мужчины, который хочет оставаться дома и заниматься детьми. Это явление тоже исходит из испорченности общества?

М. Лайтман: Это и испорченность общества, и недостаточная уверенность мужчины в своих силах, и другие внутренние психологические проблемы. Мы не формируем человека ни в школе, ни в детском саду, ни в семье. Мы даем ему знания и посылаем работать где-то в сфере новых технологий. И это называется воспитанием.

А. Телем: И он строит из себя образ, увиденный в кино?

М. Лайтман: Да. Мы не вылепливаем его, чтобы получился человек, индивидуум, который продолжит свою жизнь таким, как он есть. А потому он принимает примеры от матери или еще кого-то, и ему удобно быть с детьми. Безусловно, это большая неисправность, но я надеюсь, что общество, в конце концов, начнет это понимать.

А. Телем: Как я могу видеть в своем мужчине хорошие свойства, если, как Вы говорите, должна постоянно ему уступать? Не могу же я видеть в нем только ребенка? Как видеть его большим, уважаемым, ведь именно этого я хочу, этого ищу?

М. Лайтман: Разве для этого он должен прыгать с крыши, совершать разные фокусы или быть суперменом, как Шварценеггер или кто-то еще? Или он должен быть выдающимся ученым, подобно Эйнштейну? Ты требуешь от него тоже согласно неким внешним стандартам. Ты должна относиться к нему согласно тому, каков он, и любить в нем то, что в нем есть. Ты приклеиваешь ему ярлыки: «Ты не это и не то, так кто ты?»

Ш. Пэр: Я думаю, что это тоже проблема общества, предпочитающего определенные стандарты. Ведь если мы плохо знаем себя, то так же относимся и к другому человеку.

М. Лайтман: Верно. Мы облачаем на него всевозможные формы и смотрим, подходят они ему или нет. И если он не вписывается в эти шаблоны, то просто его отбрасываем. А откуда эти шаблоны, кто их придумал? – Некие ничего не понимающие неучи, которые только коверкают мне жизнь. Вот в чем проблема! Если бы общество было правильным, если бы оно сделало из меня человека, и я знал, что мне необходимо в жизни, то я не применял бы эти шаблоны ни к себе, ни к тому, с кем хочу связать свою жизнь.

Ш. Пэр: Выходит, что каббала позволяет человеку развиваться максимально истинно, естественно и близко к себе?

М. Лайтман: Безусловно. Эта методика в первую очередь снимает с тебя все ложные облачения, и ты начинаешь понимать, кто ты и что ты. В соответствии с этим меняется твое отношение к другим.

А. Телем: Я должна заботиться о сохранении брака и на материальном уровне: выходить куда-то вместе, отдыхать?

М. Лайтман: Я думаю, ты обязываешь мужа это делать? Обычно женщина вытаскивает мужчину из дома.

А. Телем: Вопрос в том, необходимо ли это, или достаточно, что мы вместе растим детей, зарабатываем деньги, покупаем дом, вместе готовим еду и т.д.? Возможно, все усилия по поддержанию взаимной привлекательности тоже исходят из стандартов общества?

М. Лайтман: Лично я в течение всей жизни как минимум раз или два в год уезжаю с женой на неделю в отпуск. Как правило, мы отдыхаем вдвоем, но иногда и с детьми. Мы летим в какое-нибудь место, берем машину и с детьми или даже с внуками целую неделю путешествуем на природе. Я не хочу видеть города – только природу. Так я делаю каждый год и считаю, что это очень важно. Кроме того, два вечера в неделю мы проводим вместе дома. Она знает, что мне приготовить, я знаю, что любит она. Это соблюдается постоянно.

КТО КОГО ДОЛЖЕН ВЫБИРАТЬ?

Ш. Пэр: Я хотела бы спросить нечто другое: кто кого должен выбрать, мужчина или женщина?

 М. Лайтман: В сущности, выбирает мужчина. А женщина обладает свойством привыкать к мужчине: она тянется за мужчиной, который ее выбрал.

Ш. Пэр: Значит, если он ее выбрал, то даже не чувствуя к нему влечения, она вдруг захочет его?

М. Лайтман: Да.

А. Телем: Есть духовный корень в том, что мужчина выбирает женщину?

М. Лайтман: Безусловно, в этом есть духовный корень.

Ш. Пэр: Следовательно, мужчине стоит быть настойчивым в своем выборе?

М. Лайтман: Я повторяю, что если ты спускаешь законы в этот мир и в наши условия, то здесь все испорчено, но как принцип – да, мужчине стоит быть настойчивым в выборе.

А. Телем: А если женщина увлеклась кем-то, кто совершенно равнодушен к ней, то может ли из этого что-то получиться?

М. Лайтман: Я не понимаю, что означает, что «женщина увлеклась кем-то». Это не свойственно женщине. Возможно, это какой-то вид конкуренции.

 Женщина по своей природе не может увлечься мужчиной: ей свойственно отвечать на ухаживания мужчины и принять решение – да или нет. Но решение она принимает уже после того, как мужчина ее выбрал.

А. Телем: Именно так мы вышли замуж!

Ш. Пэр: Да, в итоге все, кем мы увлекались, не захотели нас.

М. Лайтман: И хорошо, что не захотели.

 Нельзя выходить замуж за мужчину, который тебя не хочет.

А. Телем: Кажется, я слышала от Вас, что можно завоевать сердце мужчины с помощью подарков. Это действительно возможно или относится только к духовному?

М. Лайтман: Все может произойти, – смотря с каким мужчиной. В конечном счете, он должен воспринимать ее как желанную. А женщина находит в этом важность и готова пойти ему навстречу. Женщина привыкает, отзывается, но это совсем не то, что ты сказала: «женщина увлеклась кем-то». Это что-то из кинофильмов, не настоящее.

КАК МУЖЧИНЕ ЗАПОЛУЧИТЬ ЛЮБУЮ ЖЕНЩИНУ

Ш. Пэр: Они всегда увлекаются только успешными мужчинами, и то, что происходит между ними, просто мыльный пузырь. Значит, если кто-то желает женщину, то она должна подумать дважды и сказать себе: «Это сигнал, призыв сверху, и я обязана выйти за него замуж».

М. Лайтман: «Призыв сверху» – это только запутает ее. Но я думаю, что и сегодня, и в будущем мужчина раскрывает свой интерес к женщине, а женщина обычно соглашается с этим. Если она отталкивает и не соглашается, то это уже испорченность, этого не может быть.

 Обычно, если мужчина хорошо относится к женщине, то этим он ее покупает. Он не должен быть ни красавцем, ни кем-то еще: ему достаточно хорошо относиться к женщине, – а больше ей ничего и не нужно. Вместо любви. Не удивляйтесь – именно вместо любви! Это должно быть просто хорошее, доброе отношение.

Ш. Пэр: Это не повлечет за собой возникновение любви?

М. Лайтман: С твоей стороны это будет любовь, а с его стороны может быть хорошим отношением. Обратите внимание, сколько здесь есть вещей, которые не требуют любви в том смысле, как вы ее представляете. Просто хорошим отношением можно привлечь, ведь нет ничего лучше!

Ш. Пэр: Понятно, что хорошее отношение лучше плохого. Но иногда женщины говорят, если тебе нравится кто-то, подойди к нему первая. Вы думаете, это не подходит, отталкивает мужчин?

М. Лайтман: Нет, бывает, что мужчина не понимает: ты ему, в принципе, нравишься, но он стесняется, поскольку по природе застенчивый. Его необходимо поощрить, но это нечто другое. В наши дни нет сватов, как это было когда-то. С одной стороны, конечно же, стало труднее. С другой стороны, стоит искренне и прямо раскрыть свое отношение. И выяснить, хотим или нет. Мир стал простым, и вести себя необходимо соответственно. Но, повторяю, выбирать нужно того, кто хорошо к тебе относится. Хорошее отношение не означает, что он будет хвастаться, дарить подарки, возить в путешествия и т.д. Хорошо относиться – означает заботиться о тебе. Что еще нужно женщине? Есть еще что-то? Деньги – это не главное для женщины.

А. Телем: Женщине не важны деньги? Сейчас мы видим, что женщины ищут деньги, ищут богатых мужчин.

М. Лайтман: Вместо хорошего мужчины предпочесть богатого и плохого?

А. Телем: Разведенный мужчина это хорошо, а богатый – плохо?

М. Лайтман: Так говорят, – это предпочтительней. Я не думаю, что богатство может заполнить отношения. Это невозможно, поскольку относится совсем к другому уровню, чем хорошее отношение, а уж тем более любовь. Невозможно приобрести золотую клетку и быть в ней счастливой.

Ш. Пэр: Что делает женщину счастливой? Что она ищет в мужчине?

М. Лайтман: Женщина ищет надежный дом, тепло, устойчивость, защищенность для себя и своих детей. Это соответствует природе женщины.

ЕСЛИ НЕТ КЛЕЯ

А. Телем: Следовательно, наше послание женщинам и мужчинам должно быть следующим: если соединитесь между собой на правильном и истинном внутреннем уровне, то не ошибетесь и создадите удачный союз?

М. Лайтман: Верно.

Ш. Пэр: Это самая чувствительная проблема. Глядя на холостых людей, мы не видим того «клея», который может соединить мужчину и женщину. Она может быть красива, умна, он может встречаться с сотней таких девушек, но нет «клея». Самые замечательные, образованные, успешные девушки не могут сохранить отношения с мужчиной. Как передать такое послание людям?

М. Лайтман: Мужчина, занимающийся духовным развитием, приносит женщине не только свою зарплату, но и часть своего духовного постижения. Находясь рядом с ним, она приобретает духовность, вечность. Он приносит ей духовную зарплату, духовное вознаграждение. С ее помощью он сильнее тянется к учебе и приносит ей исправление души. Благодаря ему она приобретает будущий мир. Это не сопоставимо с тем, о чем мы говорили раньше. Если муж или оба супруга занимаются своим внутренним развитием, то этим они приобретают миры.

Ш. Пэр: Как это объяснить циничному жителю Москвы, который встречался с 700 000 девушек, но ни одна ему не понравилась? Поймет ли он, что вместо войны между мужчиной и женщиной может быть духовное единение между ними?

М. Лайтман: В конечном счете, люди ищут наслаждение – мы возвращаемся к первому предложению нашей беседы. Они ищут только наслаждение. Но почему сегодня вместо всех других вещей я хочу принять какую-то таблетку и наслаждаться без усилий – оставьте меня в покое? – Потому что этим я получаю сконцентрированное наслаждение. Так что если я объясню ему, что вместо 700 000 девушек у него будет одна и бесконечное наслаждение, то какая ему разница? Наслаждение будет? – Будет! А с 700 000 девушками у него наслаждения нет.

Ш. Пэр: Он сможет поверить в существование бесконечного наслаждения?

ЖЕНСКОЕ ОДИНОЧЕСТВО

Беседа четвертая, во время которой мы задаемся множеством вопросов, а именно: ощущение одиночества у женщины останется всегда?

Она никогда не сможет ничем и никем наполниться?

Все, что составляет ее жизнь, не наслаждает ее?

Неужели это правда: она заранее знает, что ничего не найдет в этом мире?

Она чувствует одиночество вдвое больше мужчины?

Она никогда не сможет объединиться с другими женщинами?

Мы остаемся в некотором замешательстве, снова и снова узнавая о том, что решение всех этих вопросов не на уровне нашего мира! И что же делать женщине?

СОБЕСЕДНИКИ: АЛЕКСАНДР КОЗЛОВ, АННА ТЕЛЕМ, МАЙЯ ГРИН

А. Телем: Уважаемые читатели! Сегодня мы поговорим о женском одиночестве, исследуем это явление, поймем его причины и посмотрим, что с ним можно сделать. В процессе подготовки программ этой рубрики я встречаюсь с женщинами, и в одной из бесед мы разговорились о проблеме, которую обычно замалчивают – о женском одиночестве. Как только начинаешь об этом говорить, все замыкаются, но мы выяснили, что у каждой женщины есть некое ощущение одиночества, независимо от семейного положения. И незамужние женщины, достигшие желаемых профессий, и матери семейств, прожившие много лет в браке, в некоей ситуации, в конце концов, чувствуют себя одинокими.

М. Грин: Я думаю, что это явление затрагивает всех женщин и во всех аспектах. Незамужние женщины много работают, поздно возвращаются домой, у них нет времени ни на развлечения, ни на поиски пары – они чувствуют себя одинокими. То же самое происходит у замужних женщин: есть супруг, есть дети,- но с детьми нет контакта, а муж приходит с работы поздно, озабоченный своими делами. С ним тоже нет общения, а даже если и есть, то всегда ограниченное, часто приводящее к ссорам и не приносящее удовлетворения. К тому же женщина очень эмоциональна, но словесно ей трудно это выразить. Поэтому она держит свои чувства внутри себя, и это создает вокруг нее стену одиночества.

М. Лайтман: Не совсем ясно, в чем кроется причина одиночества: в том, что женщина критикует себя за то, что якобы не успевает выполнить свои обязанности, или в том, что после всего, что она успевает сделать, она остается с ощущением одиночества и отсутствием наполнения?

М. Грин: Даже тех женщин, которые успешно строят свою карьеру, достигают высоких постов и тем самым себя выражают, общество не поддерживает. Поскольку в управляющем звене преобладают мужчины, то не с кем поделиться, высказать свое мнение. Это изолирует женщину.

М. Лайтман: Получается, что вы говорите о некоем случайном и временном явлении, которое происходит лишь иногда.

А. Телем: Вовсе нет!

М. Лайтман: А я понимаю, что это кроется в характере женщины, в ее природе, и это явление невозможно наполнить: ощущение одиночества останется всегда.

ОЩУЩЕНИЕ ОДИНОЧЕСТВА У ЖЕНЩИНЫ ОСТАНЕТСЯ ВСЕГДА?

М. Грин: Поразительно, как это выражается в нашем искусстве! Как актриса я могу привести примеры женских образов из древнегреческой трагедии: Медея, Федра, Антигона. Вспомните женские образы Чехова: Нина, Елена, Маша.

А. Телем: Да, женщины всегда одиноки, всегда чего-то или кого-то ждут. Как правило, они сидят в одиночестве и ждут.

М. Лайтман: Об этом говорится в рассказе об Адаме и Еве.

М. Грин: Вспомним изначальное обещание: «МНОГОКРАТНО УМНОЖУ Я СТРАДАНЬЕ ТВОЕ И БЕРЕМЕННОСТЬ ТВОЮ, В МУКАХ БУДЕШЬ РОЖАТЬ ДЕТЕЙ».

М. Лайтман: «Но к мужу твоему влечение твое (то есть по направлению к мужу), а он будет властвовать над тобою». То есть она никогда, ничем и никем не сможет наполниться – таково проклятие. Дело в том, что женщина символизирует ненаполненное общее желание. Его можно наполнить только тем, что «муж и жена – Творец между ними», не Змей, а Творец.

ОНА НИКОГДА, НИЧЕМ И НИКЕМ НЕ СМОЖЕТ НАПОЛНИТЬСЯ?

М. Грин: Я хотела бы привести пример из небольшого спектакля, в котором принимаю участие. По небольшому отрывку из монолога **Рахели**[8] видно, насколько она чувствовала одиночество, было ли оно вообще:

«После рождения моего сына, я была похоронена. Яков похоронил меня в пути, а сам покоится в другом месте, рядом с другой женщиной. Именно она будет вечно лежать возле него. А я? Я похоронена в пути. Я всегда в пути, всегда – к нему, всегда одна. Но это не важно, дело не в этом. Я осталась здесь и здесь видела всех своих детей уходящими в изгнание. Я их видела и плакала. Плакала, отказываясь принять сострадание. Слезы, как и предполагалось, превратились в ручей, рядом с которым выросло дерево, – такова я с тех пор. Он не любил слезы, всегда был твердым. Я любила его. Любила его и в конце осталась одна». Возможно, одиночество является чем-то положительным, для чего-то необходимым?

М. Лайтман: Рахель – это символ одиночества, которое мы должны почувствовать от изгнания, оттого, что Высшая сила от нас скрыта. В действительности Яков ее любит, тянется к ней, как и она к нему. Но они все еще не могут достичь совершенства, потому что в их связи не хватает исправлений. Это символизирует нам все человечество, которое постепенно приближается к раскрытию Творца. Поэтому и в Библии, и в видимых нами жизненных драмах, в конечном счете, женщина всегда выглядит нуждающейся, стремящейся к чему-то, что могло бы ее наполнить. Это придет, но только в будущем.

А. Телем: Это ее природа?

М. Лайтман: Да, это ее природа, ведь женщина – это символ потребности, которую можно наполнить только за счет раскрытия Творца.

А. Телем: И что ее, в конце концов, наполнит?

---

8   Рахель: библейский персонаж, жена Якова, сына Исаака.

М. Лайтман: Ее вместе с мужем наполнит третий, как сказано: «муж и жена – Творец между ними». Это значит, что связь между нами будет правильной только тогда, когда охватит всю глубину нашего эгоизма. И если мы превратим ее в правильные отношения относительно нас и относительно Творца, то наполнимся вместе: мужчина и женщина дополнят друг друга в раскрытии Творца.

А. Телем: Это значит, что я должна присоединиться к кому-то и вместе с ним двигаться?

М. Лайтман: Мужчина тоже не может быть один, он тоже отправляется на поиски женщины. Но у женщины, кроме этого, еще отсутствуют причины для поиска, поэтому она, якобы, остается. А мужчина выходит из дома и ищет активно.

М. Грин: Выходит, что женщины на самом деле более одиноки, чем мужчины?

М. Лайтман: Несомненно, и мы это видим хотя бы по фильмам. Возьмите фильмы для женщин: как отличаются рассказанные там истории от фильмов для мужчин!

А. Козлов: Мужчины чувствуют одиночество в такой же степени, как чувствует женщина?

М. Лайтман: Нет. Мужчины больше чувствуют недостаток самореализации.

 Женщина свое угнетенное состояние не может в точности выразить.

Она думает, что это исходит от мужа, детей. На самом деле, и сейчас это становится все более очевидным, даже если женщины занимают высокие должности, ничего не меняется. Существовало мнение, что необходимо достичь равенства, чтобы у женщины были такие же условия, как у мужчины. Современная техника облегчила быт: не надо стирать, гладить, готовить пищу, – все есть в супермаркете, все к твоим услугам. Сегодня дома даже не нужна кухня, достаточно холодильника и микроволновой печи.

Для женщины сделали все – и нет наполнения!

А. Козлов: Дети, муж, дом не являются наполнением женщины?

М. Лайтман: Нет. Это занимает ее некоторое время, а затем …

А. Козлов: …вновь возвращается чувство одиночества?

М. Лайтман: Безусловно. В конечном счете, все это составляет ее жизнь, но не наполняет ее.

ВСЕ, ЧТО СОСТАВЛЯЕТ ЕЕ ЖИЗНЬ, НЕ НАПОЛНЯЕТ ЕЕ?

М. Грин: Для чего же чувство одиночества, в конечном итоге, предназначено? Если до брака женщина думает, что найдет близкую душу и разрешит проблему, то когда у нее уже есть муж, оказывается, что его присутствия не достаточно. То есть брак не дает решения. Так для чего это чувство существует?

А. Телем: Прежде чем мы на этот вопрос ответим, ведь это действительно очень важно, я хотела бы остановиться на периоде до брака. Незамужняя женщина сидит дома и чувствует, что одинока.

М. Лайтман: Я не думаю, что современные девушки много бывают дома – жизнь не оставляет на это много времени. Но и это их не наполняет, не дает удовлетворения.

А. Телем: Разве женщина сегодня не мечтает о том, что появится рыцарь на белом коне, и тогда она не будет одинока?

М. Лайтман: Возможно, она так думает, но жизнь выталкивает ее из дома, и я не вижу, что это приносит ей радость или наполнение.

НЕУЖЕЛИ ЭТО ПРАВДА: ОНА ЗАРАНЕЕ ЗНАЕТ, ЧТО НИЧЕГО НЕ НАЙДЕТ В ЭТОМ МИРЕ?

А. Телем: Вы хотите сказать, что современная девушка уже заранее знает, что ничего не найдет?

М. Лайтман: Во многих случаях я вижу, что это именно так.

М. Грин: Она изначально разочарована в возможностях?

М. Лайтман: Да.

А. Телем: До замужества я было уверена, что если найду близкую душу, то мне будет хорошо. У меня было ощущение, что я двигаюсь по жизни, как половина круга, и жду вторую половину. Я уверена, что у этого чувства тоже есть корень, не так ли?

М. Лайтман: Верно, но только это не две половины.

М. Грин: Ведь сказано: К МУЖУ ТВОЕМУ ВЛЕЧЕНЬЕ ТВОЕ, А ОН БУДЕТ ВЛАСТВОВАТЬ НАД ТОБОЮ».

А. Телем: Выходит, что независимо от чувства одиночества мне нужен мужчина потому, что я нуждаюсь в нем для духовного развития?

М. Лайтман: О!
Это пока скрыто от женщин!

Мужчины тоже думают, что могут каким-то образом себя восполнить, и никто не понимает, что это не половина на половину. Принято красиво на эту тему говорить: искать и найти свою половину, восполниться, стать одним целым! Но здесь нет единого целого, потому что две эти части не объединяются, если между ними нет соединения, которое производится третьим участником.

А. Телем: А что же есть?

М. Лайтман: Мужчина и женщина символизируют две части мироздания: якобы положительную и отрицательную. Под этими словами подразумевается их противоположность друг другу. И нигде, даже в технике, мы не можем соединить напрямую положительный и отрицательный заряды – тотчас между ними возникает замыкание. Должен быть некий адаптер, переходник.

Именно таким «переходником» является раскрытие Творца, происходящее между ними. Без этого нет семьи.

А наши сегодняшние попытки найти этому союзу некие формы не приводят к успеху. Это еще проявится как глубокий кризис. Мы видим, насколько распространены разводы, депрессии, насколько супруги отдалены друг от друга.

А. Телем: Конечно, если я одинока и в браке, то зачем он вообще нужен?

М. Лайтман: Во всяком случае, есть дети, обязательства. Все же это, скажем так, удобнее, чем быть одному, – и для мужчины тоже. Мужчине очень трудно быть одному, и дело даже не в организации быта, ведь сегодня в этой области нет проблем. Ему необходима пара, причем, женщина в некотором роде восполняет ему функцию матери в прошлом, поэтому он в ней нуждается. Из-за того, что он не проходит процесс беременности и родов, то остается большим ребенком даже в возрасте 60-70 лет, поэтому ему необходимо восполнить потребность в матери.

А. Телем: Но Вы говорите, что он тоже чувствует себя одиноким?

М. Лайтман: Безусловно! А кто чувствует себя хорошо?! Просто в погоне за наполнением у него есть больше возможностей, чем у женщины. Поскольку он остается ребенком, то продолжает наполнять себя играми, встречами с товарищами и т.д. А женщина во многих случаях относится к нему, как к еще одному ребенку в семье.

А. Телем: Следовательно, он тоже одинок, но скрывает это с помощью игр?

М. Грин: Ему легче это скрыть.

А. Телем: А женщина скрыть не может, потому что это слишком глубоко в ней сидит?

М. Лайтман: Женщина скрыть не может. Она восполняет себя тем, что становится матерью, а это уже совсем другой уровень по сравнению с девочкой. Поскольку у женщины есть такой переход, а у мужчины его нет, то она чувствует одиночество и отсутствие наполнения вдвое больше.

ОНА ЧУВСТВУЕТ ОДИНОЧЕСТВО И ОТСУТСТВИЕ НАПОЛНЕНИЯ ВДВОЕ БОЛЬШЕ МУЖЧИНЫ?

М. Грин: Но почему нельзя ослабить одиночество с помощью других женщин? Мы видим, что сегодня возникают женские общества, делаются попытки организовать группы поддержки, но женщинам не удается объединиться.

М. Лайтман: Женщины не могут объединиться.

А. Телем: Но почему? Скажем, я и Майя одинокие – почему бы нам не объединиться?

М. Лайтман: Вы можете объединиться, встречаться…

А. Телем и **М. Грин:** Но это не настоящее!

М. Лайтман: Верно, это не настоящее и не соответствует природе женщины. Повторяю: в ней работает механизм, вынуждающий ее обеспечить или передать нечто через себя кому-то или чему-то особенному, относящемуся к ней. Женщина называется «дом», то есть она обязана чувствовать, что нечто принадлежит ей.

А. Телем: А с другой женщиной она поделиться не может?

М. Лайтман: Нет, и именно это изолирует ее от другой женщины: есть я – и мое, есть она – и ее.

ОНА НЕ МОЖЕТ ОБЪЕДИНИТЬСЯ С ДРУГОЙ ЖЕНЩИНОЙ?

А. Телем: Это мой муж – не трогай его, это мои дети – не касайся их? Буквально так?

М. Лайтман: Совершенно верно.

А. Телем: Выходит, что это еще один вид проклятья: все одиноки, но не могут помочь друг другу!?

М. Лайтман: В нашем мире женщина представляет собой общую потребность – творение. А мужчина, напротив, представляет собой в нашем мире некий высший образ.

А. Козлов: Что такое «общая потребность»?

М. Лайтман: В конечном счете, это потребность в раскрытии Высшей силы, Творца. Но именно раскрытие! Мы должны достичь состояния, когда все мужчины, как один человек, и все женщины, как одна женщина, объединятся между собой в желании раскрыть в этом объединении Творца. Когда в этой связи произойдет раскрытие Творца творению, то это будет также реализацией союза как между мужчиной и женщиной, так и между всеми людьми. Я уже говорю о душе, о внутреннем желании человека.

А. Козлов: Я хотел бы спросить о решении. Насколько я понял, оно, в принципе, известно: «муж и жена – Творец между ними»?

М. Лайтман: Решение есть, но оно не действует на сегодняшний день: невозможно каждому дать совет.

РЕШЕНИЕ ЕСТЬ, НО ОНО НЕ ДЕЙСТВУЕТ?

М. Грин: И все же мы хотим в этом разобраться, найти некий ответ или хотя бы правильно использовать одиночество. Что мне делать в ситуации, когда я чувствую себя одинокой? Как мне знать, откуда это чувство приходит и куда хочет меня привести? Если женщина так чувствует, можно дать ей ответ?

М. Лайтман: Мы находимся в определенном процессе, в течение которого постепенно приходим к решению. Это касается всего человечества, переживающего сейчас глобальный кризис. Люди начинают чувствовать, что в нашей жизни есть много проблем. Все они указывают на одну причину возникновения проблематичных ситуаций в этом мире. Зная ее, мы сможем найти решение всех частных проблем, потому что это общая проблема взаимоотношений между нами и природой, Творцом.

А. Телем: Я хочу этот момент заострить: если я как женщина чувствую, что представляю собой некий вид потребности, то должна сохранять себя в таком виде, ведь я, по сути, помогаю другой части?

М. Лайтман: Написано о ситуации возле **горы Синай**[9], что если бы вокруг мужчин не стояли женщины, оказывающие на них нажим и требующие от них объединения, то у мужчин не было бы достаточно сил серьезно двигаться к этой цели. Тогда они не достигли бы между собой объединения «как один человек с одним сердцем» для получения Высшей силы.

А. Телем: Что же я должна делать, если чувствую, что представляю собой постоянно возрастающую потребность, что я одинока?

М. Лайтман: Необходимо направить эту потребность на достижение раскрытия Творца. Если Он раскроется, то это покроет все различия между нами, все наши пустые желания. Тогда каждый непременно получит свое восполнение, а одиночество исчезнет из мира.

М. Грин: Выходит, здесь есть некий посыл женщинам: понять, что у одиночества есть источник и есть конец.

А. Козлов: Если женщина правильно себя направит, то это ослабит одиночество, даст ей ощущение определенного наполнения?

М. Лайтман: Да, даже если она только вступила на этот путь и просто знает, что таким образом себя реализует, что это исходит от природы, от той силы, которая создала ее естество.

А. Козлов: Достаточно, что она это знает? Уже происходит изменение?

А. Телем: Это ее немного успокаивает?

---

9   **Гора Синай**: ветхозаветная гора, на которой Моисей, окруженный всем народом Израиля, получил от Творца десять заповедей.

М. Лайтман: Не только успокаивает! Как только у нее появляется связь с Высшей силой, с Творцом, сформировавшим ее природу, как только она начинает это понимать и идти в одном направлении с Замыслом творения, тут же чувствует себя иначе. Она чувствует, что восполняет себя: есть надежда, далекий свет из будущего. У нее появляется ощущение, что она гармонично развивается вместе с природой, являясь частью общего процесса. Это приносит очень теплое, доброе чувство.

И действительно, здесь есть рациональное объяснение, которое вместе с проводимыми исследованиями природы, гормональной системы и законодательства вдруг достигает совершенной совокупности, когда все объединяется воедино. На самом деле, если между мужчиной и женщиной – двумя частями творения, которые никогда не могут соединиться, – есть раскрытие Творца, то это их объединяет.

А. Козлов: То есть «мужчина и женщина – Творец между ними» означает, что люди должны вступать в брак?

М. Лайтман: А в чем проблема? Ты боишься?

А. Козлов: Я не боюсь – я уже женат! Но мы говорили о незамужних женщинах.

М. Лайтман: Сейчас наш эгоизм настолько огромен и еще продолжает расти, что мы не способны друг друга терпеть. Следствием этого являются разводы и нежелание людей вступать в брак. Более того, человек не может вытерпеть себя самого не то, что супруга или других людей.

В конечном счете, это должно привести нас к состоянию, когда мы увидим, что не способны быть вместе ни в каком виде. Это необходимо для того, чтобы мы вознуждались в силе, которая все-таки исправит это состояние.

Сегодня и мужчины чувствуют одиночество. Да, я могу встретиться с любой женщиной, но что из этого? То, что я хочу получить от этого, я не получаю! Есть в этом лицемерие, некая ложь. Причем вся современная культура как бы подтверждает, что так и должно быть. Однако внутреннее угнетенное состояние растет, и оно должно привести нас к требованию решения. Решение же состоит в понимании, что мы должны потребовать вмешательства Высшей силы в отношения между нами. Тогда мы достигнем совершенства.

М. Грин: Если женщине уже известно то, о чем мы сейчас говорим, может ли она, опираясь на свое чувство и знание, для какой цели это необходимо, понять других женщин, находящихся в том же состоянии?

М. Лайтман: У нас это происходит иначе. Мы придерживаемся указаний моего учителя Баруха Ашлага, который говорил, что совместному обсуждению духовных вопросов необходимо посвящать хотя бы четверть часа в день – это очень связывает мужчину и женщину. У меня не получается это делать вечером, поэтому когда мы, как у нас заведено, гуляем с женой по утрам, то говорим также и об этом.

М. Грин: Это поможет женщинам связаться между собой?

М. Лайтман: Да, это очень сильно связывает. В будущем именно это должно связать все человечество. Сегодня мы убеждаемся, что представляем собой маленькую деревню, в которой все связаны и управляемы одной силой. Над всеми проносятся одни и те же волны, а проблема заключается в связи между нами. Даже банкиры, которые не признают ничего, кроме денег, говорят о недостатке якобы душевной, сердечной связи между людьми. Даже они чувствуют, что этого не достает!

Безусловно, чем быстрее мы поймем, что от нашей связи зависит и счастье женщины, и благополучие семьи, и наша жизнь в обществе, тем скорее приблизимся к добру. Разводы и растущее ощущение одиночества заставят нас почувствовать глубокий кризис и в этой области. И тут как раз женщины могут внести большую добавку в процесс продвижения к Цели творения, к счастливому состоянию мира.

А. Телем: Следовательно, мы заканчиваем разговор оптимистически, понимая, что есть назначение у одиночества и есть миссия у женщины.

ЛЮБОВЬ И СЕМЬЯ

Беседа пятая, в которой мы задаемся вопросом: можно ли построить систему взаимоотношений между людьми, которая бы называлась «любовь» и соответствовала духовным законам?

Мы узнаем, что это можно сделать, только поднявшись на этот самый — духовный уровень. И тогда, поскольку мы не в состоянии немедленно воплотить в жизнь этот совет, мы спрашиваем прямо: «Что такое любовь?» Ответ нас удивляет и немного пугает.

СОБЕСЕДНИКИ: МИХАИЛ САНИЛЕВИЧ И ЕВГЕНИЙ ЛИТВАРЬ

Е. Литварь: Эти вопросы, как обычно, принадлежат молодежи с Пушкинской и Манежной площадей Москвы, а также посетителям Интернета.

М. Санилевич: Первый вопрос: возможно ли построить систему отношений между людьми, называемую «любовью», которая бы соответствовала духовным законам?

ИДИТЕ И ЗАРАБАТЫВАЙТЕ ДРУГ ОТ ДРУГА

М. Лайтман: Мы уже говорили о том, что когда-то между людьми существовали простые, нормальные, натуральные отношения: я даю тебе, предположим, свою козу, а ты даешь мне взамен своего коня; или вот тебе кусок хлеба, а ты мне – литр молока, и так далее. Люди жили одной общиной. Была маленькая цивилизация, и все было нормально.

Потом эта цивилизация вдруг изнутри себя получила огромный эгоистический толчок, который ее буквально взорвал. Это произошло в Древнем Вавилоне, в Междуречье, в колыбели человечества. Этот эгоистический взрыв всех и все перемешал.

Люди начали строить между собой совершенно неестественные, искусственные взаимоотношения. Появились деньги, искусство, культура, появились взаимоотношения «богатые и бедные», «сильные и слабые», «твое – мое», всевозможные юридические документы, и так далее.

Люди стали изобретать, каким образом они могут быть связаны между собой. И в итоге, к нашему времени накопилось очень много искусственных взаимосвязей.

Мы построили между собой абсолютно неправильную систему взаимоотношений. Если на неживом, растительном, животном уровнях наших тел мы действуем так, как указывает нам природа, согласно ее законам, то на уровне «человек» – уровне взаимоотношений между людьми – мы ведем себя так, как будто уже знаем, что надо делать. На уровне «говорящий» мы не получаем никаких четких внутренних указаний со стороны природных инстинктов, и поэтому здесь мы натворили так много лишнего! Как культура, так и общественные, личные, семейные взаимоотношения, воспитание детей, экономические и политические связи – все, что вы только ни возьмете, все это нами построено искусственно, без учета того, как на это реагирует природа, определены или нет в природе взаимодействия людей друг с другом.

Именно об этом и говорит наука каббала: как построить между людьми такие правильные взаимоотношения, которые уже заданы природой, но пока еще не заложены в инстинктах человека, а потому, познав их, он должен сам установить такие же отношения с подобными себе.

Если бы мы это знали, то смогли бы увидеть эту правильную модель и воссоздать ее между нами, а тогда достигли бы самого прекрасного существования, состояния мира Бесконечности.

Мы бы поднялись на высший уровень природы, на котором перестали бы ощущать себя низменно и кратко существующими.

Вы говорите о семье. Во всех взаимоотношениях между нами мы неправильно себя ведем, не знаем, как эту коммуникацию правильно создать. И поэтому без науки каббала невозможно обойтись ни в создании семьи, ни в воспитании детей, ни в построении каких-то взаимосвязей даже между родственниками, не говоря уже о далеких или совершенно чужих тебе людях.

Вопрос может быть поставлен так: каким образом в природе установлен закон взаимоотношений между мужем и женой, родителями и детьми, взрослыми и молодежью, между родственниками, общинами, государствами и так далее?

На все это есть ответ (он не такой простой) – это система взаимоотношений между **душами**[10], потому что здесь наши тела в расчет не идут.

Что такое тело? Оно всего лишь выполняет свою функцию. Все, что касается взаимоотношений между людьми, исходит из желаний человека. Желания человека – это его душа.

М. Санилевич: Почему все так не просто?

М. Лайтман: Все не просто потому, что только в этом тебе дан шанс свободы воли. Тебе дана возможность уподобиться высшей природе, которая является совершенной, но при условии, что ты сам разберешься, в чем ты являешься эгоистическим, противоположным ей. И поэтому ты создаешь абсолютно неправильные, запутанные до ужаса системы, в которых каждый строит себя сам: хочу быть богаче, хочу быть сильнее, хочу быть известнее, хочу больше знать, хочу в том или ином виде использовать других. Каждый, в мере своих внутренних устремлений и желаний. Представляешь, что мы между собой натворили?! Мы создали такую систему взаимоотношений между людьми, которая уже сама нас питает, создавая внутри нас неправильные связи. В итоге мы находимся сегодня в страшнейшем кризисном состоянии.

Разрешение кризиса заключается в обнаружении неправильных коммуникаций, неправильных взаимосвязей между людьми и построении их правильным образом. Ничего больше и не требуется, так как вся природа является идеальной. Неживой, растительный, животный уровни природы существуют четко по своим законам. Если кто-то здесь и портит, так это мы на уровне взаимоотношений между собой, где мы можем действовать якобы вне давления и инстинктов.

---

10   **Душа**: в начале творения была создана единая душа, единое желание, называемая Адам Ришон (первый человек), которая разбилась на 600000 частей (условное число). Теперь у каждой отдельной части есть возможность провести работу по личному исправлению и уподобиться Творцу.

МЫ СПЕЦИАЛЬНО СОЗДАНЫ ТАКИМИ, ЧТО НИ ОДИН ЧЕЛОВЕК НЕ В СОСТОЯНИИ САМ СЕБЯ ОБЕСПЕЧИТЬ. НИЧЕМ.

Е. Литварь: Из Ваших слов можно сделать вывод, что сам брак придумали люди?

М. Лайтман: Нет. Так же, как тягу друг к другу и зависимость друг от друга люди не придумали. Сказано: «Идите и зарабатывайте друг от друга».

То есть, мы специально созданы такими, что ни один человек не в состоянии сам себя обеспечить – для этого он нуждается в других; ни один человек не может сам продолжить себя – ему необходим для этого сексуальный партнер; ни один человек не может быть уверенным, что не нуждается в посторонней помощи, а поэтому должен иметь вокруг себя родных и близких.

Все это создано не зря. И не просто так в природе появились родные и близкие: тети, дяди, бабушки, дедушки и так далее. Все это исходит из специальной особой иерархии духовных сил, нисходящих на нас. В соответствии с этим и в нашем мире получаются такие причинно-следственные отношения, но их мы тоже неправильно устанавливаем. То, что есть дедушка с бабушкой, мама с папой, сын с дочкой, и так далее – все это верно, однако взаимоотношения между ними установлены неверно. В любом случае наличие всех этих уровней, а также необходимость взаимодействия между собой исходят из природы.

М. Санилевич: Эта родственная связь сохраняется и в дальнейшем?

М. Лайтман: Нет. Вы же сами видите, что сегодня в нашем мире даже самая близкая связь: между родителями и детьми, между мужем и женой – тоже начинает рваться. Вполне возможно, что в следующем поколении дети вообще не будут знать, кто их родители, и муж с женой, может быть, будут сходиться только ради того, чтобы сделать ребенка. Посмотрите, насколько люди отдаляются друг от друга – наш эгоизм не позволяет нам друг друга терпеть.

Когда-то вся семья жила в одной комнате: родители, дети, дедушка с бабушкой, – и было достаточно. А сегодня нужна отдельная комната для каждого ребенка. И вот у тебя уже квартира с 20 спальнями – сколько людей, столько спален, – и есть только одно место, где все иногда собираются. Ведь раньше такого не было даже в больших группах людей!

То есть люди отдаляются друг от друга, и это естественно, но они отдаляются по необходимости, так как чувствуют, что те связи, которые они между собой наладили, плохие, не дающие, в итоге, правильного, комфортного состояния.

Е. Литварь: Вы говорите, что отдаляются – это естественно. «Естественно» – в смысле хорошо или плохо?

М. Лайтман: Естественно, потому что невозможно терпеть то, что получается в результате этих искусственно созданных связей. Поэтому отдаление от источника зла и неприятностей является естественным.

Е. Литварь: Двадцать комнат, по каждой на ребенка, – это хорошо или плохо?

М. Лайтман: Это не помогает.

Е. Литварь: Или лучше было бы быть всем вместе?

М. Лайтман: Нет, не лучше. Как может быть лучше находиться вместе, если ты не можешь этого выдержать, – были бы убийства в семьях. Попробуй запереть всех в одну комнату, и ты увидишь, что произойдет.

Поэтому, конечно, лучше, когда есть двадцать комнат. Это каким-то образом снимает общественное напряжение. Но в принципе, это ничего не дает, так как не является лекарством, не исправляет людей, не делает их ближе друг к другу. Это позволяет каждому из них найти свой угол, однако не становится решением проблемы.

Решение проблемы заключается как раз в ином – не в отдалении людей друг от друга, как в Интернете или в других средствах коммуникации: я посылаю SMS – и будь здоров. Нам кажется, что это связывает людей друг с другом, но это, наоборот, отдаляет их друг от друга. Кажется, что Интернет приближает: я могу сейчас переписываться, могу легко связываться с другими. Нет, эта коммуникация ложная, ущербная, она мне дает, якобы, возможность скрыться за внешними связями, я могу не представляться и не знать своего собеседника.

Человек обезличивается. Смотрите, что происходит в нашем мире с одеждой, с поведением, с равноправием мужчины и женщины, и так далее. Все нивелируется: мальчики и девочки по своему внешнему виду, по своим запросам, вкусам не отличаются друг от друга; на футбол ходят женщины, в пивной бар ходят женщины, на физические тренировки ходят женщины. Такого не было еще 50 лет назад. Я не говорю, что это плохо или хорошо, просто смотрите, какое сейчас время.

Каждый становится единственной, самостоятельной единицей, отдаленной от других. Но необходимость общаться остается. Смотрите, в каком виде это происходит, – в обезличенном. И все это для того, чтобы, якобы, снять напряжение, которое возникает между нами при необходимости быть вместе.

Обратите внимание, как люди работают: например, каждый компьютерщик сидит в своей клетке отдельно от остальных – и ничего больше. Приходит из клетки домой, включает телевизор, перед телевизором он тоже сидит один.

Общение минимальное. И все это вопреки природе! Потому что на духовном уровне мы абсолютно связаны друг с другом, зависимы друг от друга и не можем просто так отделиться друг от друга.

В итоге наших сегодняшних отдалений мы не сможем создать себе комфортную жизнь, мы все равно раскроем ущербность этого пути.

МЫ СВЯЗАНЫ ДРУГ С ДРУГОМ НЕВИДИМЫМИ НИТЯМИ, И ТАК НАС УДЕРЖИВАЮТ. НАСИЛЬНО! И МЫ НЕ ДОЛЖНЫ РАЗБИРАТЬСЯ В ЭТОМ МИРЕ, ТАК КАК ВСЕ РАВНО НИЧЕГО В НЕМ НЕ ПОЙМЕМ. И КАК ПОНЯТЬ ВЫШЕСКАЗАННОЕ?

Е. Литварь: Вы сказали, что в духовном мы не в состоянии удалиться друг от друга. Вы имеете в виду, что мы не можем этого сделать, потому что нас что-то удерживает насильно, или не можем, потому что не хотим?

М. Лайтман: Нас удерживают насильно. Мы представляем собой абсолютно цельную и взаимодействующую систему, так как мы связаны друг с другом невидимыми нитями. Поэтому нам не поможет выяснение отношений ни с детьми, ни с родителями, ведь на все наши претензии будет получен один и тот же ответ.

Вы не сможете удовлетворительно разрешить проблемы отцов и детей или же супругов, попробовав каким-то образом улучшить их состояние. Его можно улучшить, лишь посоветовав им разобраться на духовном уровне.

 Чем больше человек подобен Высшему миру, тем более комфортно он себя чувствует. Это единственный ответ на все вопросы.

Кроме этого, у нас ни в чем нет никакой свободы воли. Свобода воли заключается только в том, чтобы раскрыв зло собственного порочного развития при помощи нашего разума, мы взяли бы природу в качестве примера для подражания, реализуя эту модель на нас самих. Это и является предназначением нашего земного существования.

Е. Литварь: Допустим, десять минут назад какой-то человек в Австралии столкнулся с тем, о чем Вы говорите, впервые в жизни. Он вставил диск с нашей беседой в компьютер и смотрит ее. Вы думаете, что он Вас поймет?

М. Лайтман: Надо сначала научиться понимать истинную природу мира, а уже затем, только после того, как поймешь ее, спуститься оттуда в наш мир.

Каббала говорит о том, что для того чтобы понять наш мир, ты должен, прежде всего, подняться на более высокий, духовный уровень, и только после этого начинать спускаться сверху вниз в наш мир, осознав, каким образом все в нашем мире должно быть, словно копия, взаимосвязано, подобно Высшему миру.

Ты не должен разбираться в нашем мире, так как ты в нем все равно ничего не поймешь, а будешь только ошибаться и крутиться, как в лабиринте.

Тебе необходимо разобраться только в том, как устроена природа Высшего мира, откуда нисходят на нас все законы и силы, затем спуститься сверху и смотреть, как достичь этого подобия здесь. И это должны сделать все мы. Если мы это сделаем, и два мира совместятся, наложатся друг на друга, то мы достигнем самого комфортного, вечного, совершенного состояния.

Е. Литварь: У человека при этом возникает вопрос о том, что ему делать с женой, с детьми. Зарабатывать деньги или заняться только духовным?

М. Лайтман: Каббала говорит очень просто: все, что тебе дано в этом мире: жена, дети, работа, теща, – оставь все как есть. То есть, не «оставь это», а продолжай существовать в той же среде и в тех же рамках. Главное, открой книжку, которая расскажет тебе все об этом мире, хотя в ней и говорится только о духовном, но ты узнаешь все и об этом мире.

ТАК ЧТО ТАКОЕ ЛЮБОВЬ?

М. Санилевич: Что такое любовь?

М. Лайтман: Любовь – это основное, главное свойство в мироздании.

Я бы сказал, что это любовь – единственное положительное свойство, которое движет и управляет, связывает все части нашего мира в одно целое. Оно соединяет элементы всех конструкций: неживых, растительных, животных, а затем внутренний мир человека. Это объединяющее свойство мы называем любовью или полной взаимной отдачей. Закону всеобщей любви подчиняется вся природа, кроме человеческого уровня, на котором мы, предоставленные сами себе, творим все, что угодно, действуя вопреки этому закону.

Если мы обратимся к биологам, они нам скажут, что закон функционирования любого организма, его существования, развития основан на полном интегральном взаимодействии его элементов.

В соответствии с этим законом каждая клетка заботится о жизнедеятельности, здоровье всего тела, о поддержании его жизнеспособности, то есть все, что необходимо телу, она автоматически отдает. Она подчиняется даже приказу уничтожить себя, так как выполнила свою функцию, отработала свой ресурс – отключается программа, и клетка самоуничтожается.

 Любовь – это общий закон существования системы, организма, который управляет всеми элементами.

Если мы возьмем общий, интегральный закон природы, закон соединения, гомеостазиса, то мы увидим, что природа действует только исходя из самосохранения, поддержания себя, и саморазвития до определенной цели, и не принимает во внимание возможность существования и развития отдельных частей. Этот закон интегрального взаимодействия, интегральных взаимосвязей между элементами определяет существование всех уровней природы.

Но когда, выяснив это, мы смотрим на человека, то обнаруживаем его полную противоположность этому закону. Я не имею в виду существование человека на уровне, где наш организм функционирует как животное тело и естественно подчиняется законам природы.

А на человеческом уровне – уровне наших взаимодействий, ощущений, мыслей, на уровне, где находится наше «Я», – там мы абсолютные эгоисты.

 Мы не желаем принимать во внимание интегральность мира, взаимодействие его частей между собой.

Сегодня нам раскрывается, что мир – это маленькая глобальная деревня, где мы все зависим друг от друга. Являясь частью природы, мы своими мыслями, желаниями, действиями на всех уровнях наносим этой интеграции огромный вред, который в итоге возвращается к нам в виде отрицательного воздействия всех частей природы, и это мы сегодня начинаем ощущать.

Закон абсолютной любви – всеобщей взаимной зависимости, внимания, заботы, инстинктивной, природной, неосознанной – на уровне человека не выполняется. Если мы будем относиться ко всем и вся в соответствии с этим законом, то есть осознаем, что все мы одинаковы, взаимосвязаны, все с одним сердцем, с одной душой, с одними мыслями, то наше участие в природе будет правильным, интегральным. Тогда мы будем в слиянии с остальной природой, и наше отношение к ней будет – любовь.

Знание этого закона дает нам возможность понять, что любовь и ненависть между нами сегодня – это абсолютный эгоизм, желание каждого использовать остальных в сексе, в семье, в обществе для своего мнимого блага. Мнимого, так как в итоге человек не получает никакого блага. Все зиждется на простом эгоистическом расчете. Не понимая пагубности своего поведения, человек только углубляет кризис.

Сегодня, находясь в конечной стадии развития эгоизма, мы видим полный распад человеческих взаимосвязей. В прошлом нас связывали какие-то узы, договоренности, условности. В наше время лишь явный, бесстыдный эгоизм проявляется в его обнаженном виде. И это хорошо, так как, видя свое истинное лицо, мы подходим ближе к пониманию проблемы и к ее решению.

М. Санилевич: Вы говорите, что на животном уровне существует полное взаимодействие – любовь. Но когда волк съедает зайца – это проявление любви?

М. Лайтман: Нет. Это выполнение закона природы – закона постоянного возобновления жизни, когда следующее поколение рождается на основе предыдущего, ушедшего. Это процесс, сходный с происходящей в нашем теле заменой отработавших клеток.

То же происходит и с кругооборотами жизней: если бы мы не умирали в предыдущей жизни, то не рождались бы в последующей, – не было бы развития, которое нас ведет (мы еще не знаем к чему). Нам кажется, что ничего хорошего в этом развитии нет, но все же оно ведет нас к светлому будущему. Не будем забывать этой красивой фразы.

И поэтому волк, съедая зайца или ягненка, просто выполняет закон природы. Нет между ними ненависти. Нет между ними любви. Выполняется закон природы по поддержанию общего правильного взаимодействия между видами. Там не может быть речи о привнесении своего «Я». «Я» отсутствует у растительных и животных элементов природы. Это поразительно, как существование растительных, животных организмов или клеток в теле построено именно на правильной взаимосвязи между ними.

Но человек должен привнести в эту правильную взаимосвязь свое желание, свое одобрение этого закона природы, свое намерение.

Если он достигает этого понимания, исправляет себя, желает сам добровольно, собственным порывом изнутри себя, участвовать в интегральном развитии, во взаимодействии, то он начинает понимать всю природу. Для него раскрываются те части природы, те пустоты, которые он сегодня не ощущает: новые измерения, новые миры, где мы существуем совсем в другом обличии, где мы находимся до рождения, после смерти, где мы пребываем как части природы, в нашем вечном облике.

Каббалу называют тайной наукой, так как она раскрывает эти тайные области мироздания, где мы существуем, но сегодня не ощущаем себя, потому что противоположны им. Наш эгоизм не позволяет нам воспринять образы, сопутствующие нам в ином измерении, но они реальны. Все зависит только от перехода от всеобщей ненависти человека, от его эгоистичности к любви – только в этом заключается проблема. И тогда наша жизнь на земле, отношения в семье, между взрослыми и детьми стали бы простыми и гармоничными.

Сказано в каббале: «Муж и жена – Творец между ними», – Высший свет, Высшее озарение между ними. Невозможна связь между мужем и женой, воплощающими две абсолютно противоположные части мира, если между ними нет раскрытия Творца, раскрытия чувства любви, правящего мирозданием. Но для этого надо увидеть, каким образом этот закон действует на Высшем уровне, откуда нисходят к нам сигналы управления, и, исходя из этого, создать отношения между нами. Этому надо учиться.

Любовь – это очень сложное свойство, которому надо обучать. Каббала занимается только этим. Самое главное правило – «возлюби ближнего, как самого себя», потому что, достигая этого свойства, мы достигаем интегрального включения во все миры.

Так что я люблю: женщину, или то наслаждение, которое от нее получаю?

Е. Литварь: Вы дали картину подлинной любви исключительно с научной точки зрения. Вопрос же задают обычные люди, которые ощущают внутри боль. Эту боль они воспринимают как любовь. Как объяснить им, что это не любовь?

М. Лайтман: Этому надо учить. Мы выдаем за любовь и нелюбовь свойство, совершенно противоположное тому, что на самом деле существует в природе.

Я называю любовью свое отношение к тому, что дает мне наслаждение. Я люблю кофе. Вот я пью его. Я ощущаю при этом наслаждение. Это значит, что я его люблю, то есть я люблю наслаждение, которое получаю от кофе. Это не та любовь, о которой мы говорим. Вы называете этим словом совершенно иное чувство и отношение к предмету, к объекту.

Что значит, я люблю женщину? Я люблю ее использовать для себя. У меня есть какие-то потребности, пустоты, желания, какой-то голод, и она меня насыщает, наслаждает. Вот за это я ее и люблю. Так я люблю ее? Или я люблю то наслаждение, которое от нее получаю?

Значит, я люблю себя. А ее я люблю как источник наслаждения, как люблю рыбу или мясо. Значит, никакой здесь любви нет. Не надо называть это словом «любовь».

Любовь – это не получение наслаждения от кого-то, а отдача объекту любви. «Возлюби ближнего» – значит наполни ближнего тем, что он желает. Это внешнее выражение твоего отношения к нему, которое называется «любовью».

Любовь – это когда ты наполняешь другого. Ты начинаешь чувствовать, что желает любимый, и, наполняя его, выражаешь свое отношение к нему, которое называется «любовью». А если ты получаешь, это называется «эгоистическим самоудовлетворением».

Есть и при получении возможность выразить свою любовь. Когда ты точно ощущаешь другого человека, ощущаешь его любовь к тебе и понимаешь, что если ты возьмешь от него, то на самом деле сделаешь ему этим приятное. Тогда ты можешь использовать получение ради отдачи. Как ребенок, зная, что любящая мать желает, чтобы он съел кашку, съедает ее и этим доставляет наслаждение матери. Но он использует при этом ее любовь. Если он не будет наслаждаться, то не насладит и мать. Он должен наслаждаться тем, что она ему дает, и тогда она будет наслаждаться тем, что он получает от нее.

Это очень сложное взаимодействие. Мы видим это даже на таком простом примере. Что уж говорить о таких серьезных системах, как муж и жена, мужчина и женщина. Взаимодействие между полами или в человеческом обществе между группами, партиями и т.д. – это целая наука. Этому надо обучать с малых лет. А иначе человек не взрослеет и не понимает самого главного: как ему выжить, как правильно обустроить человеческое общество.

Существует множество теорий на эту тему. И все они отрицают друг друга. Приверженность к любой из них приводит нас к поражению.

Е. Литварь: Одна женщина рассказала, что вышла замуж за человека, которого совершенно не любила, только потому, что он любил ее. Она желала сделать ему хорошо. Это и есть та любовь, о которой вы только что говорили?

М. Лайтман: Нет. Что значит «он любил»?

Пока люди не сменят ненависть и безразличие на любовь, они не поймут, что значит проникнуть во внутренний мир другого, в его чувства и желания, и принять его желания как свои, а со своими желаниями работать, чтобы наполнить, насладить его.

Когда человек рассматривает себя как инструмент для наполнения любимого, это и называется любовью.

Были ли у людей, о которых Вы рассказали, такие отношения – я не знаю. Но когда мы поднимаемся с уровня потребления на уровень абсолютной и бескорыстной отдачи, тогда наши взаимоотношения в семье, между детьми и родителями, в обществе полностью изменяются. Слово «любовь» приобрело очень вульгарный и низкий смысл, поэтому назовем это свойство «отдача». При этом человек начинает ощущать гармонию, высшее единение с природой и приходит к ощущению вечности и совершенства.

Это свойство образуется внутри человека, когда он приподнимается над своим маленьким эгоистическим мирком. А когда он желает замкнуться в этом мирке, мы видим, к чему это приводит – к разочарованиям, наркотикам, разводам и так далее. Мы не в состоянии внутри себя достичь прекрасных состояний, это возможно, только если мы объединимся с природой, как она сама нам указывает.

М. Санилевич: Может ли человек проверить, любит он или нет?

М. Лайтман: В нашем мире мы лишь начинаем обнаруживать, что мы абсолютные эгоисты, что мы не любим, а лишь пытаемся договориться между собой, потому что иного пути нет, пока наш эгоизм изнутри не взорвется и не сломает эти связи, эти хрупкие договоренности между собой. Мы забываемся, то ссоримся, то миримся, нас связывают общие дети, мы существуем как партнеры по квартире, но это не любовь!

 В каббале любовь имеет очень емкое научное определение. Говоря кратко и приблизительно, это происходит с человеком тогда, когда он имеет возможность ощутить внутренний, духовный мир другого, его

желания, потребности и, в соответствии с ними, наслаждает другого человека. Чувство, которое он испытывает, наслаждая другого, называется «любовью». И сам он при этом испытывает наслаждение.

Мы возвращаемся к формуле: «муж и жена – Творец между ними».

 Творец – это общая сила отдачи природы, общая сила любви.

Если муж и жена начинают культивировать взаимоотношения абсолютной **отдачи**[11], то между ними рождается эта связь, образуется этот тройственный союз. Без свойства отдачи невозможно существование элементарной человеческой ячейки.

Поэтому настоящими мужем и женой могут быть только те, кто, работая над собой, **сокращая**[12] свои желания, поднимается до уровня взаимной отдачи. Это очень сложное исправление, которое должен пройти человек. Каббала этому обучает.

Это очень непросто. Но страдания от опустошенности, от разбиения отношений в семьях, между детьми и родителями, в обществе, приведут к тому, что люди будут готовы на любые усилия, чтобы достичь этого свойства. Подсознательно, инстинктивно они начнут понимать, что этот идеал существует, он далек, но достичь его необходимо. Именно в глубине падения они начнут ощущать возможность подъема, вынуждены будут это сделать. Так что я оптимист – будет любовь!

ОБ ИЗМЕНАХ И РЕВНОСТИ. О ТОМ, ЧТО НАШИ ВНУТРЕННИЕ БИОЛОГИЧЕСКИЕ ПРОЦЕССЫ НЕ СТОИТ ВЫДАВАТЬ ЗА ЛЮБОВЬ

Е. Литварь: Ганс, студент из Амстердама, рассуждает об изменах. Он пишет: «Если жена изменяет мужу – убил бы, а если муж жене – по-моему, это вполне нормально. А что говорит об этом каббала?»

М. Лайтман: Мне кажется, что как раз в Амстердаме уже все должно быть наоборот. А у него еще старые предрассудки: мужу – можно, а жене – нельзя. Ведь, насколько мне известно, Амстердам – самый свободный город в мире.

Е. Литварь: Может быть, он из консервативной семьи.

М. Лайтман: В принципе, он в чем-то прав. По своему характеру отношения мужчины к женщине и наоборот абсолютно разные. Женщина ищет в мужчине связь.

---

11 **Отдача:** качество, которым Творец проявляется относительно творения. Поскольку Он создал творения для того, чтобы дать им наслаждение, это Его свойство называется отдачей.

12 **Сокращение:** отказ принимать наслаждение, свет Творца из альтруистических соображений. Властвующий над своими желаниями, то есть удерживающий себя и не получающий наслаждение, хотя и очень желающий получить, называется «сократившим» себя.

А мужчина ищет в женщине сексуального партнера и дом, то есть обслуживание, помощь в том, в чем он не может сам себя обслужить. То есть их требования друг к другу совершенно разные.

В Библии описывается грехопадение Адама и Евы, после которого следует проклятие, причем для Адама и для Евы проклятия абсолютно различны. Обратите на это внимание, и тогда вам станет ясен источник взаимных претензий и непонимания между женщинами и мужчинами, ведь они являются представителями совершенно разных миров.

Совершенно естественно, что женщина, жена, тянется к мужчине, считая себя его частью, а его – своей, однако он этого абсолютно не понимает – не понимает, чего от него хотят, так как у него присутствует совершенно другая программа на связь с женщиной, с женой.

Также и на бытовом, семейном, человеческом, животном уровнях они никогда не смогут встретиться, потому что, извините, и на этих уровнях они являются абсолютно разными существами, с разными психологией и физиологией.

А встретиться и дополнить друг друга они смогут только лишь на духовном уровне. И если оттуда произойдет дальнейшее распространение их связи на обычный земной, животный уровень, то тогда у них все будет нормально.

В телах вы не найдете никакой гармонии. Гармония может быть установлена только лишь через душу, в то время как здесь, в нашем мире связи устанавливаются на время какого-то сиюминутного контакта, когда каждый пытается эгоистически использовать другого, и не более.

Е. Литварь: Вопрос от мужчины: что такое ревность с точки зрения каббалы? Имеет ли это чувство духовное объяснение?

М. Лайтман: Ревность в нашем мире – это телячьи взаимоотношения, при которых один человек смотрит на другого, как потребитель на свою собственность. «Это мое». Но если у этой собственности есть две ноги, и она распоряжается собой – это уже нехорошо. В прошлом можно было привязать, надеть пояс невинности, запереть, а в наше время женской эмансипации этого не сделаешь. Остается только ревновать. Мужчины съедают себя, а потом решают, что страдать не стоит: нет у меня этой женщины, будет другая, – зато жизнь будет проще. И семья разрушается, так как не базируется на элементарных правилах взаимоотношений, и люди не в состоянии приподняться над животным уровнем.

Е. Литварь: А те ощущения, переливания внутри нас, чувства боли или радости, то, что мы называем любовью…?

М. Лайтман: Все это могут вам объяснить биологи, генетики и ботаники.

Е. Литварь: Про пестики и тычинки?

М. Лайтман: Да, растения, насекомые, люди – все функционируют под воздействием гормонов. Это внутренние биологические процессы, и не надо выдавать их за любовь.

 Проблема в том, что человек недостаточно развит, чтобы понять, что его внутренний мир – это мир наслаждений!

И если он наслаждается красивой картиной, музыкой, женщиной, ребенком, борщом, то это одно и то же! И если он наслаждается, будучи таким, каким он родился, каким его воспитали, то это называется самонаслаждением.

Любовь построена на отдаче, на движении из себя, а происходящие в нас процессы являются чисто животными. Почему-то некоторые из них мы выдаем за какие-то нереальные чувства и требуем от других того же. Какая же тут любовь? Вам сделают инъекцию гормонов, и вы станете совершенно по-иному относиться к объекту любви. Это чистая химия.

НА САМОМ ДЕЛЕ, КАЖДЫЙ ИЗ НАС ЖИВЕТ В ДРУГИХ, А НЕ В СЕБЕ. И, ЧЕМ БОЛЬШЕ В НИХ ЖИВЕТ, ТЕМ БОЛЬШЕ НАСЛАЖДАЕТСЯ

Е. Литварь: Существует ли единица измерения любви?

М. Лайтман: Единица измерения любви – это единица измерения самопожертвования, самоотдачи с целью насладить любимого человека.

 Любовь между мужчиной и женщиной строится на взаимных антиэгоистических уступках и возникает тогда, когда два человека осознают свою животную природу и начинают работать над собой так, чтобы приподняться над ней.

Такая духовная пара культивирует взаимоотношения выше наших животных желаний, притяжений и отталкиваний, привычек, отношения к миру и на этой новой основе создает единение. Оно построено только на взаимных уступках, чтобы создать нечто общее, где бы мы были пока еще виртуально, но как бы уже слиты вместе.

Этот объем, который мы создаем, называется единением мужской и женской части в одно целое.

У нас существует к этому потребность – в слиянии тел достичь слияния **душ**[13], – но это возможно только в том случае, если действительно существует такая духов-

---

13 **Душа**: желание, стремление, намерение доставить удовольствие, дать наслаждение Творцу (так же, как и он дает его душе), – вопреки своему исконному желанию получать. Развивается у человека, находящегося в нашем мире, если он изучает и выполняет духовные законы. Состоит из двух компонентов – света, или наслаждения, и сосуда, или желания насладиться; причем сосуд – это суть души, а свет – наслаждение, уготованное Творцом.

ная пара, которая понимает, как ей надо работать, чтобы создать это единение. Оно построено на взаимных уступках, на обретении альтруистического движения друг к другу, когда каждый живет в другом, наполняет другого.

Начинающийся сегодня кризис вынудит всех нас прийти к этому в отношениях как между мужчинами и женщинами, так и между людьми в целом. К этому мы идем. Это не сказка – страдания заставят нас.

М. Санилевич: Основной закон Библии – это «возлюби ближнего, как себя». А что значит «как себя»? Сначала я должен себя возлюбить?

М. Лайтман: Ты должен обнаружить, каким образом ты любишь себя, и именно в этой мере строить отношение к ближнему. Это называется «уступка», так как ты, наступая на себя, начинаешь с помощью себя наслаждать, удовлетворять, наполнять остальных. Это стремление наполнить других, которое ты развиваешь в себе, и называется любовью к ним. Такое взаимодействие, взаимное стремление в обществе сделает его совершенным и приведет к вечной, счастливой жизни.

М. Санилевич: Но человек должен любить себя?

М. Лайтман: Человек должен любить себя за то, что он может интегрально слиться со всеми и наполнить всех, и тогда он становится равным Творцу – Высшей силе природы.

Е. Литварь: Не получается ли так – возлюби, как себя, вместо себя?

 М. Лайтман: На самом деле мы существуем в других, а не в себе.

Е. Литварь: Таким образом, я начинаю получать наслаждение тем большее, чем я больше люблю людей?

М. Лайтман: Правильно.

 Когда я выхожу из себя вовне, то начинаю обнаруживать свое истинное «Я» – не маленького уродливого эгоистического человечка, а свое «Я», существующее на самом деле вне меня, и вижу себя как проекцию всей природы, всего мироздания. И это «Я», если я так отношусь ко всему.

Е. Литварь: То есть все ощущения, существующие вне меня, у других людей, у животных, у природы, – это все начну ощущать я?

М. Лайтман: Это «Я». Это мое! То есть, когда человек строит над собой такое отношение к миру, он понимает, почему он сотворен эгоистом, – для того чтобы самому выйти из себя, выплеснуть, отдать себя остальным и в этом, в них себя найти.

Сделав это правильно, искренне, человек ощутит себя существующим вечно и совершенно, как вся природа. Это всеобщий интегральный закон природы, и к этому состоянию мы все равно придем – не в этой жизни, так в следующей.

ОТДАТЬ СЕБЯ ДРУГИМ И В НИХ СЕБЯ НАЙТИ

Е. Литварь: Это и есть любовь?

М. Лайтман: Это и есть чувство абсолютной любви, которое должно реализоваться в наивысшем и самом испорченном элементе природы, в человеке.

В этом заключается свобода воли человека – самому поскорее осознать эту необходимость и реализовать ее по своему желанию, а не под давлением развивающегося кризиса. И сейчас наша главная задача – распространение знаний о причинах проблем, которые на нас сегодня сваливаются, проявляются в нас.

М. Санилевич: Неужели никто на земле, кроме каббалистов, не изведал настоящей любви? Настанет ли день, когда все человечество познает любовь?

М. Лайтман: Такой день настанет. Это должно произойти в течение ближайших десятков лет. Я надеюсь, что еще увижу в своей жизни конечную стадию этого процесса, воплощение цели.

Каббалистом называется человек, который правильно понимает законы получения наслаждения (каббала от слова «получать»), а также связей, коммуникации, – всего, что происходит в природе между всеми ее частями. Он черпает знания из мира, который скрыт от нас, – мира альтруизма и отдачи, а не эгоизма и получения, ощущаемого большинством людей, – и в соответствии с этими знаниями действует.

Естественно, люди, получившие эти знания и умеющие применять их на практике, достигают истинного чувства любви, ощущения вечности, совершенства. Они выходят в иной объем мироздания, в другой его разрез, где любовь ощущается вечно существующей.

Современная наука также находится в поиске иного объема, где мироздание функционирует не так, как ощущают наши эгоистические органы чувств.

М. Санилевич: Но как обучаться любви? Как в школе, за учебниками?

М. Лайтман: Обучаться любви не значит обучаться Кама-сутре.

Обучаться любви – это обучаться правильной взаимосвязи с тем, кого ты любишь, и это не обязательно должен быть противоположный

пол. Необходимо учиться проникать во внутренний мир другого и наполнять его собой, – так действуют клетки в нашем животном теле. Каждая из клеток заботится о существовании всего организма и действует по общей, для всех клеток, программе. Она не потребляет ради себя, а работает на отдачу всем остальным клеткам и органам. Благодаря этому тело живет, и все его части находятся в правильной связи.

Болезни – это нарушение взаимодействия клеток и органов. Представляете, насколько больно наше общество? Этот организм поражен страшной раковой опухолью, когда клетка, вместо того чтобы отдавать, начинает поглощать, пожирать окружающие клетки, существовать за их счет. В итоге разрушается среда, и сама клетка погибает.

Это – рак. Почему в наше время так распространена эта болезнь? Мы стали такими эгоистами, что это проявляется на остальных уровнях природы: на животном, растительном. И от этого никуда не деться. Источник наших проблем и даже болезней находится внутри нас, на человеческом уровне. Человек определяет собой весь дисбаланс природы.

И именно мы должны сегодня реализовать главный закон природы – закон любви – во всем его объеме. Это зависит только от человека, только от нашего внутреннего усилия на том уровне, где находится мое «Я», где «Я» – человек.

М. Санилевич: Как научиться любить?

М. Лайтман: Откройте обучающую книгу по каббале и изучайте методику.

А иначе вы будете поступать, исходя из животных свойств, данных вам от рождения, и ценностей, навязанных вам обществом, так как в вас больше ничего нет. Вначале вы должны получить правильную инструкцию – в противном случае вы будете продолжать ошибаться. Каббала и является такой инструкцией.

Для практических тренировок каббалисты создают группы, так как методика построена на групповых упражнениях. Иначе нельзя. Здесь, как и в любом другом деле, необходим преподаватель, группа и инструкция, которую ты вместе с такими же, как ты, пытаешься реализовать.

Я чем-то вас разочаровал?

Е. Литварь: Наоборот, заставили задуматься.

Вопрос о семье: брак, семью придумали люди? Недаром же говорят: «Хорошее дело браком не назовут». Неужели все-таки Бог создал институт брака?

М. Лайтман: Зная людей, зная мир животных, которым мы в этом подобны, мы видим, что институт брака не создан человеком искусственно, а возник на основе наших природных свойств, на низшем, животном, гормональном уровне. Мы видим подобие брака в животном мире, когда происходит соединение для воспроизведения потомства.

Каббала раскрывает причины этого: почему именно таким образом были созданы элементы, взаимодействующие по принципу притяжения противоположностей (плюс и минус, электрон и позитрон), почему сливаются молекулы и атомы, почему для создания, рождения нового необходимо соединение двух разделенных между собой противоположностей.

На примитивном уровне существуют формы, когда они не разделены, а мужская и женская часть существуют в одном теле, соединены между собой и вместе участвуют в продолжении жизни. Но уже на животном уровне мужская и женская части сталкиваются с проблемой соединения для создания новой жизни. Уровень высших животных и человека построен на взаимодействии.

Почему это так устроено в природе? Потому что природа стремится возвысить человека до такого уровня развития, когда он принимал бы сознательное участие в этом процессе, понял бы, оценил, постиг его космический, вселенский масштаб, одобрил бы его. При этом человек поднимается на самый высокий уровень природы, что и является целью существования мироздания, в том числе, нашего мира.

Взросление занимает треть жизни человека, поэтому брак – соединение мужской и женской частей, породивших его, – должен быть длительным, совершенным, чтобы успеть передать ребенку всю необходимую информацию, накопленную родителями.

Человека необходимо воспитать, наполнить: он рождается абсолютно пустым и ничтожным, в отличие от животного, которое в течение первых дней жизни приспосабливается к окружающей среде. Человеческого детеныша надо постоянно охранять, воспитывать, пестовать, лелеять, наполнять огромным количеством информации, чтобы он стал пригодным для существования в этом мире.

Для этого и существует институт брака, потребность в нем заложена в нашей природе.

Природа вызывает в нас любовь к детям, иначе мы не соединялись бы и не смогли бы дать им возможность существования.

ТАК ВОТ ДЛЯ ЧЕГО НУЖНА СЕМЬЯ!

Е. Литварь: Значит, этот институт создан не для папы и мамы, мужа и жены, а исключительно для продолжения рода, то есть для детей?

М. Лайтман: Для отдачи! Для передачи, распространения, выхода из себя вовне.

Е. Литварь: Значит, недовольство тем, что в семье что-то не так, я недополучаю, меня меньше любят, меня меньше наслаждают, вызвано тем, что все происходит в противоречие закону отдачи, и каждый ищет в браке собственного наслаждения, не понимая, что брак создан для ребенка?

М. Лайтман: Верно. У некоторых видов животных родительские особи погибают, рождая потомство, либо полностью истощаются только для того, чтобы дать жизнь новому поколению, выкормить, вырастить его.

Мы должны этому учиться, ведь в нас этого нет. Мы пытаемся восполнить этот недостаток на нашем уровне с помощью всевозможных технологий. Огромное количество людей работает на то, чтобы помочь женщине осуществить такой естественный процесс как роды, вскармливание и развитие младенца, сколько приспособлений существует вокруг маленьких детей. Но это не возмещает нашу базисную ошибку, наше отношение к этому.

В наше время в развитых странах люди не хотят иметь детей, стремятся к эгоистическому наполнению, к ощущению свободы. Человеку уже мало одной комнаты, а необходима квартира из нескольких комнат, чтоб он чувствовал себя абсолютно не связанным ни с кем и ни с чем. Соединить свою жизнь с другим человеком, жить в одной квартире, рожать детей, их воспитывать, с утра до вечера думать о них. Ради чего? Какое удовольствие даст мне семья? Такое отношение – это следствие развития в человеке серьезного эгоизма.

Только с помощью раскрытия Высшего мира, своего следующего состояния, цели творения, человек сможет увидеть перспективу – что ждет его, если он так будет себя вести. Видение будущего отрезвит его. Ощутив будущее явно, как настоящее, он увидит, что происходит с ним, и из эгоистических побуждений захочет изменить свою жизнь. Только каббала, раскрывающая тайный мир, может дать человеку такое видение, которое вынудит человека измениться, перевесив его эгоизм.

ЦЕЛЬ НЕ В ТОМ, ЧТОБЫ РОДИТЬ ПОДОБНОГО СЕБЕ МАЛЕНЬКОГО ЭГОИСТА И БЕСЦЕЛЬНО РАСТИТЬ ЕГО. А В ЧЕМ? И ЗАЧЕМ МНЕ ВООБЩЕ ЭТИ МИЛЛИАРДЫ ЛЮДЕЙ, ЖИВУЩИХ НА ПЛАНЕТЕ ВМЕСТЕ СО МНОЙ?

М. Санилевич: Семья нужна для того, чтобы человек научился заботиться о ближнем.

М. Лайтман: Только для этого она и существует.

 Для того мы и созданы с желанием создать семью, рожать детей, растить их, воспитывать, чтобы проявить свои отдающие свойства остальным элементам природы. Природа закладывает в нас инстинктивную, животную любовь, чтобы мы поневоле отдавали, приучались к этому и постепенно выходили на более высокие уровни отдачи, и так – вплоть до уровня Творца.

Е. Литварь: Получается, Высшее управление создало в человеке обманное ощущение любви, тяги к другому лишь в качестве приманки для того, чтобы он родил и воспитал нового человека?

М. Лайтман: Цель не в том, чтобы родить подобного себе маленького эгоиста и бесцельно растить его. Человек должен осознать, что конечная цель – это достижение наивысшего уровня природы, свойства отдачи и любви, поэтому мужчина и женщина созданы нуждающимися друг в друге и в детях, чтобы понять, почувствовать, научиться у природы этому свойству на примитивном, животном уровне и поднять его на уровень человеческий.

Вот в чем причина того, что мы созданы раздельно существующими мужскими и женскими элементами и, соединяясь, порождаем следующее поколение. В этом и заключается необходимость существования института брака.

М. Санилевич: Тогда почему не достаточно учиться любить детей и жену? Зачем мне любить ближнего, эти миллиарды людей?

М. Лайтман: Организм человека состоит из многих противоположных, взаимно уравновешивающих систем: сердцебиение, расширение сосудов, компенсационные сокращающие системы и так далее – все построено на кажущемся противоречивым взаимном равновесии.

Так же и между людьми существует много систем по выходу из эгоизма. Наш эгоизм – он многослойный, и он должен проявить себя как отдающий и любящий на многих уровнях, начиная от чисто инстинктивного, животного и кончая наивысшими слоями, поэтому здесь надо использовать все возможные связи.

Каббалист продвигается в мужской группе с себе подобными, стремящимися постичь Творца. И рождение в такой группе «духовного ребенка» – это создание духовной связи ее членов между собой, к которой приводит их общее желание приподняться над своим эгоизмом во имя достижения свойств любви и отдачи. Когда десятки мужчин создают между собой такое взаимное отношение абсолютной и бескорыстной любви, они рождают очень сильное общее устремление вверх. Они его порождают, принимая свой эгоизм как женскую часть, а свое стремление к духовному как мужскую часть.

Но это следующий этап взаимодействия между мужской и женской частями в нашем внутреннем мире. Это практическая реализация советов каббалистов.

КАЖДАЯ ЖЕНЩИНА НА ОСОБЫХ УСЛОВИЯХ И ЗА ОСОБУЮ ПЛАТУ БУДЕТ ПРОДОЛЖАТЬ ЧЕЛОВЕЧЕСКИЙ РОД. НЕУЖЕЛИ?

М. Санилевич: Вопрос: кто в семье должен быть главным?

М. Лайтман: Главным должно быть то, что называется Творцом – свойство отдачи, ради совместного достижения которого мы связываемся друг с другом. Главным должен быть идеал – взаимная отдача, производная от двух партнеров третья сила. Ею должны определяться все действия и взаимоотношения внутри семьи. И тогда исчезает эгоизм, нам уже просто уступать друг другу, чтобы достичь этого свойства, мы становимся любящими и безостановочно наслаждаемся друг другом. Наши чувства, взаимоотношения при этом расширяются, и мы вместе поднимаемся к этому общему идеалу.

М. Санилевич: Это напоминает ситуацию, когда человек «за Родину», то есть за идею, мог отдать жизнь?

М. Лайтман: Психология объясняет, что это лишь эгоистическое желание проявить себя, утвердить свое «Я». Любовь к Родине, к партии и к чему бы то ни было – это не более чем эгоистическое самоутверждение.

Е. Литварь: Существуют ли какие-либо духовные обязательства мужа перед женой и жены перед мужем?

М. Лайтман: Если мы говорим о настоящей любви, то духовные обязательства обязаны существовать. Именно они определяют все остальное. А на животном уровне никакие обязательства, клятвы не помогут. Люди не в состоянии удержать себя, если только нет общего обязывающего Высшего идеала, выше, чем эта жизнь.

Этим и объясняется такой скачок количества разводов в мире, потому что вся история – это постепенное, но непрерывное развитие эгоизма, который в наше время гиперболически растет и не поддается ограничению никакими рамками.

Люди сегодня не хотят ощущать себя связанными: они хотят свободно передвигаться по всему миру, пользуются Интернетом, выходят в гиперпространство, постоянные связи им не нужны. Они хотят удовлетворять свои сиюминутные желания, не терпят давления и ограничений. Таков сегодняшний эгоизм.

Поэтому институт брака невозможно удержать моралью, либо, тем более, понуканиями. Все понимают бесполезность, бессмысленность этого.

Как изменился человек за последние сто лет! Он не способен сегодня принять на себя чужое давление. Он может работать только в осознании какой-то Высшей цели. На земном, животном, инстинктивном уровне, на котором мы сегодня существуем, института брака больше не будет. Развитие технологии позволит искусственно создавать детей и растить их, как в страшных фильмах. Можно будет заплатить людям за то, чтобы они встретились и произвели на свет ребенка. Таково будущее человечества. Каждая женщина будет за определенную плату либо в обмен на особые условия продолжать человеческий род. А иначе она и не захочет рожать.

В конце концов, человек будет вынужден осознать истинный закон природы, закон духовный, выше нашего животного уровня.

О ДУХОВНЫХ ПРОЦЕССАХ И ЗАКОНАХ. О НАШИХ СВОЙСТВАХ, КОТОРЫЕ, СОГЛАСНО КАББАЛЕ, МОЖНО ИЗМЕНИТЬ ТОЛЬКО СВЫШЕ

М. Санилевич: Написано в Библии: «Не желай жены ближнего своего». О чем идет речь?

М. Лайтман: Библия говорит только о духовных процессах.

Е. Литварь: «Не желай жены ближнего своего» – брата, друга. А жену чужого человека можно желать?

М. Лайтман: Каббала не занимается телесными проблемами человека. Она относится к Высшему уровню, где существуют силы, управляющие нами. Только поднявшись туда, человек может что-то сделать. А до этого мы не в состоянии решать, желать нам или не желать.

Я не могу другому человеку сказать: «Не желай». – «Я желаю. Что я могу сделать? Сделай так, чтобы я не желал».

Не желать – значит, подняться вверх к своему корню, на уровень, где ты исправишь себя и не будешь желать.

 На нашем земном уровне, где мы полностью управляемы законами природы свыше, мы не можем реализовать требование: «не желай жены ближнего своего».

Приказать человеку: «Не желай», – это все равно, что приказать кошке не желать мышку. Это невозможно, так как противоречит природе! Желание приходит Свыше, проявляется в человеке изнутри. В следующее мгновение проявится какое-то другое желание. Он может подавить его под угрозой наказания, но не сможет перестать желать!

 Не желать – значит, исправиться. Исправление – это подъем на уровень отдачи, осознания, на уровень управляющих нами сил.

И без знания каббалы здесь ничего не сделаешь.

Вся Библия, Тора говорит нам только о том, к чему мы должны подняться и что мы должны исправить. Древние пророки не обращаются к нам с требованием сделать что-то на земном уровне. Они прекрасно понимают, что на земном уровне нечего делать. Наш мир – порождение Высшего мира.

Мы видим из жизненного опыта, что ничего сами с собой сделать не можем.

Мы можем давать себе клятву каждый день, и через минуту забывать об этом, потому что мы поступаем исходя из наших свойств, которые можно изменить только Свыше.

Е. Литварь: Фразы, посылы, существующие в Ветхом Завете, воспринимаются людьми прямолинейно.

М. Лайтман: Ветхий Завет говорит о пути человека, поднимающегося на уровень духовных корней, от материи к тем силам, которые ею управляют. И когда он пребывает в осознании, ощущении этих сил, с ним происходят метаморфозы, называемые «исправлениями», о которых и говорится в Завете. Отсюда и название «Завет» – человеку завещано выполнить это. Но сделать это возможно, только следуя советам каббалистов. Они писали исходя из постижения Высшего мира. Поэтому книга называется «святой»: она передана нам Свыше, и так необходимо ее воспринимать. Мы должны подняться до уровня Библии и ее авторов. К этому они нас призывают.

Разве авторы Ветхого Завета говорят о том, как комфортно обустроить человеческое общежитие в этом мире?! Как прожить свои несколько десятков лет – и «будь здоров»? Они призывают нас подняться на уровень органичного, гармоничного, интегрального взаимодействия, любви. К этому призывает книга «Ветхий Завет». Основной ее закон – возлюби ближнего, как себя.

И к этому, я надеюсь, мы придем.

НЕЗАВИСИМОСТЬ

Беседа шестая, в которой мы обращаемся к теме независимости, потому что некоторые из нас загрустили, услышав так много каббалистических аргументов в пользу того, что каждому необходимо жить семейной жизнью, чтобы стать настоящим человеком. Мы, на всякий случай, еще раз интересуемся тем, как стать по-настоящему свободными, — и совет каббалиста нас потрясает. Оказывается, что в поисках независимости, избегая семьи и общества, нуждающихся в нашем участии и исправлении, мы, согласно духовным правилам, становимся еще больше несвободными. И все это потому, что человечеством управляет закон тотальной взаимозависимости.

Еще мы снова слышим о том, что в соответствии с наукой каббала свободы вообще нет в этом мире.

СОБЕСЕДНИК: НИВ НАВОН

Н. Навон: Здравствуйте, д-р Лайтман!

М. Лайтман: Здравствуй, Нив!

Н. Навон: Тема сегодняшней беседы – независимость.

М. Лайтман: Независимость человека или независимость вообще?

Н. Навон: Независимость человека. Это понятие сопровождает нашу жизнь с самого рождения: первый самостоятельный вдох, самостоятельный шаг. Нас воспитывают быть самостоятельными, чтобы никто над нами не властвовал, чтобы мы были свободны от каких бы то ни было ограничений. Понятие самостоятельности, независимости ассоциируется с наличием силы, мощи. Как сегодня в нашей жизни человек может достичь такого качества?

ЧЕЛОВЕК НЕ ЧУВСТВУЕТ, ЧТО ОН НЕ СВОБОДЕН. КАК ЖЕ ЕМУ ДОСТИЧЬ НЕЗАВИСИМОСТИ, ЕСЛИ ОН НЕ ОСОЗНАЕТ РАБСТВА?

М. Лайтман: Я думаю, что человек, живущий в современном мире, не задумывается о независимости. Ведь он не чувствует себя в рабстве: рабства нет.

Он также не чувствует постоянной угрозы со стороны конкретной силы, что заставило бы его признать свою зависимость, поэтому люди не задают вопросов о независимости. Каждый может посетить любую страну мира, может путешествовать, идти на работу или не идти, покупать те или иные продукты, жениться по своему выбору, то есть человек в своих повседневных действиях не чувствует, что не свободен.

Н. Навон: Но ведь на него оказывают давление: он обязан работать, содержать семью.

М. Лайтман: Он может не работать, не обзавестись семьей, – его не вынуждают к этому напрямую. Рабство означает, что я тебя поймал: ты мой раб, и я могу тебя наказывать, если ты в точности не выполнишь мои желания. Сейчас такого нет, а потому человек не чувствует, что он не самостоятелен. Он сам выбрал эту работу, эту жену и все остальное.

Н. Навон: Якобы сам поместил себя в рабство?

М. Лайтман: Верно, а потому не говори, что у тебя нет самостоятельности. Чтобы современный человек понял свое рабство, он должен о многом задуматься.

Н. Навон: То есть Вы говорите, что нельзя достичь независимости, если прежде не осознать рабство?

М. Лайтман: Безусловно, как «преимущество света из тьмы»: мы обязаны измерять одно относительно другого. Если бы я раньше был царем, а потом стал рабочим молокозавода, то почувствовал бы различие.

Н. Навон: Как раз на молокозаводе хорошо зарабатывают!

М. Лайтман: Возможно! Но там начинают работать очень рано, а царь, очевидно, спит до 11 утра, потом 2 часа завтракает – так мы, как маленькие дети, представляем себе царскую жизнь! Поэтому я говорю, что любое явление всегда необходимо измерять относительно его противоположности. Мы этого не знаем. Мы также не понимаем, где живем, почему именно таким образом и зачем. В чем суть тех действий, которые мы обязаны выполнять? Мы производим множество движений в нашей жизни, но кто нас к ним обязывает?

Часть действий обусловлена природой: нам необходимо есть, пить, спать, мыться и т.д. Но природа это также и я, а потому я не чувствую, что на меня давит и мной управляет некая посторонняя власть. Поэтому я не осознаю своей несамостоятельности.

Выходит, что если человечество борется против рабства и ограничений свободы, то только для того, чтобы достичь того уровня, на котором мы сегодня живем, и не более. Сегодня во всем мире почти нет освободительных движений, которые боролись бы против каких-то режимов или рабства, а есть только парламентская деятельность партий.

Если человек на самом деле свободен, то почему он постоянно чувствует себя обязанным? Если мы углубимся в этот вопрос, то увидим, что у нас вообще нет свободы. С утра до вечера я делаю вещи, которые обязан выполнять: есть, пить и спать, учиться и работать, обслуживать себя и семью, хорошо относиться к миру и оберегать себя от него и т.д. Почти все мои действия обязательны, но если так живут все, то «страдания многих – наполовину утешение».

Однако есть еще вопрос: а кто такой я? Я родился в семье, которую не выбирал, получил воспитание и живу в обществе, которое не выбирал. Свои свойства я тоже не выбирал. Когда после детства я вышел в самостоятельную жизнь, то от меня ничего нет. Меня сформировали так, как хотел кто-то: природа, высшая сила, семья, родители, учителя.

ПРЕЖДЕ ЧЕМ ОСВОБОДИТЬСЯ ОТ ЭТОГО МИРА, НАДО СНАЧАЛА ВЫПОЛНИТЬ ВСЕ ЕГО ЗАКОНЫ

Н. Навон: Говорят, что за все отвечают гены.

М. Лайтман: Да, гены, гормоны. Если так, то получается, что я не выбирал ни свою внешность, ни кто я такой, ни время, ни пол, ни национальность – ничего! Я также не выбирал общество, которое сейчас оказывает на меня воздействие и обязывает. Так кто же я? Возможно, я это именно вопрос «кто я», находящийся между тем, что я получил в прошлом от рождения и воспитания, и тем, что получаю сейчас от общества, окружения, семьи, работы. Всем им я тоже что-то должен. Так кто же я? – Только этот вопрос!

Поэтому наука каббала объясняет, что в нашем мире у человека нет свободы. Свобода находится над нашим миром, то есть при условии, что человек приобретает свойства, не зависящие ни от его белкового тела, ни от окружения. Выше тела и окружения находится душа, и ее необходимо обнаружить. Она есть у каждого, и если человек начинает ее чувствовать, то в ней он ощущает себя свободным. Это называется «быть свободным народом в своей стране». Тогда ты действительно свободен, а страной называется желание, возвышающееся над земным уровнем, то есть желание души.

Н. Навон: Но я хотел бы сначала почувствовать себя свободным от давления общества…

М. Лайтман: Ты можешь от этого давления освободиться только тогда, когда выйдешь в желание души. Но каково желание души? – Оно противоположно желаниям тела, твоим нынешним желаниям. Желания тела означают, что ты хочешь впитать, получить от мира все в нем существующее в свою пользу. Я хочу все, что вижу для себя хорошим, от чего мне будет польза – это называется «телом», желанием получать.

 Если я выхожу из себя и начинаю ощущать других, то это называется душой: я хочу жить в них, любя и отдавая, существовать вне себя, оставить себя.

Ведь внутри себя я раб, я запрограммирован, я сформирован. Это не «Я»!

А кто такой «Я»? – Если я перестаю думать о себе и начинаю соединяться с ближним, согласно правилу «Возлюби ближнего, как самого себя», то, именно благодаря этому, обретаю свободу. Ощущение чужих желаний неживого, растительного, животного и человеческого уровней природы, от которых я не хочу получать, а в которые хочу включиться, выплеснуть себя на них, называется желание души, желанием отдавать. В этом желании я чувствую себя свободным.

Свободным от кого и от чего? От себя самого, которого так родили, воспитали, сформировали и обязывают в этом мире – от этого я свободен!

Н. Навон: Я помню, что после военной службы хотел почувствовать свободу, быть независимым. Что я сделал? Представил себе, что значит быть свободным и независимым: я один, никто на меня не давит и не обязывает – ни работа, ни семья, ни общество. Как достичь такого покоя, когда мне просто хорошо быть в самом себе?

М. Лайтман: Ты что-то предпринял в то время и почувствовал себя свободным?

Н. Навон: Да, в то время почувствовал. Но жизнь продолжалась, и я вновь ощутил обязательства относительно семьи и работы.

М. Лайтман: Мы должны понять, что если я родился в теле, живу в обществе, если так устроена жизнь на земном шаре, то я не могу быть свободным от своей природы. Я обязан существовать, содержать себя, заботиться о себе. Также у меня есть обязанность со стороны тела жениться, и тогда я должен заботиться о своей семье. Если я хочу использовать общество, то должен ему отдавать, чтобы получать взамен. Получается, что никто не свободен, то есть термин «свободный», возможно, неверный, ведь я не могу быть свободным уже потому, что существую в этом мире – я не могу быть от него свободным.

Н. Навон: Но если не от него, а в нем?

М. Лайтман: Если я ставлю вопрос так, чтобы быть свободным выше него, то все, что касается этого мира, я обязан выполнять, ведь без этого я не могу существовать. Но есть еще некое пространство, сфера, место, где я могу быть свободным. Как ты говоришь, что хотел отдалиться от всех и быть один.

Н. Навон: Абсолютно верно – быть в этой сфере.

М. Лайтман: Так вот, эта сфера называется душой.

Душа – это нечто огромное, намного больше этого мира. В ней ты чувствуешь себя свободным, поскольку не зависишь от тела: поднявшись над ним, ты ощущаешь другие воздействия и иначе связываешься с реальностью, которая тебе раскрывается.

Н. Навон: Но сегодня человек и так отталкивает от себя обязательства: не женится, не работает, – чтобы закрыться в себе и жить в этой сфере.

М. Лайтман: Это не делает его свободнее.

Н. Навон: Разве нет?

М. Лайтман: Я этого не вижу. Достижение свободы вообще не находится в плоскости этого мира, где ты обязан действовать, исходя из полученных при рождении свойств и воспитания.

Н. Навон: Я хочу быть с ними.

М. Лайтман: И все-таки ты обязан быть в семье. Ведь если ты убегаешь от семьи, общества, мира, то еще более не свободен.

Н. Навон: Почему?

М. Лайтман: Потому что должен заботиться о своем существовании. Но что это за существование? Будешь просить на улице милостыню или уйдешь в пустыню? Это потребует от тебя еще большего напряжения, больше усилий, чтобы выжить. Говоря о независимости, ты полагаешь, что не должен есть и пить, что это якобы у тебя будет изначально. Но это не так. Необходимо все-таки понять, что наша жизнь – это жизнь человека в обществе со всеми вытекающими обязательствами.

До сих пор все попытки человечества достичь свободы выбора и независимости не дали результата. А верное решение, которое человечество еще не раскрыло, но которое ему сейчас предстоит реализовать, состоит в достижении души. В душе мы свободны.

Быть свободным – означает достичь уровня души и на этом духовном уровне жить параллельно физическому существованию. И тогда в физическом существовании ты не почувствуешь никакого давления, угрозы, обязательств или отсутствия свободы.

Н. Навон: В чем состоит мое отношение к обществу в душе? Что такое душа?

М. Лайтман: Достигая отдачи ближнему, ты приобретаешь новые желания, мысли, ощущения поверх своего эгоистического желания, в котором чувствуешь эту жизнь.

Когда ты выходишь в ощущения других людей, то это называется духовной жизнью. И там, поскольку ты чувствуешь не внутри, а вне себя, ты по-настоящему свободен. Ты только представь себе понятие отдачи!

ОБ АБСОЛЮТНОЙ ЛЮБВИ, ВНУТРИ КОТОРОЙ КАЖДЫЙ, ОТДАВАЯ ВСЕ ДРУГИМ, БЕСКОНЕЧНО НАПОЛНЯЕТ СЕБЯ

Н. Навон: Что это значит?

М. Лайтман: Во-первых, я не забочусь о себе.

Н. Навон: Это хорошо!

М. Лайтман: Хорошо уже то, что ты со мной согласен! Но я забочусь о ближнем – и это плохо.

Н. Навон: Это обязывает.

М. Лайтман: Верно. Но в этом обязательстве ты находишь свое существование.

Заботясь о себе, ты становишься рабом. По сути, это и называется рабством. Но когда ты выходишь в заботу о других, то это называется «возлюби ближнего, как самого себя». Это значит, что так, как раньше ты любил себя и эгоистически о себе заботился, сейчас ты относишься к ближнему. Это называется независимостью.

Н. Навон: Почему? В чем это проявляется?

М. Лайтман: Ты работаешь с чужим желанием, ведь вообще без желания ты не можешь существовать, не можешь отключиться от всего и быть свободным. Поэтому ты берешь желание ближнего и начинаешь заботиться о ближнем, как заботился о себе.

Тем самым ты начинаешь чувствовать такую энергию и силу, такое наполнение, которое покрывает прилагаемое тобой усилие.

Н. Навон: Откуда я это получаю?

М. Лайтман: От любви, внутри которой ты, отдавая, бесконечно наполняешь себя, получая энергию и желание других людей – без границ. Стоит попытаться это сделать, ведь именно поэтому мы называем духовный мир вечным и добрым: новое отношение к ближнему дает нам ощущение духовности. И тогда человек не устает и ничем не ограничен – он чувствует себя свободным. Трудно в рамках получасовой беседы объяснить этот процесс, но необходимо раз за разом делать попытки его реализовывать. Постепенно человечество к этому придет, и сейчас начинается битва за истинную независимость.

Н. Навон: Что это значит?

М. Лайтман: Современный кризис обязывает нас считаться с другими людьми. В конечном итоге мы придем к такому состоянию, когда начнется битва за независимость человека. Постепенно, этап за этапом человек выйдет из эгоистичной заботы о себе и начнет думать о других. За счет этого мы придем к глобальной интегральной связи между людьми, выйдем из кризиса и почувствуем себя свободными.

Н. Навон: Опишите, пожалуйста, это ощущение. У него есть разные уровни?

М. Лайтман: Конечно. Все каббалистические книги описывают различные ступени выхода человека из себя относительно ближнего. На языке каббалы эти ступени называются **сфирот**[14] и **парцуфим**[15].

 По правде говоря, нет других людей, а есть одно огромное желание, называемое Творец. Тебе только кажется, что ты якобы начинаешь заботиться о ближнем – на самом деле это огромный мир внутри тебя.

Этот мир вечный, поскольку не зависит от твоего тела. Он совершенный, так как не зависит ни от количества наслаждений, которые ты пытаешься в себя втиснуть, ни от зависти и ненависти к соперникам, с которыми соревнуешься. Ты приобретаешь это ощущение, и оно не исчезает. Напротив, оно постоянно растет и расширяется.

---

14 **Сфирот:** (мн. число от «сфира») различные свойства, которые принял на себя Творец относительно творений, всего их десять: кэтер, хохма, бина, хэсед, гвура, тиферет, нецах, ход, есод, малхут.

15 **Парцуфим:** (мн. число от «парцуф») духовное тело, желание наслаждаться Творцом, снабженное экраном – силой преодоления, сопротивления эгоизму, желанию получать наслаждение с намерением «для себя».

ОБ ОДНОМ ЗАКОНЕ, КОТОРЫЙ НАХОДИТСЯ МЕЖДУ НАМИ И НЕ ПОЗВОЛЯЕТ НОРМАЛЬНО ЖИТЬ, ПРИЧЕМ, НИКОМУ ИЗ НАС

Н. Навон: Сегодня в связи с экономическим кризисом человек чувствует, что борется за свою самостоятельность: оставят его на работе или нет. Он хочет сохранить свою экономическую независимость. Какой совет ему можно дать для реализации себя согласно приведенному объяснению?

М. Лайтман: Есть удары, которые необходимо пройти – другого выхода нет.

Пока мы не поймем, что должны выйти из эгоизма, мы должны страдать, так как страдание само по себе приводит нас к потребности найти решение. Получив небольшой щелчок, ты не относишься к нему серьезно, не ищешь тут же путей спасения. Но если удар следует за ударом, то это заставляет тебя увидеть в них методичность и направленность, причину и следствие.

Очевидно, удары приходят не случайно, и не только ко мне, но и ко всей реальности, ко всему миру, ко всем людям. Что-то здесь происходит! Но что и по какой причине? То, что удары сегодня поражают весь мир, а не одну или несколько стран, говорит о том, что мы имеем дело с природой. И тут перед нами встает извечный вопрос: что природа с нами делает? Ведь под воздействием общего удара мы чувствуем себя маленькими детьми. Поэтому нет разделения на Европу, Россию, Америку, арабские страны и прочее. Мы стоим против чего-то огромного: что происходит со всем человечеством?

И по мере нашего продвижения этот вопрос будет все более критическим, поскольку, с одной стороны, ни у кого не будет решения, а с другой стороны, без решения мы катимся к уничтожению. И если в этой ситуации находится все человечество, то кроме природы спрашивать больше некого. Поэтому я очень надеюсь, что исходя из общего отрицательного ощущения, люди начнут спрашивать правильно.

Н. Навон: Вы говорите о решении на общем уровне. Что все-таки человек может сделать лично?

М. Лайтман: Я могу сказать, что на индивидуальном уровне, конечно, если человек услышит, нет большего спасения, чем каббалистические книги. Они дают человеку объяснение и силу подняться над своей природой, из-за которой он получает удары.

Н. Навон: Что есть в этих книгах?

М. Лайтман: Они говорят о свободе выбора, о себялюбии и любви к ближнему, о том, как справиться с природой, быть с ней связанным и уравновешенным. Они учат видеть за происходящими в этом мире событиями приводящие их в действие силы. Все это позволяет правильно понять окружающий мир. Сегодня каждый человек обязан хоть немного понимать мир, в котором мы живем, а это объясняется только в каббалистических книгах.

Прежде, когда мы жили в мире, который не был интегральным и глобально связанным, мы обучали ребенка профессии, отношению к обществу, к себе самому, противникам и соперникам. После 20 лет воспитания он выходил в мир и жил там. Если сегодня мы находимся в новом мире, то обязаны подготовить к нему и себя, и других людей, и детей.

Ведь сегодня мы пребываем в новой сети сил, и никто не знает, как ей противостоять. Эта сеть воздействует на нас – посмотри, что она с нами делает! Мы чувствуем себя так, будто ничего не понимаем в этом мире: ни в семейных отношениях, воспитании или жизни общества, ни в экономике и производстве, – все заморожено, парализовано. Это означает, что нами управляет некая новая сила, новый закон, который находится между нами и не позволяет нормально действовать, хотя бы как раньше. Нам и прежде не было особенно хорошо, но пусть хотя бы все остается, как было. Но сегодня и этого нет – все просто застыло.

Н. Навон: Каким образом человек чувствует этот закон? Он многообразен или однозначен?

 М. Лайтман: У природы один закон: мы обязаны быть взаимно связаны. Природа требует, чтобы мы были единым интегральным, глобальным организмом. Сегодня принято сравнивать человечество с малой деревней, и такую форму мы обязаны приобрести в наших взаимоотношениях. Понятие «глобальной деревни» означает, что каждый заботится о других, как в небольшом поселении.

Н. Навон: С чего же начать?

М. Лайтман: С того, что все средства коммуникации начнут об этом говорить, а ученые начнут этот вопрос исследовать. Все люди, занимающиеся изучением природы и общества, социологи, психологи, политики и политологи должны исследовать этот феномен в глубину, чтобы понять наше положение. Ведь сейчас, с одной стороны, все говорят, что мир изменился, стал новым, с другой стороны, хотят старыми средствами добиться в нем положительных результатов. Это не пойдет и не идет – мы это видим! Поэтому, прежде всего, необходимо узнать, где мы находимся.

Я не советую всем читать каббалистические книги и вообще не говорю сейчас о каббале. Просто здравый смысл подсказывает, что если проявилось нечто новое в мире, то это явление необходимо исследовать. Особого желания к этому я не вижу и понимаю, почему: у исследователей нет для этого инструментов, они не знают, как исследовать. Явление находится выше человека, выше человеческого общества, оно глобальное – раскрытие общей природы. Получается, что мы для этого малы.

Неживая, растительная и животная части природы, то есть вся экология, существуют между собой в равновесии. Только человек делает то, что ему хочется, и тем самым нарушает баланс. Поэтому сейчас мы получаем отрицательный отклик природы, которая требует, чтобы мы себя уравновесили подобно остальным уровням. До сих пор мы разрушали планету, а сейчас должны достичь объединения, равновесия и гармонии с ее неживой, растительной и животной частью, а также между собой. А если этого не сделаем, то закон природы, требующий единства всех форм жизни на земном шаре, доставит нам неприятности гораздо более серьезные, чем нынешний кризис.

Н. Навон: И это относится также к индивидуальному уровню?

М. Лайтман: Это касается каждого человека.

Н. Навон: То есть я могу начать действовать в этом направлении?

М. Лайтман: Все приглашаются!

СУПРУЖЕСТВО

Беседа седьмая, в которой мы вновь возвращаемся к теме союза мужчины и женщины в попытках раскрыть секреты той самой отсутствующей в нашем мире абсолютной и бескорыстной любви, к которой стремятся каббалисты. И узнаем еще кое-что интересное.

Например, о единственно стоящей причине, по которой, с точки зрения каббалиста, стоит создавать семью.

Но это не все, что хотелось бы узнать. Например, что это за каббалистический «экран», с помощью которого соединяются в единое целое и мужчины, и женщины?

И как его приобрести?

СОБЕСЕДНИК: МАУРО АДМОНИ

М. Адмони: Сегодня я хочу поговорить на тему, которая занимает нас большую часть жизни – это взаимоотношения между мужем и женой. Здравствуйте, профессор Лайтман.

О ЕДИНОЙ ДУШЕ, РАЗБИТОЙ НА МНОЖЕСТВО ЧАСТЕЙ, КАЖДАЯ ИЗ КОТОРЫХ ЕЩЕ И ПОДЕЛЕНА ПОПОЛАМ

М. Лайтман: Мы всегда говорим о том, что существовала единая душа в самом высоком состоянии, которая разбилась на множество частей, и все эти части должны в конечном итоге объединиться и вернуться к первоначальному состоянию.

М. Адмони: Я хочу спросить, с какой целью, кроме этого разделения, произошло еще и дополнительное разделение на два пола, на мужчину и женщину, которые должны стать парой? Для чего все это нужно?

То, что происходит в духовном мире в одном теле, у нас происходит в двух телах: в мужчине и женщине. В духовном мире это происходит в душе, там есть сила отдачи и сила получения, мужская и женская части. Обе эти части гармонично работают в одном **теле**[16]. Так как эта гармония нарушилась из-за разбиения души, которая разделилась на получающую и отдающую части, в нашем мире мы тоже существуем в двух телах, в теле мужчины и в теле женщины. Эти два тела, мужчина и женщина, рождают свои новые состояния, которые называются детьми, потомством, что справедливо как для нашего мира, так и для мира духовного. Таким образом, наш мир – это отражение духовного мира, только в духовном мире это происходит в одном объекте, а в нашем мире разделено на несколько.

М. Адмони: Хорошо. Скажем, это действительно отражение, но так или иначе мы видим, что между мужчиной и женщиной существует некая сила, какое-то напряжение, которое испокон веков движет миром.

М. Лайтман: Это тоже следствие духовного мира. В нашем мире нет ничего иного, все нисходит свыше.

О СИЛЕ, КОТОРАЯ ДВИЖЕТ МИРОМ

М. Адмони: Что это за сила? Ведь все самые большие войны, все наши желания, все, что мужчина и женщина делают в мире – все, все это вертится вокруг этой силы. Что это за сила?

---

16   **Тело**: духовным телом в каббале называется желание, разделенное с помощью антиэгоистического экрана на рош (голова – принимающая решение часть), тох (туловище – внутренняя часть, наполненная светом Творца), и соф (окончание – пустая часть, не заполненная светом).

М. Лайтман: Эта сила сопротивления, столкновения, противоречия, противодействия, которое существует между силой отдачи и силой получения. Они как будто желают друг друга, нуждаются друг в друге, ищут друг друга, но не знают, по какой формуле связаться, достичь связи между собой.

Тайна этой коммуникации, этой связи между ними, все еще остается загадкой. Наука каббала приводит к ее реализации, которая называется единством, подлинным единством между ними.

Есть люди, которые раскрыли духовную природу и рассказывают нам, как в духовном мире, в душах, эти две части, мужская и женская – свет и желание получать наслаждение – соединяются между собой с помощью чего-то третьего, что называется связью, или **экраном**[17].

Если мы возьмем оттуда пример, несмотря на то, что нам это непонятно, и используем его в этом мире, мы действительно придем к хорошей и спокойной жизни, тем более в наше время, когда семейная жизнь вообще разваливается.

М. Адмони: Хорошо. Вы говорили о чем-то действительно высоком: есть две противоположности, дающая сила и сила получающая, и между ними есть некая формула взаимосвязи. В нашем мире говорят, что мужчина и женщина дополняют друг друга. Это правильно?

М. Лайтман: Где ты видишь, что они дополняют друг друга?

М. Адмони: Так говорят…

М. Лайтман: Говорят. Они смогут дополнить друг друга только при условии, что смогут приподняться над своей природой, когда каждый захочет, с помощью антиэгоистического экрана, бескорыстно отдавать другому, а не использовать его, как это происходит сейчас.

А сейчас между нами возникает негласная договоренность: насколько я использую тебя – настолько ты используешь меня, и в этой мере мы уступаем друг другу. Это не дополнение, это компромисс, как между двумя государствами или соседями, которые вынуждены жить вместе: ты шумишь, а я веду себя тихо, но мы вместе выбрасываем мусор, вместе платим за него, и т.д. Это не дополнение. Это жизнь, так как мы живем в одном городе.

М. Адмони: Секундочку, профессор. То, что вы говорите, звучит для меня как катастрофа. Это, наверное, так, и мы действительно не дополняем друг друга, но есть немало пар, которые действительно хотят быть вместе и любят друг друга.

---

17 **Экран**: сила сокращения, которая пробуждается в творении относительно света Творца с целью предотвратить самонаслаждение; сила преодоления, сопротивления эгоизму – желанию получать наслаждение с намерением «для себя».

БЕСКОРЫСТНАЯ И НАСЛАЖДАЮЩАЯ ВСЕХ ЛЮБОВЬ – СОСТОЯНИЕ БУДУЩЕГО. А ПОКА – ТОЛЬКО СЕКС И ГОРМОНЫ

М. Лайтман: Нет, нет, нет. Они хотят, но они даже не знают, сколько в каждом из них желаний, которые они скрывают, умалчивают, не выносят на поверхность. В конце концов, все это не настоящее согласие.

Это хорошо, что мы так делаем: я понимаю, что я эгоист, моя жена знает, что она тоже эгоистка, хотя, может быть, и не согласна с этим, и так – каждый из нас. Мы знаем, что мы должны уступать, идти на какие-то компромиссы, чтобы вопреки всему над ними связаться друг с другом. Но это пока еще не совершенство.

Совершенство может быть только от любви. Любви не существует сегодня в семье, ее никогда не было. Любовь – это состояние будущего, к которому человечество должно прийти.

Любовь – это значит, что я знаю все твои желания и принимаю их, чтобы наполнить, а ты берешь все мои желания, чтобы тоже наполнить их, и тогда мы вместе ощущаем общие желания и наполняем друг друга: ты – мои желания, а я – твои. Тогда уже нет никаких ограничений для того, чтобы мы наслаждались постоянно и неограниченно, нет того, что могло бы разъединить нас между собой.

М. Адмони: Но ведь это же, в сущности, и есть история всей нашей жизни. Мы хотим произвести впечатление на женщину, наполнить все ее желания, несмотря на то, что нам не удается.

М. Лайтман: Ты делаешь это потому, что ищешь выгоду, ты делаешь это не ради бескорыстной любви, а потому что тебе это выгодно. Это происходит подсознательно со всеми твоими хорошими мыслями о том, что ты хочешь сделать ее счастливой. Тебе приятно, что ты вкладываешь, отдаешь, в том числе и детям, но все это потому, что ты выигрываешь от этого, тебе это выгодно. Потому это происходит в неправильной форме.

М. Адмони: А почему я чувствую, что мне кто-то нужен, что мне нужна ее любовь и она чувствует то же самое? Что это? Почему мне это нужно эгоистически, что заставляет меня этого хотеть?

М. Лайтман: Только секс, в конце концов, и ничего больше.

Давай нейтрализуем сексуальные желания в человеке, и ты увидишь, что мы перестанем смотреть друг на друга.

М. Адмони: И все-таки есть чувства, есть романтика.

М. Лайтман: Вся романтика, все чувства вызываются только гормонами. И если мы уберем их, то увидишь, что вся красота, вся любовь совершенно исчезнут. Ты просто не будешь знать, о чем идет речь.

М. Адмони: Значит, Фрейд был прав – все дело в сексе и агрессии? Так Вы говорите?

М. Лайтман: Это факт. Мы очень уважаем практическую психологию, которая базируется на опыте этого мира.

О ТЕХ САМЫХ ГРЯЗНЫХ НОСКАХ ИЛИ О РЕЗКОМ СОКРАЩЕНИИ И ПОСТЕПЕННОМ ДОБАВЛЕНИИ РАЗДЕЛЯЮЩИХ ЖЕЛАНИЙ

М. Адмони: Хорошо. Сегодня мы действительно видим в реальности, что супружеские отношения реализуются плохо, многие вообще не верят в институт брака, но есть какой-то смысл сегодня, кроме секса и рождения детей в браке, есть ли вообще смысл в супружестве сегодня?

М. Лайтман: Только если мы превратим семью в средство для духовного возвышения – нам должно стать выгодно соединиться вместе, чтобы прийти к вечности, к чему-то совершенному, к чему-то большему, чем эта жизнь, тогда это средство – супружество, очень важное для достижения духовного, тоже станет духовным.

Я увижу в своем партнере очень важное средство, инструмент, с помощью которого я получу большой выигрыш и тогда буду относиться к этому средству, как к цели.

М. Адмони: Тогда вопрос по горячим следам: почему это важно, почему супружество важно для духовного?

М. Лайтман: Я могу многому научиться в семейной жизни, чтобы прийти к цели. Я могу развить в себе, в семье, такие взаимоотношения, благодаря которым приду к таким взаимоотношениям с Творцом, Природой, со всеми остальными душами. Вся связь с партнером обучает меня, я могу испытать и научиться, как продвигаться дальше и как наладить эту связь со всеми душами, с Творцом.

Сказано: «Муж и жена – Творец между ними». Если я правильно отношусь к своему партнеру, если между нами правильные взаимоотношения, то посередине мы сможем обнаружить Высшую силу. И это при условии, что каждый из нас выполнит свое подлинное назначение, которое называется «духовный мужчина» и «духовная женщина». И тогда мы соединим души и почувствуем Творца, духовный мир. Нам не нужно большего, – мы вовсе не нуждаемся во всем этом большом человечестве, чтобы достичь духовного, – нам достаточно этой семейной ячейки.

М. Адмони: Это прекрасная картина. Так что же это за отношения?

М. Лайтман: Это такие отношения, которые, как мы учим в науке каббала, должны быть между желанием насладиться и светом, между **намерением**[18] **получать**[19] и **намерением отдавать**[20]. Мы должны понять, что означает выражение «Жена человека – это помощь против него». С одной стороны это помощь, чтобы возвыситься, но эта помощь все время как будто находится перед тобой, – как бы напротив тебя. Это происходит таким образом, что ты видишь что-то в ней, а она видит что-то в тебе, и вы вместе выясняете те состояния, в которых надо уступить, над которыми надо подняться, чтобы достичь Творца.

Так должно быть в идеале. Я не говорю, что это сейчас можно реализовать. Но будем надеяться, что в ближайшем будущем мы это увидим.

М. Адмони: Меня это очень как раз привлекает. Я хотел бы опустить это до практического уровня.

М. Лайтман: Откроем школу для молодоженов, а также для родителей?

М. Адмони: Я хочу спросить: случается, что муж и жена любят друг друга, так они чувствуют.

М. Лайтман: Получают удовольствие друг от друга, в простой, обычной форме.

М. Адмони: Да. Но я хочу услышать практический пример того, что Вы сказали, как они дополняют друг друга по принципу «Помощь против него». Допустим, муж и жена чувствуют, что любят друг друга и вдруг что-то происходит, скажем, муж не положил носки в корзину для стирки или что-то случилось с женой. Из-за этого начинается такая ссора, что вообще непонятно, с чего она началась. Мужчина смотрит на жену и вообще не понимает, что с ней случилось. Что там такое, что там, какая сила, которая вызывает все это?

М. Лайтман: Они позволили своим ощущениям владеть собой. А этого нельзя делать. У меня есть с женой договоренность, я все время привожу этот пример, потому что это действительно так: мы никогда не касаемся таких вещей, которые влекут за собой ссору.

М. Адмони: Как это?

М. Лайтман: Мы несовершенны. У меня есть такие черты характера, которые я еще не исправил, у нее тоже.

Мы хорошо знаем друг друга, мы живем вместе уже почти сорок лет, и так мы договорились между собой: мы говорим только о том, что между нами общего, а то, в чем мы не согласны друг с другом, мы оставляем, сокращаем, отодвигаем в сторону.

---

18   **Намерение**: расчет, мотивация творения по отношению к получаемому наслаждению.

19   **Намерение получать**: использование своей природы, собственных свойств с целью доставить удовольствие себе.

20   **Намерение отдавать**: использование своей природы, собственных свойств с целью доставить удовольствие Творцу.

Я беру пример с духовных сосудов. Духовный сосуд – это большое желание насладиться. Та часть желания насладиться, которая может принять свет с намерением отдавать, пожертвовать собой, быть в состоянии любви к ближнему, – эта часть используется, а ту часть, которую нельзя включить в работу, пока не используют, **сокращают**[21], откладывают в сторону до будущего времени.

Что значит до будущего времени? Постепенно придут силы, разум, чувства и правильные взаимоотношения, и мы сможем извлечь еще немного, еще одну часть желания, которой ни я, ни она не смогли использовать правильно. И так мы медленно, постепенно продвигаемся.

Понимание, ощущение, правильное измерение этого выражается в том, что мы все время сохраняем хорошую связь между собой, и каждый проверяет, может ли он добавить к этой связи еще немного своих испорченных желаний, может ли он достичь еще большего, более полного, более совершенного согласия.

И так мы продвигаемся.

М. Адмони: Простите за вопрос, но не кажется ли Вам, что это попытка замести сор под ковер?

М. Лайтман: Правильно, но я учусь этому из науки каббала, я точно знаю свои недостатки, я измеряю их, признаю их, – я знаю, что происходит с ней, она знает, что происходит со мной. Мы понимаем, что мы люди и стремимся к более тесной связи, чтобы те части, в которых мы связаны между собой, постоянно увеличивались, а те части, в которых мы противоположны друг другу, все время уменьшались. И таким образом мы продвигаемся, но уже контролируем процесс.

И я очень рад, что мы нашли для себя такое решение. Я думаю, что я живу хорошо. Каждый день мы общаемся, утром около двух часов мы вдвоем ходим гулять, – каждое утро, с шести до восьми часов, – и в это время мы разговариваем о детях, о внуках. Она рассказываем мне о том, что слышно в мире. Я рассказываю ей об учениках, о том, как прошел урок. Таким образом, нам есть о чем поговорить.

Но есть темы, которые для нас «табу». О них мы просто не говорим. Почему? Не хотим портить настроение, не хотим ссориться. Поскольку все еще чувствуем, что в этих вопросах между нами нет взаимного согласия.

Но мы отдаем себе отчет, что это так. Иногда мы касаемся этого и сразу уступаем. Никто не ступает на территорию другого, мы сразу отходим назад. Такие проверки – они тоже очень полезны. Этим мы показываем, что во имя хороших отношений мы готовы уступить. Это очень по-человечески. Каждый понимает, что такова его природа. Что поделаешь? Мы еще несовершенны.

---

21 **Сокращение**: отказ принять наслаждение, свет Творца, из альтруистических соображений. Властвующий над своими желаниями, то есть удерживающий себя и не получающий наслаждение с намерением «для себя», хотя и очень желающий получить, называется «сократившим» себя.

ТО ЕДИНСТВЕННОЕ, ЧТО ЖЕНЩИНА ХОЧЕТ ОТ МУЖЧИНЫ, И ТО САМОЕ ВАЖНОЕ, ЧТО МУЖЧИНА ЖДЕТ ОТ ЖЕНЩИНЫ

М. Адмони: Хорошо. Я хочу немного вернуться назад. Мы делает акцент на нашем внутреннем, совместном мире, мире духовном, связанным с изучением каббалы. Это действительно кажется мне очень высоким, ведь мы представляем друг другу возможность достичь цели жизни. Но есть вещи, которые не связаны с личными свойствами. Я говорю о тривиальных вещах, таких как домашнее хозяйство, воспитание детей. В таких вопросах всегда сеть разногласие, несовпадение мнений. Как это решать?

М. Лайтман: Постарайтесь все время сохранять точку равновесия – знаешь, это как на весах: ты здесь, а она там – и постарайтесь сохранить равновесие во всем: «сделай, пожалуйста, то, помоги мне в этом». В семье все постоянно крутится вокруг детей, хозяйства, бывают споры, проявление невнимания. Постарайтесь все время сохранять взаимное согласие. Это трудно, но ты знаешь, что, благодаря этому, ты получишь большую выгоду – не просто мир в семье, – ты начнешь раскрывать целый мир, мир духовный. С помощью этого вы начнете строить общий сосуд для раскрытия Творца между вами. Тогда это оправданно, это того стоит. Поэтому я говорю, что без науки каббала ты не сможешь построить семью, в которой будет мир.

М. Адмони: Давайте предположим, что, как Вы сказали, жена – это помощь против вас. Иногда прорывается это «против», вспыхивает спор.

М. Лайтман: Минуточку, против Него – это всегда спор, спор созидательный.

М. Адмони: Вы подчеркнули необходимость учебы. Чему мужчина и женщина учатся на этом примере?

М. Лайтман: Я вижу, перед тобой лежит книга «Статьи Рабаша». Он сам сказал, мой учитель **Барух Ашлаг**[22], что следует вместе с женой читать его статьи: постарайтесь, чтобы духовная часть стала для вас общей, и все остальное станет гораздо лучше. Конечно, будут проблемы, конечно, будут споры, но ищите всегда, как прийти к полезному решению. Нам стоит найти решение, потому что мы получаем крупный выигрыш и не только в этой жизни.

М. Адмони: Давайте остановимся на этой оптимистической ноте. Я хочу спросить Вас, раскройте мне и нашим зрителям такой секрет: у женщин есть много желаний, у мужчин есть тоже много желаний, мужчина многое ожидает от женщины, а женщина – от мужчины. Давайте начнем с женщины: чего она на самом деле хочет от мужчины, что лежит в основе ее желания, что самое главное, что она хочет?

М. Лайтман: Если ты говоришь об истине, женщина хочет духовного наполнения.

М. Адмони: Что значит духовное наполнение? Духовное наполнение – это значит, что я могу отдавать?

---

22 **Барух Ашлаг**: сокр. РАБАШ

М. Лайтман: Когда ты сможешь дать ей духовное наполнение.

М. Адмони: Нет, чтобы она смогла отдавать. Ведь духовное – это способность к отдаче. Разве нет?

М. Лайтман: Нет, нет.

 Женщина хочет получить от мужчины духовное наполнение. И только мужчина может дополнить ту часть творения, которую она сама не способна дополнить.

Это высокие вещи. Я не знаю, стоит ли нам говорить на этом уровне. В обычной жизни мы видим это на уровне этого мира: женщина хочет чувствовать, что у нее есть семья: дети, муж, дом, – и все это принадлежит ей. Если это есть, то на 99% жизнь женщины состоялась.

М. Адмони: Почему она хочет это почувствовать, как это связано с тем, чего ей не хватает?

М. Лайтман: Так устроено в природе, потому что в духовной природе женщина – это дом, сосуд, который мужчина должен наполнить. И как результат этого наполнения, каждый раз возникают новые ступени постижения Творца, которые называются детьми.

М. Адмони: А мужчина, чего мужчина хочет больше: любить женщину или быть любимым?

 М. Лайтман: Мужчина хочет от женщины признания.

М. Адмони: Признания?

М. Лайтман: Да. Ему нужно чувствовать, что женщина его ценит. И если женщина умеет показать это мужчине, дать ему почувствовать, что она им восхищается, что он значителен в ее глазах, что он обожаемый, сильный, особенный, тогда он готов ради нее идти на все. Это слабое место мужчины. Ему нужна поддержка женщины, ее признание. Это следствие духовного мира.

М. Адмони: И как это связано с духовным развитием. Есть у вас пример?

М. Лайтман: Если наше желание насладиться поддерживает желание отдавать, то у желания отдавать появляется сила сделать все. А если желание получать, которое называется «женщиной», не поддерживает желание отдавать, которое называется «мужчиной», то желание отдавать остается слабым. Ведь мужчина – это только отдача, и у него нет той силы желания, которое может дать женщина.

М. Адмони: Значит, мужчина в своем духовном развитии…

М. Лайтман: Нуждается в женщине не меньше, чем женщина нуждается в мужчине.

М. Адмони: Когда каббалист входит в духовное, как это влияет на супружеские отношения?

М. Лайтман: Есть много случаев, когда женщина не находится в духовном, а мужчина – да. Ведь все зависит от желания, – никакого насилия нет, никто никого не заставляет. Но она выигрывает от того, что он находится в духовном, потому что в том, что с ним происходит и к чему он в итоге приходит, есть и доля ее участия, материальная и неосознанная помощь, которую она оказывает ему, хотя и не находится в духовном. Поэтому, хотя будто бы и нет такого, что она в нем находится, ее участие тоже влияет на его духовное развитие. Выходит, что, так или иначе, в этом есть и ее часть.

М. Адмони: Что она выигрывает от этого?

М. Лайтман: Она выигрывает духовное продвижение, даже если совсем не участвует в этом. Она в любом случае выигрывает: она продвигается, хоть и неосознанно, не понимая. Ведь она сама не работает, она должна приложить усилие. Но если не в этом, то в следующем жизненном кругообороте, если она приложит усилие, вся та помощь, которую она оказала мужчине, сохранится в ней как подготовка для будущего продвижения.

М. Адмони: Как это может быть: мужчина прилагает усилие в духовном, и это автоматически переходит к его женщине? Как это происходит?

М. Лайтман: Нет большого отличия между двумя мирами. В конечном итоге, мы находимся в одной системе. Сейчас, когда мы разговариваем, ты, может, говоришь на земном уровне, а я на духовном. Я воздействую на твою душу наряду с телом так же, как ты оказываешь влияние на мое тело, и это соединяется вместе, а затем это раскроется. Скажем, через 10-15-20 лет ты обнаружишь какие-то вещи, раскроешь, что я передал их тебе в этой беседе.

М. Адмони: Ладно, у нас сохранится эта видеозапись. Это касается и наших телезрителей?

М. Лайтман: Да, конечно, это касается каждого. Все мы связаны вместе. Если существует какая-то материальная связь, через нее передаются и все духовные взаимодействия. Я это знаю от своего учителя. Это то, что я от него получил, и то, что я получаю от него сегодня.

М. Адмони: Хорошо. У нас осталось немного времени, и я хочу спросить: когда каббалист входит в духовный мир, приобретает духовное восприятие, его жена, кем она остается для него, кем она становится? Она остается той же самой женщиной, с которой он прожил определенное количество лет?

М. Лайтман: Он все больше и больше благодарит ее за помощь, даже если она в чем-то противится, чего-то не понимает, с чем-то не согласна. Это не важно, – он понимает, что ему стоит ей уступать и продолжать материальную жизнь, если только она не против его духовного продвижения.

М. Адмони: Каббалист действительно ощущает жену как свою вторую половину, как получающую часть? Он на самом деле так чувствует?

М. Лайтман: Если они развиваются вместе. А если нет, то он воспринимает ее как партнера в какой-то части пути. Я надеюсь, что мы придем к взаимопониманию. Вся наша жизнь учит нас, что мы должны решить проблему супружества, и мы ее решим.

М. Адмони: Какой самый лучший совет вы можете дать нашим телезрителям, мужчинам и женщинам, чтобы их взаимоотношения были гармоничными?

М. Лайтман: Мы уже говорили об этом, и я говорю в различных программах при других удобных случаях: взаимные уступки… «Любовь – это животное, которое рождается из взаимных уступок».

ЧАСТЬ ВТОРАЯ: РОДИТЕЛИ И ДЕТИ

СЕМЬЯ

Беседа первая.

Мы начинаем вторую часть книги с того же самого вопроса, на котором закончили первую, а именно: для чего нужна семья? И получаем очень простой ответ на этот вопрос: мужчина хочет иметь своих детей, а женщина — растить их в безопасности, — для этого она и нужна.

А потом мы получаем еще один знакомый нам ответ на тот же самый вопрос, каббалистический.

Кроме этого, мы снова слышим известное мнение каббалиста о том, что нет сегодня ничего, что бы удержало двух людей вместе, в мире, где каждый с трудом терпит себя самого. Но все это, кроме того случая, когда им обоим становится тесно в этом мире.

И еще, нам по-прежнему не очень-то понятно, как реализовать советы каббалиста практически.

СОБЕСЕДНИК: НИВ НАВОН

Н. Навон: Здравствуйте, доктор Лайтман.
М. Лайтман: Здравствуй, Нив.
Н. Навон: Сегодня я хочу поговорить с Вами о семье.
Я расскажу, как я пришел к тому, что стал семейным человеком. Меня подтолкнули к этому довольно неожиданно. Все произошло очень быстро. И вот я женат. Вскоре появились дети. Поверьте мне…
М. Лайтман: Ты что, хочешь сейчас выяснить, почему это произошло?

СЕКРЕТ СОЗДАНИЯ СЕМЬИ

Н. Навон: Я хочу выяснить, что это за импульс, что это за законы природы, которые нас так неожиданно, прямо на середине жизни, толкают на строение семьи?
М. Лайтман: Если ты говоришь о природе, то любому животному понятно, что ему нужна семья. Самке нужно, чтобы рядом с ней был самец, чтобы заботился о ее потомстве, иначе она не сможет его вырастить и обеспечить. Самец хочет, чтобы это было его потомство, и он берет себе самку и готов обслуживать ее и потомство, но чтобы это было именно его потомство. Так появляется семья.
Н. Навон: Но это у людей или у животных?
М. Лайтман: Это абсолютно не имеет значения. Поговори с биологами. Они тебе скажут, что тут нет никакой разницы между нами и животными. Это тот же импульс.
Мне нужно, чтобы какая-то женщина принадлежала только мне. Как мы говорим при обряде бракосочетания: «Ты посвящена мне», то есть из всего мира ты принадлежишь сейчас мне. Почему? Потому что я хочу, чтобы дети были моими. А в обмен на это я готов тебя обеспечивать одеждой, пищей и так далее, и так далее.
Н. Навон: А почему я хочу своих детей?
М. Лайтман: Это всего-навсего простое обоюдное соглашение. Я хочу своих детей, а она хочет растить их в безопасности.
Н. Навон: И к этому толкает нас природа?
М. Лайтман: И поэтому природа толкает нас к этому соединению, которое называется семьей. Если бы не было этой необходимости, то, кроме стремления к спариванию, никто не ощущал бы ничего по отношению друг к другу. Самки и самцы связывались бы просто так, беспорядочно. И в природе – то же самое. Существуют такие виды животных, когда самец заботится о потомстве гораздо больше, чем самка.
Н. Навон: Немного войдем вглубь корней этого явления. Почему мы настолько привязаны к понятью семьи?

М. Лайтман: О, это духовные корни, где мы существуем в одном теле, в одном желании – все души (тело – это желание), и там в каждом из нас есть мужская и женская часть. Посмотри, все природные системы работают таким образом.

Существуют две силы. Одна сила не может действовать в природе. Обязательно должны существовать сила Творца и сила творения: сила Творца как активная сила, действующая в творении, называется «мужчиной», а сила творения, его желание получать, называется «женщиной». По отношению к Творцу мы все являемся «женщинами»: мы от Него получаем, поэтому это так. Любая дающая сила по отношению к силе получающей называется «мужчиной».

 Но не может быть мужчины без женщины.

Поэтому тут нет такого отношения, что якобы один лучше, а другой хуже. Они просто зависят друг от друга. В духовном это абсолютно равные силы.

Мужчина, который во всем властвует и все определяет, зависит от женщины. И действительно, «победили Меня сыновья Мои». Творец дает нам возможность расти, соединяться с Ним по нашей свободной воле. Несмотря на то, что мы являемся женской Его частью, мы все же сами определяем свое развитие относительно мужской части.

Так же и в нашем мире Женщины нам кажутся якобы более спокойными, тихими, но именно их желания определяют все, что происходит в мире, а не мужские. Мы только этого не осознаем.

Н. Навон: Это тоже следствие корней?

М. Лайтман: Это следствие корней.

 В конечном итоге, как женщина захочет – так и будет.

А если что-то происходит без связи с женским желанием, оказывается неверным, например, всякого рода войны.

Н. Навон: То, что вы описываете, звучит, как очень естественная ситуация.

М. Лайтман: Конечно естественная. Более того, если ты поговоришь с биологами, генетиками, зоологами, даже с ботаниками, то узнаешь, что и на неживом уровне есть мужская и женская часть, даже в атомах есть плюс и минус. Иначе и быть не может! И лишь правильная связь между ними приводит к развитию жизни. Так что все это очень естественно.

Так же и наше духовное развитие, так как в каждом из нас есть мужская и женская части на уровне хромосом.

И мы все являемся женщинами по отношению к Творцу, Дающему. Все это совершено естественно, – тут нет ничего выходящего за рамки природных явлений. И я не понимаю, что ты ожидаешь услышать.

Н. Навон: Нет, я, с одной стороны, слышу об очень естественной ситуации, а с другой стороны, я вижу, что нынешняя реальность немного отдалена от этог, то есть я не вижу, что мужчина хочет потомство или…

М. Лайтман: Это потому, что мы все находимся в состоянии окончательной неисправности, я бы сказал даже смертоносной неисправности в нашем мире. Мы уже должны перейти в другое измерение. И в том измерении мы будем вести себя иначе по отношению друг к другу.

НЕТ СЕГОДНЯ НИЧЕГО, ЧТО СМОГЛО БЫ УДЕРЖАТЬ ДВУХ ЛЮДЕЙ ВМЕСТЕ

Н. Навон: Мы живем в такое время, когда проценты разводов все время растут. Мы говорим о семье, о правильных взаимоотношениях между мужчиной и женщиной. Так как же мы должны построить семью, чтобы она была крепкой и никогда не распалась?

М. Лайтман: Нет сегодня ничего, что могло бы удержать двух людей вместе. Нет! Что их удержит?

Н. Навон: То есть как?

М. Лайтман: А что – дети? Мне они безразличны, а детям безразличен я. Они вырастают – и все. Пока я им нужен. Как только они могут от меня отделаться, они уходят из дома. Я говорю сейчас, как среднестатистический отец. И дети сегодня такие же.

Женщина? Есть еще много женщин. Сколько можно терпеть кого-то рядом с собой? Не хочу!

Дальше что? Дом? Какое-то имущество? Какое-то семейное дело? Можно купить. Сегодня у тебя масса возможностей.

Раньше это, прежде всего, была религия – не важно, какая религия, – но она держала пару вместе. Общество, окружение, родственники, которые обычно жили рядом… Гордость, мнение окружающих – «он развелся!» – это было нечто…, люди даже предпочитали страдать, но не разводиться…

Так же было тяжело вырастить детей, содержать их. Тогда рожали по 10-15 детей! Так что это была большая проблема, хотя бы половину из тех, которые выживали, вырастить и вывести в самостоятельную жизнь!

А сегодня у тебя по каждой проблеме найдется решение.

Когда желание получать не хочет чего-то, оно ощущает, что может найти решение. И это наше желание получать настолько велико, настолько жестко, что сегодня оно не ощущает зависимости ни от кого! Оно с трудом терпит само себя.

Человек прибегает к употреблению наркотиков, лишь бы не думать о себе, о своей жизни.

И чтобы рядом со мной был кто-то?! Партнер, на всю жизнь?! А еще эти дети на мою голову?! Как только я вижу их дома, я начинаю нервничать.

Я смотрю на вещи глазами обычного мужчины или обычной женщины. Все стало… Даже сексуальные отношения очень изменились. Есть такие отклонения в этом, что ни мужчины, ни женщины не знают просто, что с этим делать. Это проблема.

Раньше человек все же ощущал обязанность: «я обязан». Мнение общества, мнение родственников, мои обязанности по отношению к семье, к детям…. Сегодня этого уже нет!

 Эгоизм стал больше всех этих ограничений. Вот и все!

И если мой эгоизм стал больше всех этих рамок, так я из них выхожу: уезжаю в другую страну, и мне ни до чего нет дела. Стало очень легко.

Н. Навон: Окей.

ПОЧЕМУ СЕМЬЯ ВСЕ-ТАКИ БУДЕТ

М. Лайтман: И поэтому, нет семьи и не будет.

Семьи у меня не будет до тех пор, пока я не раскрою цель, для достижения которой я обязан находиться вместе с женой, – просто обязан быть с ней! – так как без этого я не достигну этой важной для меня цели.

В нашей жизни нет никакой потребности в другом человеке! У меня есть готовая еда в супермаркете, которую я разогреваю в микроволновой печке, есть стиральная машина – все есть. Я могу заказать домработницу за несколько сотен рублей. Мне ничего не нужно! Нет никаких проблем! Всю жизнь можно играться.

Но если я вижу, что семья нужна мне для того, чтобы продвигаться к духовной цели, которая находится выше всей этой суеты и дает мне вечную жизнь, к цели, которую мне необходимо достичь, если я связываю себя с семьей для достижения духовной цели, которую я не в состоянии достичь без семейных рамок, тогда меня это обязывает. А иначе все мое нынешнее существование, вся эта жизнь – с детьми или без детей, с семьей или без семьи – вообще ничего не стоит!

Тогда и я, и мы вместе с партнером, чувствуем, что нам очень тесно в этом мире.

И в науке каббала это обязательно! Человек не может продвигаться (я говорю о мужчине), если он не женат. Это обязательно! Он обязан ощущать, что связан семейными рамками. Жена, дети, работа, дом, домашнее хозяйство – все, что должно быть в нашей жизни в этом мире обязан иметь каждый, кто хочет достичь духовной цели. Вот так. Каждый мужчина! Женщине это не обязательно.

Н. Навон: Почему?

 М. Лайтман: Мужчина, стремящийся к Творцу, должен заботиться о том, чтобы ему было кому отдавать.

Н. Навон: Это тоже следствие духовных корней?

М. Лайтман: Да. И поэтому на нем лежит обязанность жениться и содержать семью.

Мы знаем, что это женщина держит семью, поддерживает эти рамки, ведь женщина – это дом. Но, все же это ощущение – обязанность содержать семью – очень давит на мужчину. Это положительное давление.

Н. Навон: Если я смотрю на вас, как на пример семейной жизни, то я вижу, что у вас на сегодняшний день очень размеренная семейная жизнь: вы ходите гулять с женой, во всем есть порядок, у вас есть свои рамки. Было ли когда-то иначе в пути?

М. Лайтман: Прежде всего, когда я женился, мне было, кажется, 25, и моя жена знала, что я женюсь и живу с ней только с условием, что я иду своим путем.

Н. Навон: Духовным путем?

М. Лайтман: Да. Но я, со своей стороны, знал, что мне нужно, насколько возможно, обеспечить ее всем необходимым для содержания семьи. Это разделение у нас очень четкое.

Она окончила университет в России, потом окончила университет в Тель-Авиве. Там она выучилась на инженера текстильной промышленности, здесь выучилась на инженера-электронщика и не работала по профессии вообще, кроме тех двух лет. Потом я забрал ее с работы, и она помогала мне в моем бизнесе, пока я работал…

Н. Навон: Это была зубная клиника?

М. Лайтман: Да, в клинике. Растила детей. А я все время заботился о пропитании.

Н. Навон: А как все эти изменения, которые вы прошли – из пентхауза в **Реховоте**[23] в маленькую квартирку в **Бней Браке**[24] …

---

23   **Реховот**: город в Израиле

24   **Бней Брак**: город в Израиле

М. Лайтман: Это все – в том же направлении. Когда я оставил очень хорошую работу в большой зубной клинике, и мы переехали в Бней Брак, чтобы жить рядом с моим учителем, в такую маленькую съемную трехкомнатную квартирку после пентхауза в Реховоте, – да, это было непросто.

Но она знала, что это я. Делать нечего. Она знала, что я это делаю из-за того, что у меня есть нечто важное в жизни. Я готов оставить эти пентхаузы, эти большие деньги, – и тут ничего не поделаешь.

И это разделение мне кажется верным, естественным разделением: мужчина должен обеспечивать пропитание в семье, а женщина должна заниматься домом.

Но мы в путанице: сегодня мужчина до сорока лет живет с мамой. Я вижу, что это принято во всех странах. Это действительно странно. Не хотят жениться, им хорошо с мамой.

Разные были ситуации в нашей жизни. Но всегда я знал, что дети и семья – это должно быть, и я этим не поступлюсь. Это привычка, которая становится второй натурой. Даже когда она уезжает за границу навестить внуков, – часть из них живет заграницей, – мне плохо: я чувствую, что ее нет. Это привычка. Это стало настолько интегральной частью тебя, что ты… «Жена человека как его тело». Несмотря на то, что мне, по моей натуре, нужна только маленькая запертая комнатка, как камера, в которой я буду сидеть со своими книгами, со своим компьютером – и все…

Н. Навон: И все же Вы ощущаете это обязанностью?

М. Лайтман: Да. Да. Что рядом со мной находится моя семья.

Н. Навон: И как это Вас поддерживает на Вашем пути?

М. Лайтман: Не знаю. Но так я устроен. И, несмотря на то, что по своему складу характера я индивидуалист, который всегда внутри себя, я очень привязан к семье.

Н. Навон: Мы уже приближаемся к концу беседы, мне хотелось бы услышать от вас два совета: первый совет тому, кто должен сейчас начать строить семью; а второй – и сегодня это очень актуально – тому, кто находится за шаг до разрушения семьи.

СОВЕТ ДЛЯ ТЕХ, КТО ЖЕНИТСЯ, И ДЛЯ ТЕХ, КТО РАЗВОДИТСЯ

М. Лайтман: И в том, и в другом случае следует найти общую цель, которая находится выше этой жизни, так как наша жизнь на данный момент не устроена для поддержания семейных рамок. Хорошая, красивая, свободная жизнь – человек может самовыражаться, делать что хочет.

 Чтобы состоялась семья, должна быть духовная цель, которую человеку невозможно достичь одному.

Тогда мужчина обязан понять, что он должен жениться, содержать семью, иметь детей.

Этот совет хорош и для тех, кто женится (иначе ты видишь, какой сейчас процент разводов, и сколько раз человек разводится – второй, третий, четвертый, – без конца), и для тех, кто собирается разводиться (ведь у них будет то же самое и в следующий раз – кто знает? – обычно так бывает).

А привычка разводиться – это очень плохая привычка! Человек пытается создать семью, у него не ладится – разводится, опять пытается – опять разводится.

Человек обязан понять, что только цель, которая стоит над этой жизнью… Ведь наша жизнь в браке – это существование на животном уровне, это два живых существа, которые связались между собой, чтобы свить гнездо, народить потомство и так далее. А нам нужна цель, которая относится к человеческому уровню, и только это сможет нас удержать: и удержит от разводов, и послужит причиной заключения брака.

Н. Навон: И все же, если у женщины есть партнер, у которого нет этой цели, но она все-таки хочет построить эти отношения и удержать эту семью, и вместе с тем развиваться духовно, что она должна делать?

М. Лайтман: Не знаю. Конечно, это еще и привычка, привитая с детства, когда мы смотрим на родителей, насколько они держались друг за друга. Но сегодня невозможно ничего гарантировать.

Обычно, если духовная цель отсутствует… Я думаю, что в ближайшие годы мы увидим, как большинство пар доходят до развода. Это форма неисправности, которая приводит к тотальному кризису во всех аспектах жизни человека в нашем мире.

Н. Навон: Так если я уже нахожусь в этом состоянии?

М. Лайтман: Мы должны понимать, что Высшее управление приводит нас к полному разрушению, для того чтобы мы прежде всего держались за духовную цель и из этого уже правильно строили всю нашу жизнь в этом мире. Так что, прежде всего, раскрой для себя высокую цель – и тогда преуспеешь в этой жизни.

ВОСПИТАНИЕ
(начало)

Беседа вторая, в которой мы задаемся вопросом воспитания совершенного человека и становимся свидетелями того, как телезрители задают много самых разных вопросов, а каббалист отвечает на них. Мы узнаем немало интересного и, кроме того, знакомимся с несколькими принципами правильного воспитания.

СОБЕСЕДНИК: МИХАИЛ САНИЛЕВИЧ

М. Санилевич: Сегодняшняя беседа посвящена вопросам воспитания, очень близкой Вам теме.

М. Лайтман: Да, вся моя жизнь, в сущности, посвящена воспитанию. Я думаю, что вообще вся наша жизнь состоит в том, чтобы воспитать и себя, и молодое поколение – это главная задача этого мира. Ведь что еще делать в нашем мире?

М. Санилевич: Воспитание представляется как нечто, касающееся детей, а Вы говорите о том, что также относится и к взрослым?

М. Лайтман: Безусловно. Вся наша работа над собой и вся наша жизнь являются непрерывным процессом самовоспитания с целью достичь более высокого уровня. В принципе, воспитанием называется развитие человека. Но за счет чего и ради какой цели?

ЧТОБЫ ДОБИТЬСЯ УВАЖЕНИЯ И ПОНИМАНИЯ ОТ СВОИХ ДЕТЕЙ, НАДО СТАТЬ ИМ ХОРОШИМ ДРУГОМ

М. Санилевич: Вопрос: «Я мать-одиночка, воспитывающая двух сыновей 6 и 7 лет. После встречи со своим отцом они возвращаются сердитыми и дерзкими, стараются меня обвинить и обидеть. Необходимо несколько тяжелых и унизительных дней, чтобы вернуть их в обычное состояние. Я много вкладываю в детей, но не вижу от них ни признания, ни почитания. Как вызвать у них уважение и понимание и как удержать себя от раздражения в ответ на их выходки?»

М. Лайтман: Между матерью и детьми нет связи. Это она сама говорит. И даже если их взаимоотношения временами успокаиваются, то этого не происходит за счет взаимного понимания. Между ними существует большой разрыв: с одной стороны, они отделяются от нее, с другой стороны, она не понимает их. Здесь должно быть сотрудничество – другого выхода нет. Ее связь с детьми должна быть намного сильнее того отчуждения, которое получают дети, находясь под чужим влиянием, а этого можно достичь только с помощью присоединения к их желаниям, целям, интересам, занятиям. Она должна быть им подругой.

М. Санилевич: На каком основании она может быть им подругой?

М. Лайтман: На основании общих дел. Она должна принимать участие в том, что им важно – иначе нельзя. Чтобы понять ребенка, ты должен опуститься на его уровень: если ты больше его, то ты учитель, хозяин или родитель, если ты меньше его, то ты ученик, а если ты равен ему, то ты друг. Если она хочет соединиться с ними, то должна в чем-то быть им подругой. Ведь как мы играем с маленькими детьми? Опускаемся на их уровень и делаем те же действия. Точно таким образом она должна относиться к ним. И когда они почувствуют, что она их подруга (ведь мама – это мама, а подруга – это совсем другое), тогда у них будет связь, понимание и доверие.

НЕ ГОВОРИТЬ РЕБЕНКУ, «ЧТО ДЕЛАТЬ», А ГОВОРИТЬ ЕМУ «КАК ДЕЛАТЬ»

М. Санилевич: На одном из уроков Вы сказали, что детям нельзя говорить: сделаешь – получишь. Если это воспитание неправильное, то какое правильное?

М. Лайтман: Принцип правильного воспитания простой: вообще не говорить ребенку, что делать, а только сказать, как делать, если он спрашивает.

Как быть, если он не спрашивает? – Всевозможными ухищрениями и обходными альтернативными путями пробудить в нем правильное желание сделать то, что необходимо. Всегда инициатива должна исходить от него.

М. Санилевич: Это выглядит очень сложно.

М. Лайтман: Это сложно, но это правильное воспитание. Ведь в чем смысл выражения: «воспитывай отрока согласно пути его»? Это значит, что необходимо выяснить его желание, причем так, чтобы он понял его сам, чтобы сам захотел. И тогда он придет и потребует это воспитание. А когда мы принуждаем детей, давим на них, силой передаем им некое количество знаний или навыков, то видим, что поколение выходит сломанным. Это неправильный путь.

Наука каббала вообще против любого принуждения и давления. Сказано: «в духовном нет насилия». Это значит, что все следует и реализуется только в соответствии с желанием человека, а мы лишь должны способствовать появлению у него правильного желания. Наша проблема состоит в том, что этим вопросом никто не занимается. Поэтому сама основа воспитания неправильная. Исходить из свободного желания человека – главный принцип каббалистов, а воспитание должно лишь способствовать свободному развитию этого желания.

КСТАТИ, ЧТО ТАКОЕ ВОСПИТАНИЕ?

М. Санилевич: С какого возраста можно реально воспитывать детей? Есть мнение, что до пяти лет их необходимо баловать. Когда начинать воспитывать их, как взрослых?

М. Лайтман: Как взрослых – никогда! Детей невозможно воспитывать так, как взрослых. Каждый ребенок получает воспитание с первого дня рождения. А до этого необходимо воспитывать родителей, иначе какое воспитание они дадут детям? Проблема воспитания является главной проблемой человечества. Я не раз говорил, что если бы нам удалось воспитать одно поколение, то после него все остальные были бы уже исправленные и прекрасные! Поэтому проблема в том, чтобы сначала воспитать родителей, которые затем правильным образом передадут это детям.

Но детей необходимо воспитывать с первого дня. И для каждого дня, каждого возраста и каждого ребенка должно быть подходящее ему воспитание: «воспитывай отрока согласно пути его». Родители и воспитатели должны соединиться с ребенком и знать, к какой цели его необходимо привести. Проблема в том, что мы не растим в человеке Человека! Мы ограничиваем воспитание обучением, а это вообще не называется воспитанием. Воспитанием называется формирование человека, а мы этого не делаем. Мы видим, в каком виде молодежь заканчивает школу: они получают определенное количество информации о мире и знания для получения профессии, но мы не воспитываем личность.

М. Санилевич: Как же определить, что такое воспитание?

 М. Лайтман: Воспитание – это процесс формирования Человека из того создания, которое мы называем человеком этого мира. Если он будет жить во всех мирах, знать цель Творения, а также сумеет ее достичь, то ему не надо будет больше перевоплощаться. Таково правильное воспитание.

КАК ОБЪЯСНИТЬ СВОИМ ДЕТЯМ, ЧТО ПОЛУЧАТЬ ЧТО-ТО ВСЕГДА ПРОБЛЕМА, А ОТДАВАТЬ – НЕТ?

М. Санилевич: Вопрос Галины: «Современные дети гораздо более эгоистичны. Как можно донести до них такие идеи, как отдача и любовь к ближнему?»

М. Лайтман: Наука каббала потому и называется каббала (получение), что учит, как получать, а не как отдавать. Вот поэтому и надо объяснить человеку, что нужна большая мудрость, чтобы правильно получать. Попробуй получить что-то от кого-то: тебе придется либо украсть, либо дать ему что-то взамен, либо начать с ним войну и взять это силой, – по-другому нельзя. А если я просто хочу взять, то мне никто не даст. Есть ли еще возможность? Существует огромная скрытая наука, которая не ощущается и не осознается человеком, – наука о том, как получить все без каких-либо препятствий, независимо от чьего-то согласия или несогласия. Ты можешь получить все, что пожелаешь, – для этого существует наука каббала.

М. Санилевич: Но в вопросе говорилось об отдаче и любви к ближнему…

М. Лайтман: Вот именно. Отдача и любовь к ближнему – это средство для наполнения и получения всего, что только существует в мире.

М. Санилевич: Я отдал что-то Вам, теперь это у Вас, а у меня этого нет. Причем же здесь получение?

М. Лайтман: Но мы видим, что мать наслаждается, отдавая ребенку. Допустим, я даю тебе подарок.

М. Санилевич: Карандаш.

М. Лайтман: Не карандаш, а подарок. Я дарю тебе подарок.

М. Санилевич: В чем разница?

М. Лайтман: Разница в том, хочешь ли ты его получить. Допустим, ты хочешь. Я люблю тебя, и если ты его принимаешь, то я получаю от этого удовольствие. Дарение доставляет мне удовольствие.

 Чтобы наслаждаться отдачей, необходима любовь к ближнему.

Итак, есть два фактора: первое, во мне есть любовь к ближнему, второе, вследствие этого я начинаю отдавать – тогда я все время наслаждаюсь. При получении всегда есть кто-то, кто может не дать, не пожелать. При получении я всегда кем-то ограничен, а при отдаче я не ограничен никем – я могу наслаждаться, не спрашивая никого, разрешает он мне это или нет.

М. Санилевич: Но разве у вас есть достаточно, чтобы дать всем?

М. Лайтман: Мне не нужно давать тысячу карандашей тысяче людей и этим наслаждаться, я наслаждаюсь уже одним своим отношением к окружающим. Я наполняюсь одним лишь своим желанием сделать это для других – и большего не требуется.

Отдавая, мы до такой степени наполняемся, ощущаем себя отделенными от получения, не относящимися к этому миру и его ограничениям, что начинаем чувствовать в этой отдаче обратный мир – мир духовный. И тогда все, что я ощущаю при получении, для меня исчезает, и я начинаю все чувствовать только в отдаче. И тогда этот мир может даже исчезнуть, мое тело может умереть, но я все равно чувствую себя находящимся в отдаче. Если это и звучит как фантастика, то лишь вследствие психологического изъяна в нашем восприятии реальности.

Но не будем пока заглядывать так далеко и высоко.

Получать – это всегда проблема, поскольку ты зависишь от других, а отдавать – нет, ведь ты ни от кого не зависишь. То есть проблема только в тебе: сможешь ли ты изменить себя так, чтобы начать наслаждаться отдачей. А наслаждаться отдачей можно при условии, что ты любишь. Следовательно, необходимо полюбить окружающих. Как это сделать? Как возлюбить ближнего, как самого себя? – В этом вся проблема.

Для этого существует учеба, этому необходимо учиться. В результате учебы на нас нисходит сила, которая меняет нашу так называемую беспричинную ненависть на любовь к ближнему. И тогда человек начинает чувствовать себя наполненным всеми наслаждениями мира.

М. Санилевич: Наслаждение это хорошо, а также понятно современным эгоистичным детям, о которых шла речь в вопросе.

М. Лайтман: Безусловно, объяснить это непросто, но постепенно мы с этим справимся. Мы видим на собственном примере, что дети быстро начинают это понимать, у нас уже есть в этом опыт.

М. Санилевич: Как можно преподавать детям каббалу, когда они не имеют базисной подготовки: не умеют читать и не понимают иврит на приемлемом уровне? Как им можно читать тексты каббалистов или ставить перед ними духовные проблемы, если они считают выдающимися личностями футболистов и супермоделей?

М. Лайтман: Мои ученики – гораздо более взрослые дети. Им уже по 30-40 лет, но и они приходят ко мне в таком же состоянии: у них нет знаний, и им очень трудно воспринимать и понимать каббалистические тексты.

М. Санилевич: Но их все же интересуют более возвышенные вещи, чем футбол и супермодели!

М. Лайтман: Это правда, но все зависит от подхода к человеку. Ко мне приходят ученики, доведенные до отчаяния этой жизнью, в том числе футболом и моделями, и спрашивают, что же им делать со своей жизнью? Примерно так обычно звучит их вопрос. Нужно понимать, что в детях заложен тот же вопрос: «Для чего я живу?» Именно в детском возрасте в человеке возникает этот вопрос, за который нужно зацепиться и дать человеку правильный ответ. Этот вопрос существует, и на него следует опираться. Мы не случайно так устроены, что в детстве задаемся этим вопросом: «Для чего я существую? Что со мной будет?» В детстве задают вопросы о Высшей силе, о Творце: существует ли Он, нужно ли молиться, просить чего-то?

Это никак не связано с религией. Человек может жить в светской стране и, тем не менее, ощущать внутри себя такие вопросы, такие склонности, и это необходимо использовать. Нужно позволить им выйти наружу, дать проявиться. Нужно осторожно пробуждать в ребенке отношение к вечности, совершенству, к жизни и ее цели. Детей очень волнуют вопросы рождения и смерти. Они и нас волнуют, но мы уже вроде бы и не хотим об этом знать. Однако ребенок не может так просто с этим согласиться. Это нужно использовать и привлечь его к изучению каббалы. Это не так сложно.

КАК НА САМОМ ДЕЛЕ ВЫГЛЯДЯТ НЕКОТОРЫЕ РОДИТЕЛИ В ГЛАЗАХ СВОИХ ДЕТЕЙ

М. Санилевич: Почему молодое поколение так негативно настроено относительно старших? Почему оно не готово их слушать и агрессивно реагирует на любой совет?

М. Лайтман: Это верно. И они, видимо, правы, ведь предыдущее поколение не оставило им в наследство то, чего они хотят. Что мы даем молодому поколению? Не то, что они просят, не то, чего они хотят, не то, для чего они предназначены. Мы не готовы к новому поколению, не даем им того, что им на самом деле необходимо. Их жизнь очень тяжела. Не то чтобы им чего-то не хватало, у них есть все: сладости, телевизор, футбол, компьютер – все, что угодно, кроме знания, для чего они живут. Это вызывает в них взрыв насилия и агрессии по отношению к старшему поколению.

Почему вообще существует разделение на предыдущее и новое поколение? Потому что предыдущее поколение должно предоставить новому поколению знания о жизни. Иначе, зачем человеку родители? Ну, ладно, я вышел из подгузников, поучился немного тому, как устроиться в жизни, – и это все, что они мне дали? Они должны передать мне знание жизни: как мне жить, где я нахожусь, для чего, почему, для чего мне вся эта жизнь? Но ничего этого я от них не получаю!

М. Санилевич: Но большинство людей сами не знают ответов на эти вопросы?

М. Лайтман: А разве то, что этого нет у них самих, освобождает их от обязанности предоставить это мне? Пусть сами тоже ищут! Они привели меня в этот мир и здесь как будто бросили меня.

М. Санилевич: Так себя чувствуют дети?

М. Лайтман: Да. Мы видим, насколько они не привязаны к родителям. Между ними существует какая-то напряженность. Ребенок приходит домой, что-то поест, а дальше у него своя жизнь. Отец и мать для него – просто машины, удовлетворяющие его телесные потребности – ко всему остальному, что касается его души и его внутренних потребностей, они вообще не имеют отношения! Кто они вообще такие? Какие-то динозавры, домашние роботы, которые его обслуживают. Так на самом деле выглядят родители в глазах детей!

М. Санилевич: А разве может быть по-другому?

М. Лайтман: Если бы они сами в свое время получили другое воспитание, то было бы по-другому. А если нет – то нет. В семьях наших учеников дети видят, что родители интересуются смыслом жизни, задаются вопросами о ее цели, развиваются изо дня в день, могут дать им ответ на любой вопрос и еще многое, сверх того, могут объяснить. Что происходит в мире, в чем причина кризиса и прочих проблем, что значит конец жизни и конец света, – все это родители могут объяснить детям и приобщить их к правильному пониманию, к своему развитию и расцвету. Тогда все выходит совсем по-другому.

А если дети видят и чувствуют, насколько родители ничтожны: разводы, наркотики, бессмысленная потеря времени, растраченная жизнь (ведь нынешние дети очень смышленые), то, исходя из этого, они и строят свое отношение к родителям. Поэтому деваться некуда – родители должны понимать, что ради детей они и сами должны воспитываться.

НЕ ИСКОРЕНЯТЬ НИ ОДНУ ИЗ СКЛОННОСТЕЙ ЧЕЛОВЕКА, А УЧИТЬСЯ ПРАВИЛЬНО ИХ ИСПОЛЬЗОВАТЬ

М. Санилевич: Вопрос Светланы: «Как воспитывать в детях любовь к ближнему, если они участвуют в соревновательных играх? Как, проиграв, ребенок может любить ближнего? И наоборот: выиграв, он чувствует себя выше других.»

М. Лайтман: Это не имеет отношения к любви. Соревнование это хорошо. Как написано, «зависть мудрецов увеличивает мудрость». Значит, необходимо кому-то завидовать? Ты должен завидовать кому-то и стараться превзойти его – это называется «увеличивать мудрость», стараться быть умнее его, а он будет смотреть на тебя и стараться быть еще умнее, то есть целью соревнования является не власть, а продвижение при помощи природного свойства зависти. Правильное использование всех наших свойств приводит нас к удивительному развитию. И ни в коем случае нельзя искоренять ни одну из склонностей человека – нужно лишь правильно их использовать. Поэтому соревнование может быть чрезвычайно эффективным для духовного развития. Если каждый будет стремиться превзойти товарища в отдаче, то, что в этом плохого?

М. Санилевич: В любви к ближнему?

М. Лайтман: Да, в любви к ближнему. В человеке нет ни одного свойства, ни одной склонности, которая не могла бы быть использована для достижения конечной цели: стать великим, уподобиться Творцу! «И будете, как Творец, знать добро и зло» – в этом наша цель. Для этого требуется много сил, а зависть – это огромная сила!

«ВОСПИТЫВАЙ ОТРОКА СОГЛАСНО ПУТИ ЕГО» И «ЩАДЯЩИЙ СВОЮ РОЗГУ, НЕНАВИДИТ СВОЕГО СЫНА»

М. Санилевич: Вопрос Руслана: «Вы всегда цитируете высказывание каббалистов «воспитывай отрока согласно пути его». Значит ли это, что ему можно делать все, что он хочет? С другой стороны, написано: «Щадящий свою розгу, ненавидит своего сына». Как совместить эти вещи?»

М. Лайтман: «Щадящий свою розгу, ненавидит своего сына» – это верно. Но с помощью чего ты можешь его воспитывать? Развитие человека происходит под воздействием двух сил: отталкивающей и притягивающей. Когда я чувствую зло, то пытаюсь увернуться от него, чтобы от него отдалиться. Это отталкивающая сила, сила, которая на меня давит. Для меня главное – ощущение комфорта, и я всегда стремлюсь его обрести.

А притягивающая сила выражается в том, что я обнаруживаю нечто приятное, положительное и хочу его достичь. Как правило, притягивающая сила является положительной, а отталкивающая – отрицательной. Таковы силы нашего продвижения: или толкающая сзади – отрицательная, или тянущая вперед – положительная. «Воспитывай отрока согласно пути его» означает, что ты должен узнать, каковы его свойства и побуждения, и дать ему возможность согласно этому воспитываться.

М. Санилевич: То есть позволить ему делать все, что он хочет? Если он хочет буйствовать, то дать ему буйствовать?

М. Лайтман: Нельзя говорить о процессе, судя по одному промежуточному фрагменту. Ты не можешь потребовать от ребенка продемонстрировать результаты воспитания через пять минут! Это невозможно. Необходимо видеть развитие процесса, который непрерывно тянется от отца к сыну, а от сына к его будущему сыну и т.д. Это не единичное действие, которое происходит в течение пяти минут в одном человеке. Необходимо смотреть на воспитание в группе детей, во всем обществе, во всей нашей цивилизации. Но начинаем мы, конечно, со своих детей, как это происходит в нашей организации.

Итак, с одной стороны, «воспитывай отрока согласно пути его» – это значит, что ты не ограничиваешь развитие ни одной из его склонностей. Он должен пройти и через поражения, и через успехи, а ты должен дать ему главные принципы воспитания. А «щадящий свою розгу, ненавидит своего сына» означает, что ты как раз даешь ему возможность увидеть себя на всех этапах развития. Ты не оберегаешь его от ударов. Не то что бьешь его физически, а даешь почувствовать неудачу, провал, разочарование. Но вместе с тем, даешь ему методику понимания, почему он получает удары, и как с их помощью можно продвигаться. И если все-таки наказывают ребенка шлепками, то так, чтобы они принесли пользу.

Я уже рассказывал о бабушке моего учителя РАБАШа. Когда она видела, что он шалит, а он был большим шалуном, то подзывала его и предупреждала: «Барух, получишь наказание!». Он тут же об этом забывал, убегал и не обращал внимания (он рассказывал об этом уже в возрасте 80 лет – так хорошо помнил!). Через несколько дней – не через пять минут – она подходила к нему в полном спокойствии и говорила:

«Ты помнишь, что сделал?», – то есть не только ребенок уже успокоился, но и она тоже.

И тогда они вместе разбирали его поведение, и он признавал, что не послушался ее, и что это вызвало нежелательные последствия. «Ты помнишь это, мой любимый внучек?» – говорила она, – «Теперь я вынуждена тебя наказать!» И брала ремень, и наказывала его. Вот это воспитание! И тогда он понимал, что по прошествии времени получит наказание от жизни за все плохие поступки, что ничего не проходит бесследно, что невозможно что-либо украсть и исчезнуть, потому что это обязательно проявится. Это систематически обучает ребенка видеть причину и следствие происходящего в жизни. Если родитель способен это сделать, то говорится, что он не «щадит свою розгу».

РАЗНИЦА МЕЖДУ РОЖДЕНИЕМ ТЕЛА И РОЖДЕНИЕМ ДУШИ

М. Санилевич: Вопрос Теодора Кригера из Аргентины: «Когда душа входит в тело – в момент зачатия или во время рождения?»

М. Лайтман: Если вопрос касается материального зачатия и рождения, то относительно них можно говорить лишь о материальном строении. Сегодня биологи и генетики начинают искусственно строить человеческое тело на основе генов и наследственных клеток, поэтому давайте договоримся, что наше тело – это просто животное во всех отношениях и о нем мы вообще не говорим. Это просто то, что нас сопровождает по нашей жизни.

Если же говорить о духовной жизни, то она ощущается только внутри души. А душа – это особое желание к духовному, которое мы должны в себе развить сейчас, пока находимся в этом мире как взрослые люди, обладающие силой, разумом, умом и сердцем. И когда мы вырастим это желание до определенного размера, тогда в нем мы почувствуем духовный мир, и это будет называться духовным рождением.

И это называется обретением души, когда у меня есть огромное желание ощутить и понять духовный мир и жить в нем, и тогда внутри этого желания я начинаю чувствовать появление этого ощущения. И когда ко мне приходит это ощущение, это означает, что я родился в духовном мире – родилась моя душа.

И это происходит с уже выросшим, взрослым человеком, который работает над собой и за счет изучения науки каббала развивает в себе это желание, и тогда он начинает ощущать то, как внутрь этого желания входит картина духовного мира.

НЕСУТ ЛИ ДЕТИ НАКАЗАНИЕ ЗА ОШИБКИ РОДИТЕЛЕЙ

М. Санилевич: Вопрос Сергея: «Могут ли за ошибки, сделанные родителями, понести наказание их дети?»

М. Лайтман: Нет. Я бы сказал даже больше, если прочесть статью **Бааль Сулама**[25] «Свобода воли», то станет понятно, что нет никакой свободы выбора у человека, находящегося в этом мире, если он просто обычный, рядовой человек – один из семи миллиардов, населяющих этот мир. У него нет никакой свободы воли, потому что он полностью ограничен рамками, где все уже организовано и определено. Ведь все определяется семьей, в которой он родился, полученным воспитанием и образованием, окружением, в котором он жил, врожденными свойствами. И все это он от кого-то получил. И потому, когда он вырастает, то продолжает жить согласно все тем же заложенным в него данным. Поэтому у него нет свободы выбора, а если нет выбора, то нет также и вознаграждения и наказания – ни за родителей, ни за детей.

Когда человек получает возможность выполнять какие-то свободные действия, за которые он получает вознаграждение, поскольку совершает их по своему выбору, а если не выполняет их, получает наказание? Только при условии, что он получает желание к духовному продвижению, хочет узнать, для чего он живет. Тогда он начинает задавать вопросы, которые лежат выше материальной жизни.

Во всей этой материальной жизни, с самого начала нашей истории и до сегодняшнего дня, наше продвижение по всему этому пути было вынужденным. И если спросить человека преклонного возраста, как он прошел эту жизнь, то он скажет, что это не он прошел жизнь, а жизнь прошла по нему – сам же он будто бы и не действовал и ничего не делал. Такое ощущение возникает у человека, когда он оглядывается на свое прошлое. И это на самом деле верно.

Но если человека мучит вопрос, как духовно подняться, обрести духовный мир, прорваться в него – лишь относительно этого вопроса у него появляется свобода воли.

СТОИТ ЛИ СИЛЬНО БОЯТЬСЯ СВОИХ ПЛОХИХ МЫСЛЕЙ

М. Санилевич: Вопрос Риты: «Если женщина во время беременности думает о том, чтобы сделать аборт, влияют ли эти мысли разрушительно на развитие плода и будущего ребенка, когда он вырастет? И если так, то как женщина может избежать таких мыслей в нашем мире, где аборт стал таким привычным и обыденным явлением?»

М. Лайтман: Любая человеческая мысль оказывает влияние на мир. Только сейчас наука начинает понимать, что сила мысли – это самая огромная и разрушительная сила из всех существующих в мире. Она сильнее ядерного или химического

---

25   **Бааль Сулам:** учитель и отец РАБАШа.

оружия и чего бы то ни было другого. Наши плохие, эгоистические мысли в отношении ближнего и всей природы – именно они, собственно, и разрушают всю природу и жизнь человека на этой земле. Если бы мы могли, хоть немного, исправить свои мысли на положительные, мы бы совершенно изменили свою жизнь.

Разумеется, мысли матери о будущем ребенке влияют на зародыш и его развитие. Но в этом отношении также существуют определенные защитные системы. И хотя мы действительно живем в таком мире и в таком обществе, где прерывание беременности стало привычным, но одновременно природа сделала исправление этой ошибки. И даже, если мать думает во зло своему ребенку, то, поскольку это общая мысль, то она исходит не от нее самой, а приходит к ней от всего общества, оказывающего на нее влияние и приучающего ее к тому, что аборт это естественная процедура, в которой нет ничего страшного. Соответственно, поэтому все ее мысли не относятся на ее счет и не воздействуют непосредственно на ее ребенка. Они перемешиваются со всеми отрицательными мыслями, существующими в мире, и потому не наносят такого ущерба плоду, как ей кажется.

Нужно понять, что человек оценивается не сам по себе, а только относительно общества и своего времени и общего состояния реальности, в которой он находится.

Поэтому, если бы мы взяли и начали судить человека, живущего тысячу или две тысячи лет назад – и себя сегодняшних, – то, разумеется, мы бы обнаружили, что очень отличаемся. Мы обязаны оценивать каждого только относительно его общества, ведь он является результатом своего окружения.

Поэтому все не так страшно, и не надо бояться за свои плохие мысли, а нужно стараться думать лишь об исправлении. Человек должен думать только о будущем, а не о прошлом. Жалко задерживаться мыслями в каждом текущем мгновении, ведь оно немедленно сменяется на следующее мгновение. Так давайте думать о своем хорошем будущем. И у нас есть средство, позволяющее сделать его действительно добрым.

ОБ ОБЩЕЙ ДУШЕ И ПОЛЬЗЕ ПЕРЕВОПЛОЩЕНИЙ

М. Санилевич: Вопрос Ника: «Если теоретически представить ситуацию, когда бы все люди на земле одновременно решили покончить с собой, и не было бы условий для кругооборота душ, поскольку дети больше бы не рождались, то что бы тогда случилось с душами? Мы бы все остались в мире Бесконечности?»

М. Лайтман: Мира Бесконечности мы должны достичь, но это не так просто. Мы существуем в мире Бесконечности как одна душа, которая называется Адам Ришон. Она представляет собой сумму всех наших душ. А в нашем мире эти души рассеяны, отделены и ненавидят друг друга. Они связаны между собой только через тела, и если бы не тело, мы вообще бы никого не чувствовали.

Получается, что тело как бы является неким мостиком между нами: оно временно помогает нам связываться между собой, чтобы провести эту связь через духовный мир, то есть наша связь должна быть на духовном уровне. Если же человек умер, не приведя и не присоединив свою душу к тому месту, где она находится в своем корне, то есть не реализовал с помощью науки каббала закон «возлюби ближнего как самого себя», то он вновь перевоплощается.

Следовательно, освобождение от тела не помогает ему достичь мира Бесконечности – совсем нет! Если я ничего не достиг в этой жизни, то я ничего не получаю после ухода из нее. Почему это должно мне полагаться? Потому что тело умерло? Тело – это животный организм, и в нем нет ничего святого. Можно заменить в нем любой орган, взяв его от человека любой национальности или даже от животного – не важно, что и от кого. Только душа является особой субстанцией. И если во время этой жизни мы достигаем исправления души, то заканчиваем весь свой путь от нашего мира до мира Бесконечности. Если же не выполняем 125 этапов, из которых состоит лестница подъема, то вынуждены родиться вновь.

А смерть тела нужна для того, чтобы в следующем кругообороте произошел особый вид его модернизации, причем именно в физических свойствах. Поэтому оно должно умереть и обновиться. Благодаря обновлению физических свойств мы можем продолжать исправление.

ПОЧЕМУ БОЛЕЮТ НАШИ ДЕТИ

М. Санилевич: Вопрос Ольги: «Причиной всех болезней является человеческое эго. Но ведь дети, как правило, болеют чаще взрослых (речь не идет о тяжелых хронических болезнях или о пожилых людях)! Значит, все болезни детей проистекают из того, что они рождаются эгоистами, сами того не осознавая?! А может быть, взаимное включение душ оказывает намного большее влияние именно на детей? Или же причина ни в том, и ни в этом? Так почему же дети болеют?»

М. Лайтман: Причиной является и то, и другое.

Нам не нужно делать акцент на том, что это дети. Конечно, они болеют особыми болезнями, и существует целый раздел медицины, занимающийся заболеваниями детей. Это ясно! Но нам нельзя рассматривать ребенка просто как ребенка. Мы должны видеть в нем душу, которая проходит свои кругообороты и в каком-то из них воплощается в тело.

Находясь в этом теле, она должна пройти определенный процесс до тех пор, пока не разовьется сама, пока не вырастет это тело. И тогда человек сможет продолжить исправления в душе. Но даже, несмотря на то, что его тело еще не созрело для того, чтобы производить исправления в душе, оно все-таки страдает, и эти страдания проходят по его душе как исправления, относящиеся к неживому, растительному и животному уровню, к тому, что предшествует сознательному человеческому уровню. Ведь подобно внешней природе в человеке заключены четыре внутренних уровня его эго: неживой, растительный, животный и человеческий.

Поэтому на нас обрушиваются болезни, удары, страдания, которых мы, вроде бы, не заслуживаем, во всяком случае, не напрямую, и в том числе это происходит с детьми или абсолютно невинными людьми. Все это включено в общий расчет, направленный на очищение души, для того чтобы человек задумался о цели творения и стал возвышаться с помощью собственных сил.

В тот момент, когда он задается вопросом о смысле жизни, ему открывается возможность свободного выбора. И с этого мгновенья и далее он может начинать духовно возвышаться, и весь его путь уже будет в его руках. От него будет зависеть, придут ли к нему болезни, а также то, каким окажется этот путь: получением ударов или постоянным обретением наслаждений, «раскрытием глаз».

Поэтому, если человек присылает нам вопросы и слышит нас, это уже признак того, что у него есть такая возможность.

ПОЧЕМУ ИНОГДА ТАК ТРУДНО РОДИТЬ РЕБЕНКА

М. Санилевич: Вопрос Шона: «В наши дни во многих семьях существует проблема родить ребенка. Вызвана ли она тем, что для каждой пары заранее установлено, сколько у них будет детей и когда они должны родиться?»

М. Лайтман: Все происходящее в этом мире является результатом того, что происходит в душах, в наших эгоистических желаниях, и связано с тем, что мы сейчас достигли последнего уровня развития человеческого эго.

От эпохи Древнего Вавилона и до нашего поколения эго человека прошло 5 ступеней развития, каждая из которых характеризуется более высоким уровнем эго в сравнении с предыдущей ступенью. Мы достигли его последней, пятой ступени развития – очень большого уровня эгоизма.

Человек, желая поглотить всех и вся, тем самым умерщвляет все вокруг себя: как человеческое окружение, так и окружающую его природу, то есть неживой, растительный и животный уровни ее развития. Как следствие, он становится чем-то вроде раковой опухоли. Мы много раз говорили о том, что «пожирая» свое окружение, он приходит к своей смерти.

Это является причиной онкологических заболеваний, депрессии. Эго человека выросло настолько, что он не в состоянии ничем его наполнить. И, наоборот: в предыдущих поколениях уровень эго был ниже, человек мог его наполнить, и у него даже была надежда на будущее. То есть если эго и возрастало, то для него находилось еще большее наслаждение, и потому человек всегда видел возможность своего дальнейшего развития.

М. Санилевич: И как это связано с проблемой родить ребенка?

М. Лайтман: Эта проблема возникает оттого, что сегодня мы больше не способны развиваться эгоистически и должны уже перейти на иную форму существования, то есть от существования на уровне тела к существованию на уровне души. Поэтому, как не развиваются наши эгоистические желания, так не происходит развития и в том, что касается возможности рождения ребенка. И очень скоро мы увидим, какой урон нанесет эта проблема всему человечеству, и как она все больше и больше будет распространяться во всем мире.

И это естественный результат. Ведь поскольку на всех уровнях своего развития эго перестает наполняться и функционировать так, как это было раньше, то тем самым оно прекращает «приносить плоды». Это выражается в проблеме родить ребенка, в развитии науки, да и вообще на всех уровнях нашего развития.

Ведь что такое кризис? Это такое состояние, когда я вижу, что, продолжая дальше развиваться эгоистически, я не достигну желаемого.

М. Санилевич: Это звучит как некий всеобщий процесс…

М. Лайтман: Завершающий! Мы находимся в его конце. Вы только посмотрите, что пишут все ученые о кризисе! Когда последний раз я был на заседании Всемирного Совета Мудрецов, мы получили данные из таких серьезных организаций как ООН, как ЮНЕСКО. Это просто страшно, насколько прогрессирует этот процесс! Ученые утверждают, что через 20-30 лет на Земном шаре уже не будет жизни.

Однако это вовсе не означает, что все произойдет именно так, как они утверждают. Ведь, согласно науке каббала, мы должны подняться от уровня нашего мира на уровень духовного мира. Но в соответствии со всеми имеющимися данными, жизнь внутри эго действительно завершается.

М. Санилевич: Давайте немного изменим характер нашей беседы…

М. Лайтман: Ну почему же? Я как раз настроен очень оптимистично. (Смеется). Мы как раз движемся к благу! Этот кризис является той самой отправной точкой, которая приведет к вечной жизни, к свету. И не нужно бояться!

«НЕТ НАСИЛИЯ В ДУХОВНОМ»

М. Санилевич: Вопрос Дарьи: «Вы ответили мне, каково должно быть направление в воспитании детей, но мне не все понятно. Вы сказали, что каждый рождается с присущими ему свойствами, которые не нужно менять. Как же относиться к характеру детей, воспитывая их в любви к ближнему?»

М. Лайтман: Каждый из нас должен исправить не свой характер, а его использование. Если человек жесток, подбери ему такую специальность, с помощью которой он сможет правильно применить это свойство. Есть особая мудрость в том, чтобы уравновесить различные свойства характера и подобрать для каждого свое место. Это примеры правила, о котором говорит наука каббала: «воспитывай отрока согласно пути его». То есть предоставь ему общее направление к отдаче и любви.

А внутри этого правильного направления на отдачу ближнему он может выражать себя в рамках характера, данного ему от природы. Но выражать себя он должен сам, и в этом нам нельзя его ограничивать. Мы вообще не должны этого касаться: «нет насилия в духовном». Если человек родился с особым сочетанием свойств и склонностей, оставь ему их, но объясни, каким образом он может их правильно и оптимально реализовать.

М. Санилевич: Я могу привести практический пример: четырехлетние близнецы, один из которых исключительно упрям. Как говорить с ним, чтобы уступил своему брату, чтобы любил ближних?

М. Лайтман: Конечно, четыре года – это еще не возраст для серьезного разговора. Даже если с ребенком и говорят, то он еще не способен усваивать. Но если со временем он попадет в окружение, где учат тому, как уступать друг другу, или даже не уступать, а просто быть вместе – типа футбольной команды, где играют вместе, – то он увидит, что зависит от других. Тогда ему придется считаться с другими по принципу: я – ему, он – мн, – и у нас общая цель. Это сразу же научит его быть в связи с другими.

М. Санилевич: Он действительно все время любит играть один.

М. Лайтман: Видишь, это проблема! Он действительно упрямец и индивидуалист! Я все же связал бы его с таким занятием, где бы он почувствовал себя помогающим кому-то. Пусть он ощутит свою важность и особенность, однако именно в том, что помогает другим. Пусть увидит, что в результате того, что он «большой» и дает другим, он получает в ответ пользу: благодарность и почет. С одной стороны, он хочет получать благодарность и почет. С другой стороны, он увидит, что это приходит к нему как результат от склонности отдавать другим. Необходимо включить его в некий механизм, в котором он смог бы научиться тому, что склонность к отдаче и любовь выгодны, что связь с ближним выгодна, ведь он одинок.

М. Санилевич: Да.

М. Лайтман: Он хочет держаться в одиночестве, выше всех. Но ему необходимо, чтобы его уважали и ценили. Поэтому он должен научиться тому, что его уважают и ценят при условии, что он отдает. Он зависит от других, необходимо лишь построить механизм, чтобы зависимость эта возвращалась к нему и учила его.

Нет человека, который хотел бы быть одиноким.

 Если ваш ребенок хочет быть выше всех, то мы обычно говорим, что он индивидуалист. Пусть его удерживают на высоте, уважают, но при этом он должен видеть, что это происходит только при условии бескорыстной отдачи с его стороны в отношении других детей.

Это его научит, а другого выхода нет. Мы можем обучить ребенка только через общество. Также и взрослые обучаются через общество: газеты, радио, телевидение – не важно, что. Если бы все эти средства действовали относительно человека правильно, то мы бы увидели новое поколение не таким, каким видим сейчас. Значит, мы должны создать для таких детей правильное окружение.

М. Санилевич: Однако это все еще эго?

М. Лайтман: Разумеется, это все еще эго. Но внутри этого эго он уже видит, что, используя свой эгоизм тем или иным образом, может выиграть или проиграть. Это означает, что он уже видит выгодность отдачи и связи с другими. Затем его постепенно обучают тому, что есть цель более высокая, выгода еще большая. То есть если ты на самом деле приходишь к отдаче вне себя, то получаешь подарок без границ.

Здесь тебе скажут: ты молодец, ты большой и т. д. Однако, это мелочи. На самом деле существует неограниченная выгода, и ты ничем не скован: ты просто паришь в воздухе при условии, что умеешь отдавать без получения обратной выгоды здесь, в этом мире. Он придет к этому! Именно упрямые дети, с трудом поддающиеся воспитанию, приходят к этому.

Ведь его упрямство заключается в том, что он требует большую реальную выгоду. Поэтому он не хочет уступать в малом. Такие дети обычно приходят к каббале.

СДЕЛАЕМ ЧЕЛОВЕКА?

М. Санилевич: Вопрос Марины: «Вы утверждаете, что в школе необходимо обучать детей тому, как быть человеком. Хотелось бы узнать, чему бы Вы учили в рамках этого предмета?»

М. Лайтман: Быть человеком не значит быть милым, приятным, вежливым, как мы это понимаем в человеческом обществе. Быть человеком означает прийти к состоянию, когда ты являешься человеком согласно тому, чего от тебя ожидает Творец, природа. Ведь наши представления о том, кто такой человек, постоянно меняются в соответствии с нашим уровнем, нашей ступенью: пятьсот лет назад мы думали одно, сейчас – другое, а что будет через тысячу лет – кто знает? Поэтому необходимо взять пример с того, что от нас требует природа, Творец, как сказано, что «вы называетесь человеком, а не народы мира», понять, что именно под этим подразумевается, и этому обучать.

Наука каббала не только объясняет человеку, что его природа эгоистическая, как у любого животного – «все подобны животным», поскольку действуют согласно эгоистическим инстинктам. Она также учит тому, как подняться над этим состоянием и быть выше животного на уровне человека. Это действительно предмет, который можно изучать в школе и, по моему убеждению, преуспеть, так как это, в конце концов, вполне достижимо. Тогда мы увидим, что выпускник школы является человеком, а не просто знает грамоту и таблицу умножения.

М. Санилевич: Сделаем небольшую симуляцию. Представим, что я ученик, а вы учитель. С чего начнется первый урок?

М. Лайтман: Он начнется с выяснения, кто мы такие. Кто такой «Я»: мои желания, мои импульсы, мои мысли? Почему я так думаю? Почему я так устроен? Как я воспринимаю реальность? Почему я именно так воспринимаю людей? Как я постоянно развиваюсь: сейчас, с годами, в поколениях? Для чего необходимо это развитие? Если ли у человека свобода выбора или нет? Каким образом природа движет им? Где проходит граница между контролем природы и человеческой самостоятельностью? Когда человек растет, то в год, два, три напоминает маленькое животное. С какого момента он становится человеком?

Становится ли он вообще человеком за время своей жизни? Как можно добавить к этому маленькому животному аспект человека? К чему он должен прийти? К чему он должен стремиться? Как быть счастливым в жизни? Ты объясняешь ребенку всю реальность: его мир, его самого. Ты обучаешь его тому, как приспособиться к миру, чтобы быть счастливым. Конечно, такого предмета нет.

Я заканчиваю школу и прихожу куда-то работать. «Что у тебя есть?» – «Школьное образование». – «Ладно, заходи и работай». Кто при этом получается? Некто, обладающий некоторыми знаниями, и не более. Где же формирование человека? У нас действительно нет такого предмета, и очень жаль. В конечном итоге мы сейчас пришли к краху системы образования во всем мире. А современность требует от нас стать Человеком.

М. Санилевич: Как бы вы назвали такой урок?

М. Лайтман: «Сделаем человека».

ЛИЧНЫЙ ПРИМЕР РОДИТЕЛЕЙ И ГОТОВНОСТЬ ВСЕХ ЧЛЕНОВ СЕМЬИ СКЛОНИТЬ ГОЛОВУ ПЕРЕД ОБЩЕЙ ЦЕЛЬЮ

М. Санилевич: Вопрос Дарьи: «Что означает выражение: "Слушай, сын мой, наставление отца твоего и не забывай учения матери твоей"? Как применить его в воспитании детей?»

М. Лайтман: Где учение моего отца, я не знаю, как и не знаю учение моей матери. Да и наставления моего отца не совсем понятны. На самом деле говорится о двух, скажем так, линиях, посредством которых необходимо направить человека. Эти линии представляют собой, с одной стороны, ограничение, а с другой – развитие. Так это объясняет наука каббала, помогая человеку понять, что, в меру ограничения себя и возвышения высшей от себя ступени, он растет.

В простом и инстинктивном виде мы наблюдаем это у маленьких детей. Допустим, отец играет с ребенком и что-то ему показывает, а ребенок инстинктивно уменьшает себя. С одной стороны, он спрашивает, хочет научиться, будто бы хочет отменить себя. С другой стороны, он готов впитать сказанное отцом и, согласно этому, продвигаться. Он принимает это знание естественным образом.

Две эти силы – принижение себя и возвеличивание находящейся передо мной Высшей силы, от которой я могу учиться, – управляют нашим развитием. Наука каббала объясняет, что если мы хотим развиваться духовно, то должны упорядочить себя именно таким образом. То есть быть готовыми склонить голову, чтобы с помощью этой мудрости получить силы, понимание и намерение для дальнейшего продвижения.

М. Санилевич: Как можно реализовать это в воспитании детей?

М. Лайтман: Я не думаю, что это возможно реализовать в воспитании детей в условиях существующей образовательной системы. Мы, например, создаем для своих детей группы, в рамках которых учим их, как принизить себя относительно группы, чтобы получить от нее величие духовного развития и хороших дел. Поскольку группа оказывает влияние на каждого, а каждый принижает себя относительно группы, то она может передать ему более высокие ценности по сравнению с теми, которые у него есть.

М. Санилевич: Возьмем, к примеру, семью с тремя детьми. Можно ли реализовать эту методику в рамках семьи?

М. Лайтман: Только собственным примером. Если родители могут дать своим детям пример или с раннего детства, или благодаря совместному изучению этих простых принципов, то это может оказать воздействие на детей. Родители должны показать детям пример того, как им вместе создать маленькую группу, в которой каждый отменит себя перед другими, чтобы получить общее желание семьи, и чтобы это желание было для него самым главным.

М. Санилевич: Желание чего?

М. Лайтман: А это уже не важно.

 Важно, чтобы каждый член семьи захотел реализовать общее желание семьи больше, чем свое собственное. Пусть каждый подает в этом пример, пусть они сделают это игрой и в нее играют. Неожиданно они обнаружат, насколько все, благодаря этому, продвигаются, начнут понимать и ощущать в этом наполнение и поймут, насколько все члены семьи удовлетворены, насколько всем хорошо.

М. Санилевич: Но всегда есть один упрямец!

М. Лайтман: Упрямец тем и хорош, что с ним можно работать. В работе против него укрепятся другие, объединенные любовью. Они покажут ему, как много, с одной стороны, он теряет – это называется путем наставлений, а с другой – выигрывает от объединения с другими, что называется путем учения. Так было в группах каббалистов, ведь это знание и методика пришли к нам еще от Авраама, который основал первую группу.

М. Санилевич: Так вы считаете, что это можно сделать дома?

М. Лайтман: Безусловно, и я рекомендую этим заняться. Необходимо начать с уговора: давайте будем в это играть. Вдруг в процессе игры обнаруживаются скрытые внутренние силы. Между прочим, игра – дело серьезное. Мы видим, что человек растет только за счет игр и примеров. Здесь же дети сами создают себе пример. Так и мы в группе создаем для себя пример и якобы играем.

Более того, если мы обратимся к природе и исследуем процесс развития и размножения клетки или целого организма, то увидим тот же принцип. И человек, и отдельная клетка растут, развиваясь со ступени на ступень, согласно тому же игровому принципу. Игра – это не игрушка. Всякое действие, когда я хочу подняться над собой, но еще этого не достиг, или хочу уподобиться чему-то высшему, называется игрой. Только уподобляясь высшему, я становлюсь большим. Все развитие происходит только за счет игры, так что стоит начать играть!

КАК ОБЪЯСНИТЬ РЕБЕНКУ, ЧТО ЗНАЧИТ ВЫЙТИ ИЗ ЭТОГО МИРА В ВЫСШИЙ МИР, НЕ ПРИВОДЯ В ПРИМЕР ПАРЕНИЕ БАБОЧЕК В ВОЗДУХЕ

М. Санилевич: Вопрос Дарьи: «Каков каббалистический смысл слов: «В муках будешь рожать детей своих».

М. Лайтман: Если человек желает породить что-то новое, например, написать книгу, снять фильм, создать что-то, это называется родами. Если я хочу породить новую ступень, свое новое состояние, то мне это дается в муках, в боли, подобной родовым схваткам. Это происходит потому, что я должен сократить себя, проверить все свои желания, поработать над ними, сделать из себя нечто более высокое и чистое.

Я давлю на себя – это называется родовыми схватками, – создаю из себя новое существо, пусть маленькое, но находящееся на новом уровне. То есть я сокращаю всего себя и из большого количества материи, эгоизма, я хочу породить нечто маленькое и чистое. Это называется родовыми схватками в духовном. Это происходит на каждой ступени.

М. Санилевич: Как объяснить ребенку, что значит выйти из этого мира в Высший мир?

М. Лайтман: Выйти в Высший мир – не означает парить в воздухе, подобно птицам или бабочкам. «Выйти» – означает почувствовать в восприятии. Помимо того, что мы сейчас ощущаем окружающий нас мир в наших пяти органах чувств, существует в нас также «точка в сердце», желающая наполнить себя с помощью чего-то дополнительного. Это называется шестым чувством или душой. И если мы развиваем ее, то начинаем ощущать то, что находится за этой оболочкой, позади всего этого мира.

Наш мир, в конечном итоге, похож на театр, за ширмами, завесами и картинами которого ты начинаешь ощущать силы, управляющие этим миром. Ты видишь себя, души, миры. Ты чувствуешь, в какой форме существовал до того, как спустился в этот мир, и что с тобой будет после выхода из него, то есть ты начинаешь видеть жизнь в ее бесконечном потоке, ощущать природу вечной, в ее непрерывном течении. Это называется постичь будущий Высший мир, духовный мир. Каждый может к этому прийти – и прекрасно, что об этом спрашивает ребенок. Объясните ему это!

КАК ОБЪЯСНИТЬ РЕБЕНКУ, ДЛЯ ЧЕГО ОН ПРИШЕЛ В ЭТОТ МИР, НЕ ОБМАНЫВАЯ ЕГО И НЕ ПУГАЯ

М. Санилевич: Вопрос Бэки: «Моя десятилетняя дочь спросила меня: «Для чего я пришла в этот мир?» Что ей ответить?»

М. Лайтман: Такой вопрос от десятилетней девочки вполне нормален. Есть дети, задающие его в 6-7 летнем возрасте. Это очень серьезный вопрос. Мы думаем, что это детские вопросы, которые скоро забудутся. Но это неверно. Что ей ответить? Нельзя лгать.

М. Санилевич: Что это значит?

М. Лайтман: Слушательница сама должна учиться, чтобы знать, как ответить. Иначе как она ответит на вопрос, для чего человек пришел в этот мир? Человек пришел в мир, чтобы развить свою душу. Тело, так или иначе, будет существовать, не важно, в каком виде и в каком месте: в Малайзии, в Израиле, в Европе или Америке, – все это не имеет значения. Где бы я ни находился, кем бы ни был, у меня есть возможность развить душу – вечную часть. В течение этой жизни я могу соединиться с ней и продолжить жить вечно.

Есть якобы два уровня. Я живу на материальном уровне и в этом уверен, потому что мое тело, как любое животное, будет жить, если я минимально буду заботиться о его существовании. Вместе с тем я могу подняться на другой уровень жизни, вечный, с которым иду все время. И даже когда через восемьдесят с чем-то лет я завершаю эту жизнь, то продолжаю свою духовную жизнь дальше неограниченно.

М. Санилевич: Я слышал от людей, что именно такие понятия, как «вечность» и «вечная жизнь», отталкивают их.

М. Лайтман: Но мы и так в этом находимся, только без знания и осознания, словно капля семени. Мы должны себя развить, и нам раскроется новая жизнь, духовная, полная света, наслаждений, наполнений. Так какой смысл изо дня в день заниматься разными вещами, не ощущая в этом пользы? «Не по своей воле ты живешь»! В конце концов, люди должны дать себе на это ответ. Посмотри, отчаяние стало болезнью номер один. Вопрос – «для чего я живу» – остается без ответа, и это сегодня удар для человечества.

М. Санилевич: Почему же термин «вечность» пугает людей?

М. Лайтман: Потому что они думают, что это такая же жизнь, как сейчас, да еще навеки! (Смех.) А я говорю о духовном уровне. Необходимо, чтобы они его немного «отведали»: «Вкусите и убедитесь, как хорош Творец»! Пусть отведают каплю этой безграничной духовной жизни, ведь наше непонимание исходит из ограничений наших пяти органов чувств. Мы всегда в напряжении, всегда за чем-то гонимся, всегда некто готовит нам нечто неприятное. А когда ты приподнимаешься на духовный уровень, то видишь, что там покой и безмятежность. Понятие Бесконечности означает отсутствие границ. Это значит, что ты неограничен, чувствуешь себя в измерении, напоминающем ощущение детства: все открыто, легко, безгранично, весь мир светит мне! Так разве не стоит?! – Давайте развиваться!

ВЫПОЛНЯТЬ СВОИ ПОРУЧЕНИЯ ВМЕСТЕ С РЕБЕНКОМ

М. Санилевич: Вопрос Ольги: «У меня двое детей: дочери 10 лет, сыну шесть с половиной. Дочь не помогает дома и плохо учится. Она не отказывается от наших просьб, но ничего не делает. Например, мы договорились, что она будет вынимать посуду из посудомоечной машины, но на практике она делает это после многих напоминаний. И так во всем. Я пыталась говорить с ней, но объяснения не помогли, и я сказала, что тоже не буду выполнять ее просьбы. Наши ссоры продолжаются, а ее упрямство растет. Что мы должны сделать, как изменить свое поведение, чтобы найти с ней общий язык?»

М. Лайтман: Каждый требует согласно своей природе: родители хотят одно, дети хотят другое, противоположное. И этому нет конца. Я думаю, что еще не поздно эту ситуацию исправить, хотя девочке уже 10 лет. Мы учим наших детей гораздо раньше и стараемся исправить их до того, как они окончательно портятся жизнью. Наша жизнь вроде бы устроена так, что побеждает сильный. И потому нам очень трудно воспитывать в детях способность давать, вкладывать, считаться с ближним, ведь мы во всех средствах связи поставляем им другой образец.

Все эти герои побеждают силой, убивают других и тем самым достигают успеха. И это огромный урон, который мы наносим себе и будущему поколению. Но если мы все-таки покажем детям правильный пример, если они увидят, что нам это тоже важно, что не стоит бороться друг с другом: я сделаю это – ты сделаешь то. Нет, все делать только вместе, и это будет по-другому. Что делать вместе? Сначала попробуйте поискать на нашем сайте подходящие программы в разделе воспитания. Далее: ту же посуду можно разбирать вместе. И другие виды домашней работы, выполняемые матерью или дочерью, можно делать вместе.

М. Санилевич: То есть выполнять часть поручений вместе и постараться прийти к сотрудничеству?

М. Лайтман: Верно. Начните с этого, а все остальное найдете в нашем разделе по воспитанию.

НАЛАДИТЬ ДУХОВНОЕ СОТРУДНИЧЕСТВО МЕЖДУ ЧЛЕНАМИ СЕМЬИ

М. Санилевич: Вопрос Ольги: «Что мне сделать, чтобы достичь мира и спокойствия с мужем и дочерью? Согласно каким законам я могу действовать?»

М. Лайтман: Мы уже говорили об этом в первой части программы. Если вы хотите, чтобы в семье был мир, необходимо наладить сотрудничество на максимально высоком уровне – духовное сотрудничество. То есть достичь такого состояния, когда у мужа и жены будет единая духовная цель – именно это их свяжет. Благодаря этому, они станут «как один человек». Когда души мужа и жены объединяются, то они образуют понятие одной души. И здесь есть взаимность, обоюдная помощь, способность поддержать друг друга в процессе приближения к цели. Ради этого им стоит быть вместе и ради этого стоит уступать во всех мелочах.

М. Санилевич: Здесь упоминается и дочь. То есть Вы имеете в виду, что вся семья: отец, мать, дети, – становятся партнерами единого процесса развития?

М. Лайтман: Разумеется! А для чего еще эта семья, в конце концов, существует? Просто жить, чтобы родить детей, которые в свою очередь продолжат род, и т.д.? Жить на животном уровне и все? Это не цель. Природа обязывает нас подняться на более высокий уровень, чтобы мы не жили только ради животных нужд. Хочешь или нет – это от тебя не зависит, ведь ты обязан реализовать Замысел творения. А это значит достичь уровня Творца. Причем, сделать это обязан каждый. Мы этого не делаем, а потому нас преследуют беды и проблемы. Но если мы это поймем, если просто захотим, чтобы наша жизнь в семье и с детьми была спокойной, то нам стоит прислушаться к тому, что говорит наука каббала. Примите духовную цель – это связывает людей чудесным образом!

М. Санилевич: Бывают случаи, когда только один член семьи увлекается духовным развитием, а остальные нет. Что Вы рекомендуете делать в такой ситуации, ведь часто люди пытаются навязать свое увлечение ближнему внутри семьи?

М. Лайтман: На это я всегда отвечаю, что запрещено навязывать: «нет насилия в духовном». Если супруг не хочет – не давить, но показать ему в положительной форме, что ваша связь была бы намного сильнее, если бы вы занимались этим вместе. И я думаю, что обычно в семье это понимают и начинают объединяться.

М. Санилевич: Но, ни в коем случае не давить?

М. Лайтман: Не обязывать!

ВОСПИТАНИЕ
(окончание)

Беседа третья, продолжающая вторую, к концу которой мы с удивлением узнаем о том, что есть кое-что, самое главное в жизни, чему родители, даже при всем своем желании, не смогут обучить своих детей.

СОБЕСЕДНИК: МИХАИЛ САНИЛЕВИЧ

ОБЪЯСНЕНИЕ ПРИРОДЫ ЧЕЛОВЕКА

М. Санилевич: Как воспитывать ребенка, склонного к насилию? Кроме рекомендаций смотреть вместе с ним каббалистические программы, есть ли некие практические советы, как реагировать на его вспышки насилия относительно окружающих? Что делать, когда он бьет другого ребенка?

М. Лайтман: Я думаю, что здесь могут помочь только пример и объяснение – ничего другого. Мы знаем, насколько попытки воздействовать на ребенка силой: закрыть, ограничить, обязать его, – не работают. Ведь он должен освободить, извлечь из себя это зло, а мы якобы действуем против его естества.

М. Санилевич: Но зло прорывается относительно других детей?

М. Лайтман: А сколько взрослые проявляют насилия? И если мы заключаем их в тюрьму, то разве получаем хороший результат? Согласно каббале, нет такого наказания. Есть убежище, но это нечто другое: если человек думает, что поступил правильно или неправильно, причинив ущерб другому, то может убежать, чтобы родственники того человека, которому он повредил, не мстили ему. То есть существуют другие способы воспитания и исправления человека. Тора принимает все существующее в человеке как начало его пути – отсюда и далее необходимо это исправлять.

Точно так мы должны относиться к ребенку: такова его душа, таковы его свойства, таково окружение, в котором он родился, такие у него родители, семья, мир. Все мы связаны друг с другом, и поэтому невозможно сетовать на то, что у меня родился такой ребенок. Он должен был родиться и пройти исправление в моей семье, и я должен относиться к нему так, что я исправляю душу. Это значит воспитывать в нем способность себя преодолеть. Буквально так, как я обучаю своих учеников и их детей, так я должен относиться к своему сыну.

М. Санилевич: Вы сказали: пример и объяснение. Какое объяснение Вы дали бы в этом конкретном случае ребенку, который бьет других детей?

М. Лайтман: Я объяснил бы ему, почему он такой, что им движет, почему он так относится к другим людям. И я бы повторял это объяснение в самых разных формах, добавляя, почему он должен делать наоборот.

М. Санилевич: Это ему не надоест?

М. Лайтман: Нет. А почему мы изучаем науку каббала десятки лет, и это нам не надоедает? Потому что каждый раз вместе с объяснением ты обнаруживаешь дополнительные новые понятия в себе и в мире. Ты постоянно раскрываешь мир и видишь, что вся красота исходит именно из соединения всего существующего, – и в этом ты раскрываешь Высший замысел.

М. Санилевич: Давайте проиграем эту ситуацию: я сын, Вы отец. Мы гуляем, и я бью другого ребенка. Что дальше?

М. Лайтман: Я приглашаю тебя на урок и начинаю объяснять, почему природой человека является желание насладиться. Это желание может быть и злом, и добром: зло – за счет другого, добро – в пользу другого. Я объясняю, что мы теряем и что приобретаем от природы, от Творца, если поступаем так или иначе; в чем состоит наше исправление. Когда мы поднимаемся над эгоизмом, то именно там начинаем формировать в себе духовного человека.

М. Санилевич: На следующий день мы опять гуляем, и ситуация повторяется.

М. Лайтман: И я опять все повторяю. Кроме того, я стараюсь найти интересные высказывания, даю ему их читать, а сам слушаю. Пусть он задает мне вопросы и т.д. У тебя нет иного средства для исправления человека.

М. Санилевич: Я должен его наказать?

М. Лайтман: Ни в коем случае! Наказанием ты вызываешь в нем ненависть к тебе и к тому ребенку, из-за которого он получил наказание. Теперь он будет бить его вдвое больше. Ты должен объяснить ему, почему он так делает, что это делает вообще не он, а некое животное, которое в нем находится.

 Ребенок должен осознать себя и осознать в себе зло: что есть зло – змей, эгоизм, – которое вовсе не он. И ты должен показать, что любишь именно его, но не его эгоизм. Необходимо дать понять ребенку эту разницу: твое отношение к нему – и к его эгоизму, и чтобы он к себе тоже так относился.

Есть «Я» и нечто, постоянно заводящее меня относительно всех. Я ненавижу это нечто: оно мой враг! И тогда он увидит, что на самом деле должен справиться с чем-то внутренним. Тогда ты объяснишь ему, чего он, благодаря этому, добьется, к каким достижениям придет. Ты можешь привести ему примеры из своей жизни, что и у тебя это происходит. Ты не раздаешь тумаки на улице, но можешь плохо подумать, нарушить правила, разозлиться, забыть, что это животное постоянно терзает тебя. То есть в различных ситуациях ты показываешь ему, что тоже стараешься превозмочь это внутреннее зло.

М. Санилевич: Я могу показать ему и свою слабость, схожесть ситуации?

М. Лайтман: Безусловно! И тогда вы будете друзьями: он все от тебя примет и еще поделится тем, что с ним произошло, потому что увидит в тебе компаньона.

М. Санилевич: Следовательно, я могу с ним говорить совершенно свободно?

М. Лайтман: Написано: «Воспитывай отрока согласно пути его». Ты обязан опуститься на его уровень, показать методику и примеры.

М. Санилевич: Здесь важно давать ему истинную картину моего внутреннего мира или показывать себя наполовину ангелом?

М. Лайтман: Нет, ты не ангел, ты человек, и нельзя тебе ничего изображать. Это не вызывает доверия. Ты просто должен показать ему, что у тебя есть опыт и методика. И с помощью этой методики – науки каббала – ты знаешь, уже пробовал и уже способен противостоять некоторым вещам. Ты знаешь причины и следствия различных ситуаций и понимаешь, каким образом из них выходить. Повторяю: постоянно читай с ним первоисточники.

М. Санилевич: Вопрос: «Я слышала, что Вы рекомендуете обучать детей относиться ко всем с любовью. Таким образом они поднимаются над своими инстинктами и эгоизмом, и им раскрывается совершенный духовный мир. Имеете ли Вы в виду, что относиться ко всем с любовью означает быть со всеми милым и приятным? Я хочу понять, на какое поведение ориентировать детей?»

М. Лайтман: Прежде всего, если мы привьем человеку такую форму поведения – быть милым и приятным, – то это, наверняка, будет лучше, чем спорить со всеми, злиться или негодовать из-за того, что все его обманывают. Лучше противоположное: прощать других, – и пусть им будет хорошо. Безусловно, при этом человек проживет свою жизнь в большей уверенности и большем покое. Это касается обычной плоскости, что вовсе не отменяет более высокого уровня.

Если мы действительно говорим о любви и правильном отношении к ближнему, то человек, как бы выходя из себя и входя в ощущение ближнего, в той же мере входит в ощущение Творца: он начинает ощущать природу и воздействующие на него силы. И в соответствии с этим он начинает ощущать свою вечную жизнь, связь с Силой, действующей во всей реальности – с Творцом. Поскольку человек вышел из себя, оставил свой эгоизм, поднялся над ним, то ощущает себя вне него. И тогда, безусловно, он сможет устроить свою жизнь с полной уверенностью и в самой лучшей форме, поскольку вне эгоизма находится Творец – общая управляющая Сила.

М. Санилевич: Вы говорите здесь о двух уровнях: земном и духовном. Как, относительно них, мы можем направить мать, желающую знать, что сегодня вечером сказать своему сыну?

М. Лайтман: Это зависит от того уровня, на котором мать способна преподнести детям эту мудрость – мудрость поведения в этом мире. Это также зависит от возраста ее детей.

М. Санилевич: Давайте возьмем общий случай: мать посмотрела нашу программу, получила впечатление от понравившейся ей идеи и хочет воспользоваться ею как методикой воспитания своих детей, находящихся в различных возрастах.

М. Лайтман: Нужно войти в детский раздел нашего сайта. Там находятся всевозможные рассказы, сказки, притчи, высказывания мудрецов, клипы, фильмы и даже театральные сценки. Весь этот материал объясняет, почему нам стоит хорошо относиться к окружающим.

М. Санилевич: Вы можете сказать для матери 2-3 фразы, с которыми она придёт к детям в конце нашей программы?

М. Лайтман: Она должна обучать ребёнка так, чтобы он наверняка преуспел в любом обществе, чтобы в любой ситуации, в любом окружении ему было хорошо. Это она хочет передать ребёнку, а он хочет услышать, как вести себя, чтобы его принимали и уважали.

 В обществе самых больших преступников и злодеев можно поладить со всеми при правильном поведении, когда человек поднимается над своим эгоизмом. Тем самым он обезоруживает всех и удерживает от плохого к себе отношения.

М. Санилевич: Я запутался. Что именно она должна сказать своему ребёнку после нашей программы: «Будь милым с детьми в детском саду» или «Соединись с Творцом»?

М. Лайтман: Нет–нет! Нужно войти на наш сайт. Ей пока нечего сказать, ведь для того, чтобы что-то сказать, нужно много учиться. Но когда она войдёт на сайт, то найдёт там игры, примеры, сказки, программы для детей и попросит ребёнка посмотреть их. Посмотрев всё это, он начнёт меняться. Эти программы будут воздействовать на него, объясняя, почему стоит так себя вести.

ИГРА, ПЕРЕВОРАЧИВАЮЩАЯ ПРИРОДУ ЧЕЛОВЕКА

М. Санилевич: Вопрос Светланы: «У меня двое детей. Когда они ссорятся, я говорю одному из них: «Уступи брату, дай ему». Но почему, собственно, ребёнок должен это делать? Должны ли мы в соответствии с наукой каббала воспитывать детей, чтобы они уступали, или учить их увеличению эгоизма?»

М. Лайтман: В нашем центре есть около 200 детей, и они, как и дети в наших центрах изучения каббалы по всему миру, учатся в соответствии с методикой, адаптированной для детей. Мы объясняем им, что речь не идёт об уступке: ты не должен уступать другому, – это против природы человека. И действительно, если мне что-то положено, я могу это взять или отобрать у другого силой, то почему я должен уступать?! Мы видим, что такова природа, и, фактически, дети естественным образом ею пользуются. Ребёнок ведёт себя согласно природе – что же тут можно сделать? Поэтому мы объясняем ребёнку, почему наша природа такова и зачем мы должны ее изменить. Мы вводим ребенка в иные рамки, и он видит пример того, как это делают и большие, и маленькие. Мы объясняем ему, ради чего они это делают, что от этого выигрывают, и почему Высшая сила играет с нами в такую особую игру.

М. Санилевич: Что это за игра?

М. Лайтман: Мы переворачиваем свою природу: от себя – к ближнему. Вместо того чтобы желать использовать все, что я вижу в жизни, для собственного блага, я должен научиться делать так, чтобы я и ближний стали одним целым, ведь, в конечном итоге, мы одна душа. Это скрыто от нас, но мы на самом деле относимся к единому организму. И сегодня вся наша жизнь постепенно раскрывает нам это в процессе глобализации, во взаимосвязи, в отсутствии выхода.

М. Санилевич: Но прежде Вы сказали, что это не уступка?

М. Лайтман: Да, это не уступка.

 Если я отношусь к ближнему так, как будто он является частью меня, то своей отдачей я присоединяю его к себе. Тем самым я раскрываю, что он относится ко мне, что я и он – одно и то же.

Получив такое объяснение, люди начинают это видеть, потому что это явление существует в природе. Благодаря этому видению, у них изменяется восприятие реальности: они начинают видеть реальность, в которой мы все «как один человек с одним сердцем». Они начинают понимать, что «возлюби ближнего своего, как самого себя», отдача и любовь – это не просто красивые лозунги, а истинная вещь, существующая в природе. Но поскольку мы этого не чувствуем, то поступаем противоположным образом и тем самым причиняем себе зло. Ведь если каждый из окружающих является частью моей души, частью меня, то своей отдачей я вовсе не уступаю ему, а даю своей собственной части. И этой отдачей я раскрываю, что это мое. Так это раскрывается в науке каббала и называется раскрытием Творца, высшего состояния, духовного Высшего мира.

М. Санилевич: Следовательно, то, что кажется мне потерей или уступкой, о которой я сожалею, оборачивается приобретением чего-то большего, о чем я даже не предполагаю?

М. Лайтман: Верно. Ты приобретаешь этим все души, которые становятся частью тебя, и начинаешь ощущать в них силу жизни, которая является вечной. Внутри себя самого ты ощущаешь лишь краткую, ничтожную физическую жизнь, полную всевозможных трудностей, и ничего более. Но если ты таким образом связываешься с другими, то в своей связи с ними, в них, ты раскрываешь свою вечную жизнь.

КОГДА ЧЕЛОВЕК ЧУВСТВУЕТ НЕ ТОЛЬКО СЕБЯ

М. Санилевич: Вопрос Эли: «Что происходит в нашей стране с детьми? Я плачу, слушая новости: родители убивают свих детей, дедушка убил внучку, мать утопила сына. Я содрогаюсь и не знаю, как относиться к этим ужасам?»

М. Лайтман: Я думаю, нам следует понять, что такие вещи время от времени случались и раньше.

М. Санилевич: Но не с такой частотой, как сейчас! Обилие такого рода происшествий приводит людей в замешательство. Это невозможно переварить!

М. Лайтман: Верно, но я все же хочу поставить все на свои места. У СМИ есть возможность информировать нас о событиях во всем мире. Вроде бы я нахожусь в одном месте, вокруг меня ничего не происходит, а где-то бушуют ураганы, происходят убийства, ведутся войны. В одном месте развалился мост, в другом разрушилось здание, произошла автокатастрофа, разбился самолет – короче, тысяча происшествий. И я удивляюсь: раньше такого не было! Раньше не было, потому что сейчас возросла скорость развития и усилилась частота происшествий. А также у СМИ есть возможность донести до меня информацию, превратив ее в сенсацию, – это, во-первых. Во-вторых, наше желание, наш эгоизм растет, а потому эти вещи становятся более распространенными. Есть несколько причин увеличения в нашем мире зла, но каждая из них действует сама по себе.

М. Санилевич: Мы сейчас говорим просто о семье: родителях и детях. Мне надоело ухаживать за ребенком – я его утоплю, он меня раздражает – я его выброшу. Такого никогда не было! Давайте не будем искать причины, приводящие к этому, а спросим: будет еще хуже?

М. Лайтман: Будет еще хуже, пока мы не исправим себя! Несомненно, будет хуже! Мы должны подняться из материального мира в духовный, используя наш огромный эгоизм, который постоянно растет и становится хуже. Это «помощь с другой стороны», а мы не делаем этого.

М. Санилевич: А если будем использовать, то отношения между родителями и детьми улучшатся, все станут терпеливее?

М. Лайтман: Когда мы достигаем уровня «возлюби ближнего своего, как самого себя», когда все становятся как братья, как любящие, то у человека нет плохих мыслей или желаний относительно другого. И это касается всех. Ты думаешь, что существует различие между чужими людьми и семьей? В человеке настолько выросло неприятие ближнего, что даже собственный ребенок стал чужим. Его эгоизм достиг такого уровня, что его не волнуют члены семьи, он никого не чувствует близким: чего вдруг я должен страдать, чего вдруг он ко мне относится? Как я его принял, так могу и выкинуть!

И это происходит как со стороны родителей, так и со стороны детей. Дети в раннем возрасте покидают дом, а родители этому противятся? – Нет! Они говорят, что это нормально, и им от этого не больно. Но ведь больно! Если птенцы покидают гнездо, то это понятно: молодое поколение всегда устремлено вперед. Но чтобы родители не хотели удержать их еще на какое-то время дома?! Когда-нибудь такое было?! У меня – нет, и до сих пор нет! Я в 17 лет уехал в другой город учиться, но дома беспокоились обо мне. А сегодня заботы нет ни со стороны детей, ни со стороны родителей.

М. Санилевич: Выходит, что с ростом эгоизма отношение к собственным детям становится подобным отношению к ближнему?

М. Лайтман: Растущий эгоизм не хочет признавать никого: я чувствую себя, а все остальные не существуют, включая детей.

По этой же причине люди разводятся.

М. Санилевич: К разводам мы привыкли, а дети – это нечто новое.

Но давайте от этой горькой реальности перенесемся в исправленный мир: опишите, пожалуйста, какие отношения тогда будут между родителями и детьми?

М. Лайтман: У человека и к родителям, и к детям, и к друзьям, и просто к ближнему будет то же самое отношение – любовь. Ты слышишь? То же самое отношение! Странно? Но будет именно так! Поэтому мы сейчас видим в нашем развивающемся эгоизме, что человек одинок – все вокруг чужие. Но когда он исправит эгоизм, все будут близкими.

М. Санилевич: Вы хотите сказать, что я буду относиться к своему сыну...

М. Лайтман: ...и к моему – одинаково! К своему или моему сыну, ко мне или любому человеку ты будешь относиться одинаково – все равны.

М. Санилевич: Но как возможно, что я буду любить своего сына так, как люблю Вашего сына?

М. Лайтман: Ты будешь находиться выше животного уровня, и твоя духовная часть будет управлять материальной животной частью: инстинктивной любовью к своему потомству, присущей любому животному. Ты будешь относиться к людям на уровне «человек». Это значит, что духовное будет выше материального и сильнее его. Тогда я не почувствую и даже не замечу различия между своим ребенком, твоим или чужим.

М. Санилевич: Откуда же я возьму силу любить всех? Я с трудом обеспечиваю своих четверых детей, а Вы говорите, что весь мир – мои дети! Откуда у меня возьмутся силы, внимание, забота, любовь?

М. Лайтман: И все-таки мы видим, что нечто подобное написано в Библии: весь мир – твои товарищи, дети, родственники, ты должен любить всех! Причем любить не теоретически, издалека, а испытывать это внутреннее чувство. Именно оно обяжет тебя относиться так к другим.

М. Санилевич: Но откуда берется сила любить всех?

М. Лайтман: Свет Творца среди нас, и он дает нам и силу ненависти, и силу любви. И нет тут никакой проблемы. Напротив: ты расширяешься, плодишься, наполняешься! У тебя есть бесконечная энергия, и ты чувствуешь всех одновременно! Не то, что ты должен обо всех думать по очереди, нет: ты чувствуешь, будто все находятся в тебе – это и есть «Я». И это не трудно, потому что они становятся твоими частями. Я понимаю, что сегодня тебе трудно думать даже о твоих четверых детях: этому дать, другому приготовить, ой, забыл про третьего и т.д. Но в духовном это происходит естественно, поскольку система едина. Это прекрасно, и мы к этому придем. Программа ясна, и нам придется ее выполнить. Проблема в том, зачем задерживаться в пути и страдать от ударов, которые еще нам предстоят? Поэтому необходимо быстрее рассказать всем – возможно, они захотят! А новости, действительно, неприятные.

КОМПЬЮТЕР КАК УСКОРИТЕЛЬ ДУХОВНОГО РАЗВИТИЯ

М. Санилевич: Мой сын, второклассник, так увлечен компьютером, что забывает о еде. Проходит полдня, мать зовет его обедать, а он не слышит. Но когда компьютер выключают, то он жалуется: «У меня болит голова, болит тело, я не ел с утра!» Вы сейчас напомнили мне об этом: человеку, сидящему за компьютером, вроде бы ничего не надо!

М. Лайтман: Компьютер каждые два часа ему напомнит: «Встань, подпрыгни десять раз». И покажет, как прыгать! Он попрыгает перед компьютером и снова сядет. (Смеются). Поверь мне, это самое лучшее и самое полезное из всех других занятий, причем для всех людей! Было бы хорошо, если бы им занялось все человечество.

М. Санилевич: Как это связано с духовным развитием?

М. Лайтман: Это сеть, через которую духовность может достигнуть каждого с легкостью. Я уверен, что нам удастся создать машину, которая четко, точно и синхронно будет переводить информацию на все языки. Тогда все смогут общаться друг с другом, как письменно, так и устно. Следовательно, у меня нет проблемы связаться с семью миллиардами человек. Все, что я услышу и увижу, будет на понятном мне языке. Кроме того, я смогу быстро классифицировать все, что есть в мире. Я сразу же почувствую, что собой представляет эта сеть, как это чувствует твой сын. Он воспринимает мир как нечто находящееся перед ним, предназначенное и готовое для связи с ним. И тогда он быстро его отсортирует: это нужно, а это нет, для чего и почему – весь мир будто перед ним.

Человек, владеющий всеми возможностями, может очень быстро развиться, пропустив через себя различные картины развития. В течение десяти–двадцати лет поколение сделает много выяснений в жизни и в мире. И к чему придет? Придет к пониманию того, что все находящееся в компьютере ему не нужно и его можно выключить.

В этом же компьютере, в его большом мире придет к человеку наука исправления, подъема на другой уровень, отличный от того, который он видит на экране. Это ступень совершенного мира, где между людьми связь не виртуальная, а духовная: не через клавиатуру и экран, а через внутреннюю связь, с помощью которой человек оседлает эгоизм, поднимется над нашими огромными сосудами желаний и почувствует духовный мир. И это будет не наш мир, помещающийся на экране компьютера, а экран, о котором говорит наука каббала, и через который мы увидим мир Бесконечности, духовный, неограниченный мир. Человек поднимется выше нашего временного тела и его проблем.

Все это придет к человеку через компьютер. Тогда у него появится возможность рассортировать, упорядочить, выяснить и войти в духовный мир. Я вижу виртуальный мир, который сейчас развивается очень быстро, как материальное средство, от которого мы перейдем к средству духовному. Я думаю, что это произойдет уже в нашем поколении, максимум в следующем. Поживем – увидим. И даже если человек будет пользоваться Интернетом не ради подъема в духовный мир, а просто после работы, необходимой для поддержания существования, если он будет проводить больше времени у компьютера, меньше работать и меньше суетиться, то это только пойдет ему на пользу.

М. Санилевич: Это словно ZIP-архив для всего мира: собираем в один ZIP весь мир и помещаем у нас дома в компьютере.

М. Лайтман: Представь, что сегодня мы не должны перемещаться вокруг света: отмени самолеты, корабли, супермаркеты – отмени все. Оставь только то, что необходимо для поддержания жизни. Все внутреннее богатство человек получит через компьютер, наполнит себя всем. Все зависит от развития коммуникации между нами и всем миром, а это даст нам Интернет. Я вижу в этом инструменте материальное средство для достижения духовности – ускоритель. Кроме того, это ключ к чистому и здоровому миру, даже не принимая во внимание каббалу.

КОГДА РЕБЕНОК ОБМАНЫВАЕТ И ГРУБИТ

М. Санилевич: Вопрос Роберта: «Что делать с десятилетней девочкой, которая все время обманывает? Может ли это происходить от страха?»

М. Лайтман: Возможно, это природное свойство. Недавно исследователи обнаружили особый ген, вызывающий склонность обманывать.

М. Санилевич: Это связано со страхом?

М. Лайтман: Нет. Просто человек испытывает позыв обмануть. Он представляет себе ситуации, отличающиеся от действительности, и в них живет. Нам кажется, что он обманывает, но для него это его реальность.

М. Санилевич: Вопрос Эли: «Моя двенадцатилетняя дочь постоянно мне грубит. Я не знаю, как с этим справиться, ведь даже если я наказываю ее, она вновь и вновь ведет себя по-прежнему. Разве воспитание ребенка не проистекает из желания родителей властвовать над ним?»

М. Лайтман: Дочь учится у матери науке властвовать над людьми. Она видит, что мать властвует и тоже хочет властвовать в ответ – это реакция на поведение матери: одно против другого. Мы должны демонстрировать детям лишь примеры. Смотрите, отец берет молоток, гвоздь и выполняет какую-то работу в доме. Ребенок берет что-то, напоминающее молоток и гвоздь, и делает то же самое. Он не знает, что именно он делает, но природа обязывает его учиться на примере взрослого: ребенок подражает ему, как обезьянка.

Если так, давайте спроецируем это действие на более взрослых детей. Мы должны подавать пример – это единственное, благодаря чему человек учится. В противном случае далее учеба может происходить путем жестких ограничений, больших страданий, под нажимом, но все это не помогает. Разве те, кто выходит из тюрьмы, становятся лучше? Нет, они выходят оттуда еще больше испорченными, пройдя там определенную школу. Ограничения, давление, удары помогают лишь тогда, когда человек понимает, что они применяются ради его блага. Мы уже говорили о том, что когда-то, воспитывая детей, учитель бил их. Спроси своего дедушку, не так ли это происходило?

М. Санилевич: Именно так!

М. Лайтман: В России ребенок должен был целовать палку или линейку, которой его наказывали. Тем самым ему хотели объяснить, что, получив удар, он должен понять, что это для его же блага. Поэтому ребенок должен поцеловать палку. Ты понимаешь, какие чувства пробуждает в ребенке такое наказание. Тем самым объясняли ребенку, что наказание – для его же блага. Так воспитывали, объясняя, но при этом никогда не кричали на ребенка и не били его на месте!

М. Санилевич: Вы можете дать нашей зрительнице совет применительно к той ситуации, в которой она находится?

М. Лайтман: Нужно помочь человеку отделить себя от своей природы. Поэтому стоит сказать ребенку: «Ты видишь, насколько по своей природе ты нагл, горд, упрям и властолюбив? Но все это не ты! Все это существует внутри тебя. Хочешь попытаться выйти из этой плохой природы, находящейся внутри тебя, и изменить ее? Тогда ты будешь вести себя с окружающими иначе, и тебе при этом будет хорошо – ты выиграешь!» То есть нужно отделить ребенка от его природы. Такое обучение – спасение для ребенка, и это основа воспитания.

М. Санилевич: Возможно, матери стоит попытаться продемонстрировать дочери, что и она проходит тот же процесс, что и в ней есть такое же «животное», с которым она борется?

М. Лайтман: Безусловно. В соответствии с наукой каббала отцы должны воспитывать сыновей, находясь рядом с ними, как бы проходя те же ступени, те же состояния. И тогда ребенок учится у отца, а отец демонстрирует ребенку, что они проходят одни и те же состояния. Относительно Творца они оба равны, и взрослый лишь подает ребенку пример. Поэтому ребенок не чувствует, что кто-то принуждает его – ему лишь показывают пример, и он, видя это, ведет себя правильным образом.

СЫН ЧЕЛОВЕЧЕСТВА

М. Санилевич: Вопрос: «О чем говорит предложение: «В муках будешь рожать сыновей»?»

М. Лайтман: Об отдаче! Слово бэн (сын) происходит от слова мэвин (понимающий), и это следующая ступень, исходящая от отца. Родить свою следующую ступень действительно не просто, поэтому сказано, что «в муках будешь рожать сыновей». Но именно так мы продвигаемся.

М. Санилевич: Я не понял: говорится о мужчине? Объясните, пожалуйста!

М. Лайтман: В каждом из нас – и в мужчине, и в женщине – есть желание получать. Это желание в нас пустое, а потому называется нуква (нэкэв – отверстие, пустота). И написано, что в муках от этой пустоты «родишь сыновей». То есть от ощущения невозможности наполниться чем бы то ни было, ты начинаешь искать и продвигаться, пока не сможешь «родить сына»: понимание, будущее развитие.

М. Санилевич: И это, в принципе, моя следующая ступень?

М. Лайтман: Совершенно верно. Конечно, это происходит в муках, под давлением. Мы видим, в каком состоянии сегодня находится мир – это состояние можно назвать родовыми схватками.

М. Санилевич: И кто же родится у человечества?

М. Лайтман: Родится «сын» – понимание. У человечества должно родиться истинное, глубокое и всестороннее понимание того, в каком мире мы существуем, почему проходим такие встряски, что можем с этим сделать, в каком направлении развиваться.

М. Санилевич: Каким будет этот «сын»?

М. Лайтман: Он будет хорошим и умным.

М. Санилевич: Вы занимаетесь развитием этого хорошего «сына», который родится?

М. Лайтман: Именно того, который не знает, что спросить. Сказано: открой ему! Мы должны раскрыть в человечестве способность спрашивать.

М. Санилевич: Вы действительно видите, что «сын», который родится у человечества, будет хорошим?

М. Лайтман: Я уверен, что он будет хорошим, так как человечество начинает понимать, что наше сегодняшнее состояние особенное, и мы обязаны найти пути для спасения от страданий.

СОЗДАЙТЕ ХОРОШЕЕ ОКРУЖЕНИЕ ДЛЯ ВАШЕГО РЕБЕНКА

М. Санилевич: Вопрос: «Здравствуйте! Меня зовут Нина. Я из Киева. Мои знакомые воспитывают внука сами, потому что их дети сидят в тюрьме за воровство. Они переживают, что эта наследственность генетически может передаться ребенку. У них есть возможность определить ребенка в самую лучшую частную школу и нанять воспитателей. Скажите, пожалуйста, хорошее сообщество может повлиять на ребенка так, чтобы он стал другим человеком – не таким, как родители?»

М. Лайтман: Не знаю, насколько самая лучшая частная школа или самые лучшие частные воспитатели могут что-то сделать с ребенком.

Но хорошее, правильное окружение, которое благодатно влияет на ребенка, даст ему хорошие мысли, займет его хорошей игрой. Ребенку обязательно надо подобрать такое окружение. Отдать его в хорошие спортивные игровые секции, где во взаимодействии с остальными он увидел бы, что зависит от других, допустим, как в футболе или хоккее, в которых победа зависит от всех, или еще какие-то клубные, групповые игры. Надо обязательно его отдать в такие места, где он увидит, что зависит от других, и что другие зависят от него – это первое.

И второе, чтобы отношения между ним и его окружающими были добрыми, а не злыми, потому что действительно хорошие, чуткие и дружеские взаимоотношения могут быть и в воровской команде. А мы говорим о том, что связь между людьми в такой команде должна быть доброй не только между ними, но и на благо всем остальным. Вот этому его надо учить. И поэтому надо найти или создать такое окружение, которое бы его постоянно в этом держало. Привыкнув, он бы увидел, что так и надо существовать, и это воспитание стало бы его второй природой, второй натурой.

М. Санилевич: То есть общество сильнее, чем генетика?

М. Лайтман: Человек полностью, абсолютно зависит от общества! Родившись с определенными генетическими данными, под влиянием общества он может менять их применение. Даже если у него есть склонности, заранее заданные при рождении от родителей или от далеких предков, к каким-то особым действиям, эти задатки он может реализовать положительно или отрицательно. Он может быть как полицейским, так и вором. То есть он может использовать свои склонности или на пользу обществу, или во вред ему. Это зависит уже от окружения, от конкретного воспитания, которое ему дают. А воспитание зависит только от примера, который он видит вокруг себя.

КОГДА ВЫСШАЯ СИЛА ПОМОЖЕТ ВАШЕМУ РЕБЕНКУ

М. Санилевич: Вопрос Бернарда: «Если воспитывать ребенка только в любви к ближнему, сможет ли он устроиться в сегодняшнем эгоистическом мире?»

М. Лайтман: Да, причем увереннее, чем все жестокие эгоисты, воры и т.д. Он устроится гораздо лучше! Несомненно, это будет его оберегать, несомненно, он будет находиться в равновесии с духовностью, и духовная Высшая сила поможет ему.

М. Санилевич: Но на первый взгляд это звучит как противоречие! Если ты в эгоистическом мире живешь с любовью к ближнему, то все пользуются тобой!

М. Лайтман: А где те эгоисты, которые на самом деле наслаждаются в этом мире? Кто из них не пребывает в отчаянии, не употребляет наркотики, не погружен в различные проблемы и разочарования? Они разводятся, убивают себя и чего только не делают в своих аномалиях! О чем мы говорим?! Я не видел человека, который благодаря эгоизму стал бы веселым и по-настоящему счастливым! Конечно, он пытается себя ограничить, говоря: «Мне этого достаточно». Но он просто притворяется, будто счастлив, и все.

М. Санилевич: Но давайте представим себе такую ситуацию: ребенок учится в школе в обычном классе среди нормальных, здоровых эгоистов, а он воспитан в любви к ближнему. Как этот ребенок сможет существовать в обществе детей-эгоистов?

М. Лайтман: Если он не будет брать с них пример и будет самим собой, то его не тронут.

М. Санилевич: Что это – мистическая сила? Что значит «его не тронут»?

М. Лайтман: Это не мистическая сила. Просто они почувствуют, что он вне этого. Ведь я как эгоист хочу одолеть меньшего эгоиста. Тогда я ощущаю себя победителем.

Но если я вижу кого-то, кто вообще вне этой игры агрессивных сил, то и не приближаюсь к нему. Это в природе человека! Я хочу победить именно другого эгоиста, показать себе и ему, что я главный. А когда кто-то этим вообще не занимается, я с ним не конфликтую, не получаю наслаждения от того, что нападаю на него – мне не над кем властвовать! Это очень специфическое явление, хорошо известное психологам. Но вместе с тем учи ребенка, как написано, искусству борьбы, чтобы не был простаком, если ему грозит убийство.

М. Санилевич: В школе еще не убивают, но если ему хотят навредить…

М. Лайтман: Это нечто другое. Он должен уметь за себя постоять, если люди просто так его оскорбляют. Это верно, но если речь не об этом, то надо пытаться ко всем относиться хорошо и с любовью. Именно этим он как раз подкупит всех.

ТАК КАК ЖЕ СОЗДАТЬ ПРАВИЛЬНОЕ ОКРУЖЕНИЕ ДЛЯ РЕБЕНКА?

М. Санилевич: Вопрос Германа: «За последнюю неделю мы слышим о подростках в возрасте 12-13 лет, которые замешаны в насильственных действиях: поножовщине, воровстве. В Англии подросток тринадцати лет стал отцом, что вызвало бурю в обществе. Ситуация с подростками усугубляется, и родители не могут с ней совладать. Что можно сделать?»

М. Лайтман: Мы живем в такое время, когда эгоистическое желание в человеке растет гораздо быстрее, чем в предыдущих поколениях. Это видно на примере развития технологии: технологический прогресс, произошедший в 20-ом веке, превышает весь предыдущий период истории человечества. За это столетие произошли огромные изменения: революции в человеческом обществе и в технологии, выход в космос, использование ядерной энергии, создание Интернета, коммуникаций, глобализация. Соответственно этому мы должны понять, что все это является результатом эгоистического развития человека. Но правильно ли мы реагируем на это развитие?

М. Санилевич: Технологическое развитие можно определить как явление положительное и полезное. Здесь же мы говорим о подростках, которые становятся «маленькими чудовищами».

М. Лайтман: Верно, ведь мы неправильно к ним относимся. Растущий в человеке эгоизм должен получать методику исправления, методику правильного поведения, соответствующего его новому состоянию. Мы же этого не делаем. Мы не меняем программы образования и воспитания соответственно развитию человека.

Мы хотим наполнить его знанием, но не понимаем, в чем суть изменений нашего эго.

Мы должны дать человеку формы правильного и подходящего ему поведения, которые ребенок воспринял бы с пониманием. Вместе с тем, он должен почувствовать, что если будет так себя вести, то будет хорошим ребенком. Мы же даем ему такое образование и такие законы поведения в обществе, которые подходили прошлым поколениям. А они не воспринимаются и не прививаются новому поколению, а потому возникают проблемы в воспитании.

М. Санилевич: Но ведь в школе не обучают колоть ножом своих друзей!

М. Лайтман: Но также и не формируют человека за годы учебы. Окончив школу, я не изменился по сравнению с тем, каким был. Мне не объяснили, кто я, откуда появился и почему. Откуда мои устремления, желания и мысли? Как я должен себя вести, чтобы наполнить свои желания правильно, иначе ко мне придут с требованиями и побоями? Вроде бы я должен учиться этому, но где? Выходит, что наши дети растут без внутренней программы поведения.

М. Санилевич: Какую внутреннюю программу поведения Вы дали бы в школе? На прошлой неделе в школе двенадцатилетний ребенок ранил ножом товарища. Допустим, Вы сейчас входите в класс как воспитатель. Сможете ли Вы правильно среагировать на стремление подростка кого-нибудь ранить?

М. Лайтман: Ты обращаешься ко мне в разгар проблемы, говоря, что сейчас мы обнаружили тяжелую болезнь, которой необходимо заняться. Но мы говорим об этом уже годами. И если ты считаешь, что иного выхода нет, и следует бороться с этой «болезнью» немедленно, несмотря на то, что опоздали уже на много лет, то необходимо начать, а результаты появятся через несколько лет.

М. Санилевич: Хорошо, с чего начнем?

М. Лайтман: Прежде всего, мы должны понимать, что поведение человека зависит от общества, в котором он находится. Поэтому мы должны позаботиться о том, чтобы каждого ребенка окружало общество, которое обяжет его вести себя иначе.

М. Санилевич: Что значит «обяжет его»?

М. Лайтман: Это значит, что каждый из нас является продуктом влияния общества. У каждого общества есть свои ценности, мысли, правила поведения. И каждое общество обязывает ребенка, да и взрослых тоже, вести себя соответственно тому, как их сформировало. Ведь кроме врожденных свойств и наследия, полученного от родителей, все остальное я получаю от общества. И от общества зависит, как я использую свои свойства: в плохом направлении или в хорошем. Об этом даже написано в Пятикнижии: если у ребенка есть склонность к жестокости, упорности, сделай его резником – пусть режет скотину, а не людей. То есть, кроме всего прочего, необходимо воспитывать ребенка в соответствии с его характером, находя наиболее подходящие формы для его развития.

М. Санилевич: Вы считаете эту проблему преодолимой?

М. Лайтман: Мы не только можем – мы обязаны преодолеть эту проблему. В противном случае через одно, два поколения мы окажемся в Содоме. Это будет ужасно – страшно выйти из дома! Уже сейчас учителя боятся зайти в класс. Есть группы детей, которые притесняют тех, кто не груб и жесток.

М. Санилевич: Какой же силой мы это преодолеем?

М. Лайтман: Только формированием общества, окружения. Окружение обяжет всех вести себя соответственно – нет никакого различия между людьми.

М. Санилевич: Допустим, я ребенок с устремлениями, о которых мы говорили: хочу властвовать, быть в классе «королем». Этого я могу добиться в драке. Если бы я находился в более исправленном обществе, что бы Вы со мной делали?

М. Лайтман: Я бы ввел в каждый класс, насчитывающий 30 учеников, примерно 5 инструкторов.

М. Санилевич: Взрослых?

М. Лайтман: Взрослых людей в возрасте двадцати, тридцати лет. Важно, чтобы они не только были взрослыми, но и понимали, что должны делать в классе. Они опустились бы до уровня детей и подружились бы с ними как товарищи. В процессе общения они постепенно меняли бы форму поведения, беря в классе бразды правления в свои руки, хотя внешне вели бы себя словно дети. Эти подготовленные двадцатилетние инструкторы делают все как, скажем, 12-13 летние дети, но постепенно формируют новый стиль поведения.

М. Санилевич: Это очень интересно! Но для этого необходимо много рабочей силы.

М. Лайтман: У нас столько безработных, столько мы создали в этом мире специалистов без рабочих мест и лишних профессий, а в инструкторах нуждаемся. Позже мы увидим от каждого выросшего ребенка столько пользы, что все затраты окупятся.

О ТОМ, ЧЕГО РОДИТЕЛИ, ПРИ ВСЕМ СВОЕМ ЖЕЛАНИИ, НИКОГДА НЕ СМОГУТ СДЕЛАТЬ ДЛЯ СВОИХ ДЕТЕЙ

М. Санилевич: Вопрос Татьяны: «У нас с мужем четверо детей. Очень важным для нас является воспитать в детях любовь и уважение к родным и посторонним. Это мы стараемся делать личным примером, в основном, нашим отношением к родителям и людям, окружающим нас. И все же отношения между детьми и их поведение иногда совершенно нестерпимы. Это проявляется как в общении их между собой, так и в отношении к родителям и окружающим. Нам бы хотелось знать, каков правильный путь воспитания в них чувства уважения к людям?»

М. Лайтман: Связь между детьми в семье всегда является проблематичной, и ею следует заниматься независимо от духовного принципа «любви к ближнему, как к самому себе». Это не относится к отношениям с посторонними людьми, а является внутренней семейной связью. Здесь действуют инстинктивные, природные механизмы, а также ревность детей друг к другу по отношению к родителям.

Каббала говорит о любви к другим людям. Другие – это те, кто не входит в семью. Внутри семьи возникает инстинктивная естественная конструктивная связь, хорошая или плохая. Существует также противоборство, но этим уже надо заниматься особо. Не об этом говорится. Личный пример родителей это хорошо, и, разумеется, так дети учатся. Если же родители хотят и своим внукам что-то передать, то это произойдет в соответствии с их отношением к своим детям.

М. Санилевич: Личный пример это хорошо.

М. Лайтман: Я еще раз говорю, что личный пример действует только относительно семьи. Личный пример родителей действует только тогда, когда дети учатся у родителей, как быть родителями своих будущих детей.

М. Санилевич: Но речь идет о маленьких детях.

М. Лайтман: Неважно. В них это останется. Я вижу по себе. В жизни я учил много премудростей, но по тому примеру, как заботились обо мне и относились ко мне мои родители, я каким-то образом отношусь к своим детям. Иначе не получается у меня – я просто копирую поведение своих родителей. То, как дети ведут себя между собой и их отношение к окружающим, уже не зависит от поведения родителей, так как этому они не дают пример. Только отношение родителей к ребенку служит ему примером.

М. Санилевич: Это означает, что родители могут заложить в ребенке только хорошее отношение к их будущим детям? Что же делать с остальным: отношением между детьми и отношением к окружающим?

М. Лайтман: Родители не могут это воспитать.

М. Санилевич: Они не могут научить любви к ближнему?

М. Лайтман: Нет.

 Только посторонние, только общество, люди, не входящие в семью, могут это сделать: воспитать ребенка в любви к ближнему. У родителей это не получится.

М. Санилевич: Если ребенок видит, что родители хорошо относятся к окружающим, то это не служит ему примером? У кого они могут учиться?

М. Лайтман: Только в чужом обществе. Ребенок должен войти в другое общество: кружок, например. Он должен оказаться в обществе детей или взрослых, не являющихся его родственниками. Потому что среди родственников и в рамках семьи мы действуем соответственно нашей инстинктивной программе.

М. Санилевич: Словно животные?

М. Лайтман: Словно животные.

ЭТАПЫ РАЗВИТИЯ ЧЕЛОВЕКА
(начало)

Беседа четвертая, в которой мы задаемся вопросом создания совершенного человека, подходя к этой теме упорядоченно и системно, в соответствии с возрастом ребенка, и узнаем удивительные вещи. Оказывается, легче всего воспитать человека, пока он в зародыше.

Оказывается, что до трех лет ребенка интересует только он сам, а дети от трех до шести легко захотят именно то, что мы от них захотим — при одном условии…

И опять, в который уже раз, оказывается, что для правильного воспитания ребенка от трех до девяти нам придется правильно воспитывать весь окружающий его детский коллектив.

СОБЕСЕДНИК: АНАТОЛИЙ УЛЬЯНОВ

А. Ульянов: Вы могли бы с точки зрения науки каббала рассказать, каковы этапы жизненного пути человека, сколько их?

КАКОЙ ЦЕЛИ ПРИРОДА ХОЧЕТ ДОСТИЧЬ, К ТАКОЙ ЦЕЛИ ОНА НАС И ВЕДЕТ

М. Лайтман: Во-первых, мы должны понять, что наша жизнь не случайна. И насколько мы раскрываем природу, раскрываем ее законы и связи, настолько мы видим, что все вокруг детерминировано, взаимосвязано глобально, как в частном, так и общем. Как в нашем организме, где все его элементы, все его системы взаимосвязаны, определяют друг друга.

Поэтому нам надо понимать, что есть у жизни начало, есть у жизни конец, есть какая-то цель, которую в итоге мы должны достичь.

Хотя мы не знаем, к чему человечество идет, очевидно, что эта цель в природе существует. Потому что мы видим, насколько каждая часть и все общие действия связаны между собой, как они определяют друг друга, и какая мудрость существует во всей этой последовательности событий.

И даже более того, мы раскрываем сейчас, что причинно-следственное развитие событий определяется не начальным состоянием, а конечным. Какой цели природа желает достичь, к такой цели она нас и ведет, то есть конечное состояние, в общем-то, должно быть всегда известно. И тогда к нему устремлено все наше развитие.

А из-за того что мы не знаем и не понимаем этого конечного состояния, нам кажется, что наше развитие бессистемно.

Мы не видим широких причинно-следственных взаимосвязей.

А у природы они есть. И у нас достаточно фактов того, что нам надо относиться к природе, как к очень мудрому механизму, в котором есть следующие наши состояния, которые предопределены. Как говорится, глупцу не показывают половины работы.

Иногда мы, видя только часть работы природы над нами, выносим вердикт, что она не разумна. А на самом деле в ней существует огромный разум.

Мы не должны себя ставить выше природы, мы всего лишь ее часть.

Нам надо больше прислушиваться к природе, брать из нее примеры и строить в подобие им свои системы, общественные и социальные.

И поэтому в нашем отношении к человеку, в построении общества, в создании семьи, в создании правильной окружающей обстановки для каждого из нас, в воспитании человека в детском саду, в школе, в университете мы должны искать ответы у природы.

А. Ульянов: Замечательно. И у меня тоже есть фантазия, что все-таки есть что-то до рождения и существует что-то после смерти. Но, тем не менее, глядя на человека, мы видим, что он проходит определенные этапы, он меняется внешне, меняется психика, меняются его общественные взаимоотношения, меняется его окружение. И вот что это за этапы, согласно науке каббала?

М. Лайтман: Мы не пришли еще к такому состоянию, когда способны осознать, каким должно быть общество. Мы еще думаем, что сами в состоянии понять или выдумать, какие у нас должны быть общественные рычаги, механизмы, структуры, взаимосвязи.

Каждый политик кричит, что он знает, как обустроить мир. Это самая большая глупость, которую человек может себе позволить. И при этом он пытается на чужих жизнях создать какую-то фиктивную модель, которую извлекает сугубо из своего эгоизма – пытаясь подчинить себе все и вся.

Мы все еще очень далеки от правильной реализации себя. Но реализация эта начинает раскрываться в нашем поколении, потому что оно уже понимает то, что мы входим в тупик, что мы не можем построить правильного общества, правильной семьи, правильного образования, воспитания.

А. Ульянов: Я думаю, да.

М. Лайтман: С чего начать ответ на ваш вопрос? С Истории?

А. Ульянов: Нет, вы знаете, с самого начала. У психологов принято так, что история человека начинается с момента его рождения, с того момента, когда он появляется на свет.

М. Лайтман: А, понятно.

ОБЩАТЬСЯ С ЗАРОДЫШЕМ, КАК СО ВЗРОСЛЫМ ЧЕЛОВЕКОМ, ПЫТАЯСЬ ПЕРЕДАТЬ ЕМУ ВСЕ ТАЙНЫ ЖИЗНИ

А. Ульянов: Можно затронуть внутриутробное развитие. Ко мне приходят люди на прием. Обращаются родители, которые не знают, что делать с ребенком, как его воспитывать, каким образом и что в него вкладывать, как себя вести с этим человечком. И было бы очень интересно, если бы мы взяли этапы развития, и обозначили задачи, которые стоят на каждом этапе, как себя вести воспитателям, родителям, чтобы этот этап для ребенка, а потом и для взрослого, прошел максимально комфортно и хорошо.

М. Лайтман: Для этого нам невозможно просто обращать внимание на самого ребенка.

Мы должны создать ему подходящую среду, которая будет меняться с каждым днем его развития в соответствии с тем, что мы желаем в итоге получить.

Понимаете, человек является продуктом окружающей среды, поэтому нам не надо обращаться к ребенку, а надо обращаться к окружающей его обстановке, которая, меняясь, будет менять и его – иначе ничего не получится. Мы не должны заботиться о воспитании ребенка – мы должны заботиться о воспитании окружающих его людей.

То есть мы сразу же перебрасываем проблему. Мяч находится в других руках: у родителей или общественности, у воспитателя в детском саду, учителя в школе.

А. Ульянов: Давайте пройдем по этапам.

М. Лайтман: Если мы не будем говорить о внутриутробном развитии, оно имеет огромное значение…

А. Ульянов: Может, мы обозначим этот этап?

М. Лайтман: Внутриутробное развитие начинается с сорокадневной беременности. После того как человек проходит свои первых сорок дней, считается, что он уже сформировался из капли семени в какую-то первоначальную структуру. И далее эта структура развивается до первых трех месяцев, затем еще три месяца, а затем еще три. Каждые три месяца имеют совершенно иной темп развития, иной характер развития.

Развивается сначала самая материальная часть, потом более высокая, потом – еще более высокая, например, нервная система и т.д. Так что, в соответствии с этим, мать должна по-разному обращаться с тем, что развивается внутри.

И все, мы уже имеем дело с будущим человеком, и поэтому важно не только то, чем питается мать в эти девять месяцев беременности, но и то, что она слушает, что она чувствует, что она ощущает, что она переживает. Естественно, при этом ребенок получает огромное количество информации, и информации очень серьезной, высшей, которая затем проявится в нем во взрослом возрасте, когда он сам будет в таких состояниях, как мать, отец и окружающая их обстановка. Так что надо дать ребенку во внутриутробном развитии максимальное наполнение. И это зависит от родителей.

Нам кажется, что через ребенка проходит только кровь с питательными веществами от матери, а мать забирает все его, так сказать, выделения и выносит их из ребенка, что есть в этом только какой-то механический цикл наполнения, поглощения и выделения. Но это не так. На самом деле огромное количество информации передается в это время внутри этой общей системы между ребенком и матерью. И поэтому можно сказать, что ребенок является частью материнской системы.

 И все, что мать переживает во время беременности, все, что мать слышит, чувствует, видит, о чем разговаривает – все это является частью развития ребенка.

Ребенок, в принципе, как и растение, чувствует человека: добрый он или злой, и как этот человек к нему относится. Ребенок даже воспринимает человека по исходящему от него запаху. На эту тему уже есть исследования. В принципе, он ощущает и состояние матери, и тех, кто рядом с ней, и окружающую обстановку. Мы об этом очень мало знаем из наших исследований, но уже видим, что это не простая система, и потому не говорим о сугубо механическом развитии плода.

Поэтому ребенку, находящемуся в материнской утробе, нужно обеспечить максимально комфортную обстановку в смысле наполнения его не только питательными веществами, но и хорошей информацией.

А. Ульянов: То есть какая-то атмосфера приятная, хорошее отношение или что? Что Вы имеете в виду?

М. Лайтман: Нет, не только, этого не достаточно.

Надо относиться к не рожденному еще ребенку как к взрослому, как будто вы общаетесь с взрослым человеком и пытаетесь передать ему самые большие тайны жизни, самые высокие и особые материи: не только музыка, не только искусство и картины, а именно глубокие, внутренние переживания и мысли – не трагические переживания, но все-таки серьезные мысли.

И все это будет воспринято, потому что ребенок в утробе матери находится в самом лучшем положении относительно поглощения информации, ведь он является нейтральным в чужом теле.

И нейтрализуя себя относительно организма матери, существуя в нем не как чужеродное тело, отторгаемое организмом матери, ребенок воспринимает и всю информацию, исходящую от матери, как полезную, не чужеродную. Потом уже будет трудно с ним работать. Потом это будет посторонний организм. И ты должен будешь искать, каким образом к нему подойти.

 Именно за эти девять месяцев внутриутробного развития можно передать своему ребенку все, что угодно.

Это зависит только от окружающей обстановки. И он воспримет это, потому что природа настраивает его на полную нейтрализацию себя относительно материнского организма на всех уровнях: и на ментальном, и на физическом, – на всех. И нам надо этим пользоваться.

А. Ульянов: А как буквально? Сажать будущую мать смотреть телевизор? Или как это делать?

М. Лайтман: Заниматься с матерью. Да-да-да. Заниматься с матерью все эти девять месяцев, очень серьезно заниматься.

И таким образом вы освобождаете себя в дальнейшем от огромной работы уже с маленьким человечком, который не захочет вас воспринимать, с человечком, которого Природа уже будет тянуть в разные стороны, увлекать заниматься чем-то другим. А сейчас у вас огромная возможность, чудесная возможность подготовить такую почву для контакта с ним, что он будет к вам заранее предрасположен, привязан, – он будет понимать вас. Нельзя упускать этой возможности.

А. Ульянов: То, что Вы говорите, действительно удивительно. Но как это сделать? Я не знаю: читать книги или что нужно делать?

М. Лайтман: Это отдельная система внутриутробного воспитания детей. Это звучит, конечно, как совершенно какая-то новая область психологии и воспитания, но это так: и психология, и воспитание, и образование – это становление человека. Причем мы знаем, что внутриутробное развитие закладывает основы для всего дальнейшего, и очень многое зависит от того, как ребенок развился в организме матери. И сейчас на эту тему существует огромное количество исследований и проверок, анализов, которые делаются для того, чтобы он родился нормальным, проверяют все его параметры, системы и т.д.

Так вот, у нас в этой области должна быть налажена просто огромная, огромная работа.

Мы можем вложить в это время в человека практически все необходимое, чтобы потом он был уже заранее предрасположен к нормальной, хорошей, красивой и гармоничной жизни, причем он не будет знать, почему его будет тянуть к определенным предметам, образам, действиям, к развитию в каком-то направлении.

А. Ульянов: Хорошо, у тех, кто уже готовится стать матерью и отцом, возникнет вопрос: «Что я должен конкретно делать? Читать какие-то книги? Или, я не знаю, на природу вывозить? Или что?»

М. Лайтман: Все то, о чем Вы говорите, абсолютно верно: быть в контакте с природой очень хорошо. Кроме того, полезно читать книги о системе мироздания, об общих силах, которые взаимодействуют между собой и толкают все человечество к цели, к правильному развитию, к Доброй цели.

Ребенок уже входит в контакт с этой системой, и это не мистика – это силы, которые, как солнце, на нас воздействуют, стоят за нашим миром и определяют всю нашу судьбу, все наше состояние. Значит, мы должны читать эти книги. Мы при этом начинаем входить в контакт с ними, как ребенок, потому что он более непосредственно это воспринимает, он является частью этой природы, интегральной частью. Мать уже имеет свой собственный эгоизм, у нее уже избирательная система восприятия, а у ребенка этого еще нет, и поэтому в данном случае это просто благодать – работать с ним, когда он находится еще внутри матери.

Кроме того, естественно, музыка, хорошие научно-популярные фильмы. В общем, это целая система, которую мы должны создать для матерей.

Если нам удастся выйти на уровень правильного внутриутробного развития, правильной подготовки до рождения ребенка, это избавит нас от огромных проблем в будущем. И вы увидите, как ваши проблемы с маленькими пациентами начнут исчезать. Они перейдут в другую область, и работа специалистов по детской психологии станет намного легче.

Я думаю, что надо гармонично воздействовать на мать различными приятными информационными источниками, возбудителями чувств, чтобы это все проходило гладко, хорошо, методично. Вот как сейчас, в принципе, инстинктивно мы к этому подходим: слушаем музыку Моцарта, потому что она очень гармонична для детей, читаем какие-то сказки, рассказы, смотрим приятные фильмы, очень хорошую научную фантастику, всевозможные фильмы о природе. В общем, все, что говорит о развитии человека и его гармонии с окружающей средой. Меньше политики, меньше социологии, меньше проблем, то есть все-все направленное на то, чтобы человека развить.

Мы даем ему питательные вещества и желаем, чтобы он развился здоровым телесно. Также необходимо давать ему правильную информацию, добрую и хорошую, для того чтобы он правильно развился и был готов к жизни чувственно и ментально.

А. Ульянов: Хорошо. Это внутриутробный период, и он закончился. Мы с Вами говорили о том, что роды должны проходить естественным образом, мать должна испытывать эту боль, потому что это важно для ее иммунной системы, для правильного развития, как матери, так и ребенка. А потом следующий этап, согласно каббале – что это за этап? Какой он захватывает период?

М. Лайтман: Уже после рождения?

А. Ульянов: Да.

ОТ РОЖДЕНИЯ ДО ТРЕХ ЛЕТ, КОГДА ДЛЯ РЕБЕНКА ИМЕЕТ ЗНАЧЕНИЕ ТОЛЬКО ОН САМ

М. Лайтман: После рождения наступает пора, когда с человеком надо работать. Поначалу, естественно, он воспринимает только тактильные и слуховые воздействия, но потом все больше и больше подключается зрение, улавливаются запахи.

До 3-х лет человек воспринимает только очень близкую к себе окружающую среду, и он не воспринимает ничего вне себя, он воспринимает все очень-очень в себе. То есть ему не важно, какой на самом деле предмет перед ним, – ему важно только то, что он чувствует от этого предмета для себя и только для себя. Это может быть собака или кошка, это может быть игрушка или мебель, это может быть мама или автобус – абсолютно не важно. Он все это видит только лишь относительно себя: это добро – а это зло, и только таким образом очень грубо и точно он сортирует все эти вещи. Здесь нам надо обучать его – что тебе приятно, а что тебе неприятно, – показывать именно с такой точки зрения: «вот это приятно, а это – нет».

А. Ульянов: То есть не у него спрашивать, а именно…

М. Лайтман: Да, «…а это – приятно: вот эта музыка, вот эти цвета». И таким образом мы можем человека развивать в тех областях, где, может быть, он самостоятельно бы и не развился. Ведь, если бы мы оставили его в лесу, то какой бы у него был набор ощущений и восприятий?

А. Ульянов: Как у животного, есть такие случаи…

М. Лайтман: Да, конечно. А тут мы должны ему дать все-таки большее развитие. Оно здесь чистое эгоистическое, – он не ощущает окружающей среды, не может входить с ней в контакт по принципу «дай и получу», а только по принципу «получу», – это его развитие. Вот после трех лет начинается уже другое развитие.

А. Ульянов: Подождите минуточку. Вы сказали по поводу запахов, что они очень важны. А что Вы имеете в виду?

М. Лайтман: Надо развивать все пять органов ощущений, но развивать их методично, каждый из них в отдельности и потом все вместе. То есть показывать ему красное вместе с каким-то особенным звуком, зеленое вместе с шумом воды, например, и, таким образом, вызывать в ребенке различные ассоциации, воспринимаемые всеми пятью органами чувств. Я видел у моего внука книжку, в которой на одной страничке морковная терка, на другой – тополиный пух приклеен. Нужны книги, где, кроме текста, есть возможность дать ребенку что-то пощупать. А также услышать звук, попробовать что-то на вкус, ощутить какой-то запах.

А. Ульянов: То есть цветочки нюхать, да?

М. Лайтман: Все-все-все. Это должно сочетаться в различных комбинациях, и тогда у человека разовьется гармоничное восприятие мира.

А. Ульянов: Получается, что контакт ребенка с природой очень важен, потому что там основные запахи, цвета… И у меня вопрос, прежде чем мы перейдем к следующему этапу, на этом этапе развитие мальчиков и девочек одинаковое или…?

М. Лайтман: До трех лет практически не имеет значения. До трех лет они даже не понимают разницы, для них ни пол, ни чужой человек не имеют значения. Имеет значение только он сам, это первое. И второе, важно, чтобы 5 органов восприятия гармонично сочетались друг с другом: хорошо или плохо ему от одного, от другого и от их связи между собой. Это до трехлетнего возраста.

Естественно, необходимо физическое развитие, но это нам понятно.

С 3 ДО 6. СВЯЗЬ С ДРУГИМИ ДЛЯ ДОСТИЖЕНИЯ ЦЕЛИ

Следующий этап – это после трех лет. Теперь мы имеем дело совсем с другим человечком. Он начинает становиться социальным существом. Он хочет играть с другими: что-то отбирать у них, что-то отдавать им, что-то воспринимать от них, совместно что-то делать. Он начинает быть частью общества.

Он уже воспринимает телевидение, какие-то другие образы вне себя. Он соотносит себя с ними, он им сочувствует.

 С трех до шести лет закладываются основы правильного социального взаимодействия человека с остальными членами общества. В этом возрасте детям очень нужны добрые игры, основанные не на соревнованиях между соперниками, где одни выступают против других, а на развитии его связей с другими для достижения какой-то цели. Очень важно объяснить ребенку, что один он не сможет достичь цели, а только вместе со своим товарищем.

В этом возрасте при воспитании уже важно учитывать пол: мальчики должны воспитываться мужчинами отдельно, девочки – отдельно женщинами. Для них должны быть разные игры, но все – направленные к сосуществованию среди других, к пониманию того, что действовать в одиночку никак невозможно, а вместе с обществом – полезно. Эгоистически полезно. Я что-то свое отдаю для того, чтобы связаться с другим. Он, получая от меня это что-то, привязывается ко мне. И мы, таким образом, используем друг друга.

Надо все таким образом объяснять и показывать, причем абсолютно четко, на нашем эгоистическом уровне, чтобы ребенок понял, что он вдвоем с кем-то достигнет большего, чем один, а втроем – еще большего, если такая игра есть. Например, один подставляет руку, второй ногу, третий всех поддерживает, и вот он благодаря этой совместной взаимопомощи может теперь взобраться наверх или сделать еще что-то удивительное. Или ему завязывают глаза, и он ничего не видит. Но если его поведут за руки два человека, он не ошибется, он точно дойдет до цели, а иначе он бы обязательно упал.

Полезны всевозможные игры, где играют не против людей, а против различных препятствий, проблем, когда ребенок понимает, что социум является защитой, является помощью – и это закладывается, закладывается и еще раз закладывается в его подсознание. И в итоге привычка становится второй натурой, он уже знает, что вне правильной связи с другими он очень проигрывает.

О ТИХОЙ И СПОКОЙНОЙ РЕВОЛЮЦИИ В НАШЕМ ОБЩЕСТВЕ

А. Ульянов: У меня есть два вопроса по этому периоду, основанных на запросах со стороны родителей: ревность, которая возникает у ребенка как раз в этом возрасте, и конкуренция за близость к матери. Как с этим обходиться?

М. Лайтман: Это зависит от матери, это не зависит от детей. Тут только она может поставить себя в такое положение относительно них, когда они убедятся, что все абсолютно равны относительно нее.

В каббале в огромном количестве материалов и статей описывается, что один человек не может достичь Творца, если не будет связан узами любви с другими (именно на этой связи между людьми раскрывается и постигается Творец).

> **Мать должна установить со своими детьми, если их несколько, такие отношения, когда любой из них получает любовь только при условии, если к ней обращаются все дети одновременно.**

А иначе каждый из них должен получать формальное отношение с ее стороны, то есть необходимое, но формальное. Этим она приучает их правильно взаимодействовать друг с другом. «Ты хочешь теплого отношения? Только с остальными». Это развивает в человеке такие системы, в которых он автоматически ориентируется на связь с другими. Он уже не смотрит на саму цель, он сначала смотрит: «С кем я могу ее достичь?»

При этом мы делаем совершенно тихую, спокойную революцию в нашем обществе.

А. Ульянов: Еще вопрос: каково правильное взаимодействие отца и матери между собой, учитывая то, что ребенок именно в этом возрасте пытается разделить отца и мать и выстроить персональные отношения с каждым из них. Как должны себя вести родители? Они должны относиться к ребенку вместе как пара или персонально?

М. Лайтман: Как одно общее целое.

> **Родители должны относиться к ребенку, как одно общее целое, – он не должен видеть отличий между отношением к нему отца и матери, он не должен думать, что может играть на чувствах матери.**

Здесь говорим о воспитании ребенка и не говорим о воспитании родителей. Но мы должны понимать, что все это делается только через родителей, через правильную окружающую среду. Это может быть и дедушка с бабушкой, и еще какие-то тети, дяди, которые существуют в это время в окружении ребенка.

Вообще, воспитание детей начинается с воспитания взрослых.

Воспитанные взрослые потом правильно воспитывают детей. Но, по крайней мере, здесь очень важно, чтобы ребенок совершенно не чувствовал никакой разницы между всеми, кто его окружает. Он должен понимать, что все, кто его окружают, относятся к нему абсолютно одинаково.

Естественно, что мать – это мать, а отец – это отец, и они по-разному им воспринимаются, но относительно него они должны пытаться демонстрировать ровное, согласованное, прямое, правильное отношение ко всему. Причем, отношение методически очень выверенное: хорошие поступки, плохие поступки – в соответствии с этим должна существовать реакция с их стороны, и ребенок должен четко это понимать.

И они должны создать такие условия, что когда он преуспевает – получает вознаграждение, не преуспевает – видит другое отношение. То есть за проступок он ощущает другое отношение, он должен чувствовать это и, притом, в равной степени от каждого из них.

А. Ульянов: У многих родителей возникает такой вопрос: ребенку уже нужно каким-то образом систематически давать образование – учить читать, писать…

М. Лайтман: С трех лет надо начинать обучать детей.

А. Ульянов: И мальчиков, и девочек?

М. Лайтман: Да.

НЕ КОРОВА И ЛОШАДКА, А АВТОМОБИЛЬ И МОБИЛЬНЫЙ ТЕЛЕФОН

А. Ульянов: В двух словах: в чем отличие воспитания мальчиков от девочек.

М. Лайтман: Это подход абсолютно различный. Воспитание – это не образование. Нам надо различать абсолютно четко эти два предмета.

Образование – это образование. Это физика, математика, химия, биология, зоология, ботаника и т.д. Начинать надо с того, что ближе к ребенку. И здесь надо понимать, что ему близки не корова или лошадка, которых он в своей современной жизни никогда и нигде не увидит, а близки к нему машина за окном, папин мобильный телефон. Сегодня ты ему показываешь корову, а он не знает, о чем ты говоришь. Это тебе кажется, что ты показываешь что-то очень близкое к природе. А для него это совсем не близко, у него этого нет. Он видит на улице совсем другие образы: машину, людей, коляски.

То есть мы должны немножко изменить нашу философию, нашу методику: как подходить к ребенку. Если мы показываем ему животных, то только таких, которые действительно его окружают.

А. Ульянов: То есть, чтобы дома животные были?

М. Лайтман: Нет. Я не говорю об этом: дома или не дома. Я говорю о том, что мы привыкли рисовать в детских книжках всяких удивительных рыбок, замечательных животных, а для ребенка это не его сегодняшняя среда.

А. Ульянов: То есть он просто не знает, что это…

М. Лайтман: Он не знает, что это. Он видит на улице кошку, собачку, а кроме них – больше никого, понимаете? А мы ему показываем какой-то там целый мир: медведи и волки, олени в лесу. Где лес и где медведь? Вы понимаете? Этот подход мы притянули из прошлых веков. Когда они жили на опушке леса, там стоял домик, и все было перед ним: и цветочки, и солнце, и всякие звери, и он знал, что в лесу то-то и то-то водится, по крайне мере, ему показывали нормальную среду обитания всего этого.

А сейчас, что мы ему можем показать? То есть наше современное воспитание оказывается не адаптированным к современному образу жизни и к тому месту, где ребенок рождается, растет. И мы видим, что современным детям гораздо ближе телефоны, всякие музыкальные, компьютерные игрушки. Это они прекрасно понимают, это для них понятный мир. А какие-то зверюшки – откуда они взялись? Это что-то инопланетное для них.

А. Ульянов: То есть родители должны все-таки объяснять, показывать ребенку примеры на более естественных, более близких для него вещах?

М. Лайтман: Конечно.

Причем образование – это образование, а воспитание – это воспитание.

Сейчас мы говорили об образовании: каким образом мы преподаем ботанику, биологию, зоологию, разные природные вещи. Не физику, математику и т.д., а именно то, что человек видит в нашем мире: цветочки, растения, то, что мы можем ему показать где-то рядом с домом. То есть начинать с этого.

И обязательно грамота. С трехлетнего возраста начинать учить азбуку, чтобы ребенок примерно к четырем годам уже начинал читать. Мы не должны запускать это дело до шести-семилетнего возраста, а именно в трехлетнем возрасте закладывать основы чтения.

РЕБЕНОК ОТ ТРЕХ ДО ШЕСТИ ЗАХОЧЕТ В ТОЧНОСТИ ТО, ЧТО МЫ ОТ НЕГО ЗАХОТИМ

А. Ульянов: А если ребенок в этом возрасте сопротивляется, не хочет?

М. Лайтман: Это зависит только от того, каким образом вы эту грамоту преподнесете. Если у него будут игры, где он без знания букв не сможет чего-то выиграть, без знания цифр не сможет чего-то достичь и т.д., где он будет завидовать другим, – это очень хорошо. Надо включать элемент ревности, элемент зависти, элемент влияния окружающей среды и т.д. И тут нет проблем, все можно выстроить.

Ребенок очень легко поддается дрессировке, очень легко поддается влиянию окружающей среды, из него можно сделать абсолютно все, если выстроить систему влияния на него, правильную, добрую систему для его же пользы. Нет проблем: он захочет того, что мы от него захотим. Не может быть, чтобы он не захотел.

Мы должны помнить, что пример является самым действенным орудием воспитания, тот пример, который показывают отец, мать, а не только окружающие его сверстники. Важно, когда он видит, что тем же, чем занимается он, занимаются и взрослые. А взрослые нарочито должны показывать, что они намеренно занимаются очень близкими ему предметами, занятиями.

И тогда естественно, что он захочет этого, потому что обезьяний инстинкт, инстинкт подражания...

А. Ульянов: В психологии это называется «дикарным обучением».

М. Лайтман: Да. Это естественно, это очень важный элемент воспитания. Таким образом, ребенку дается образование до шести лет.

С 6 ДО 9. ВОСПИТАНИЕ КОЛЛЕКТИВА, В КОТОРОМ ВЫИГРЫВАЕТ ТОТ, КТО БОЛЬШЕ ОТДАЕТ

М. Лайтман: Начиная с шести лет и до девяти, идет следующий этап.

На этом этапе упор делается не на образование и не на воспитание ребенка, а на воспитание коллектива, в котором он находится.

С шести до девяти лет это очень важно – закладывается основа. Он потом будет применять это в жизни. Здесь он должен научиться понимать, что жертвуя, отдавая, он выигрывает. Не важно, насколько он это воспримет, ведь наша природа эгоистическая. Не важно, насколько он пожелает в этом находиться, но важно, чтобы наши усилия вошли в него и остались в нем, и он знал бы, что его этому обучали.

Это очень важно, потому что в этом возрасте закладывается социальная основа будущего человека. Естественно, что есть огромная разница между мальчиками и девочками, она становится все больше и больше. И здесь учителя, воспитатели для мальчиков или для девочек должны быть уже социально подготовлены, они должны показывать между собой правильное взаимодействие, включая в это взаимодействие детей.

Дети будут гордиться, что взрослые принимают их в свой коллектив. А взрослые должны принимать их на условиях, что те на равных вливаются туда, подражая взрослым. То есть все должно быть построено на примерах правильного взаимодействия и общения, влияния друг на друга, на условиях правильного вхождения в коллектив. Это очень важно, и уже с шести до девяти лет идет воспитание более абстрактное. Коллектив – это нечто абстрактное относительно личности человека, и поэтому воспитание в этот период более абстрактное. Теперь уже надо закладывать элементы более высокой «арифметики».

Например, очень важны стихи, важно обучать ребенка правильно говорить, декламировать, петь – и все это совместно с остальными. Всем детям вместе полезно сочинять рассказ, который каждый из них по очереди дополняет, или придумывать вместе какую-то игру, когда все это ведет к тому, что один без другого не в состоянии завершить начатое, когда только эта связь и взаимодействие между детьми ведет к цели. То есть на этом этапе пользу приносит такое развитие, когда человек входит в общество и начинает видеть, что через общество он может себя поднять, и именно той силой, которую получает от общества.

А. Ульянов: Именно на этом этапе, именно в этом возрасте становится важно не то, какой у меня характер, какой я человек, а то, как я одет, кто мои родители, каково мое происхождение и т.д. Вот эти вещи начинают превалировать.

М. Лайтман: Среда, окружающая среда – то, о чем я и говорил.

И поэтому очень важно, чтобы окружающая среда ввела в него правильные ценностные ориентиры, понятия. Это очень важно, конечно.

Но правильную среду мы должны создать.

Если среди девочек кто-то будет выделяться своими бантами или какими-то выходками, а кто-то среди мальчиков – своей силой или каким-то особенным поведением, то все наше воспитание ничего не стоит. Они воспримут именно это от окружающей среды. Мы понимаем, что родители здесь вообще на десятом плане относительно сверстников. Поэтому воспитатель должен опускаться до уровня детей, смешиваться с ними и постепенно, постепенно создавать из них правильную среду относительно каждого из них.

А. Ульянов: Здесь важно именно равенство?

М. Лайтман: Абсолютнейшее.

 Как родители равны относительно своего ребенка, так и здесь должно быть равенство воспитателя относительно всех и каждого, потому

что каждый ребенок создан природой со своими задатками, и нам эти задатки равноценно важны. Один сильный, другой умный, третий с какими-то способностями к музыке, четвертый к чему-то другому – мы должны демонстрировать одинаковое отношение ко всем очень явно, ярко.

ЭТАПЫ РАЗВИТИЯ ЧЕЛОВЕКА
(продолжение)

Беседа пятая, из которой мы узнаем, какая польза оттого, что наказание — совсем не наказание, а вознаграждение — не совсем вознаграждение, и все это потому, что воспитание — это на самом деле совместное обсуждение.

О мальчиках, которым следует дружить друг с другом, и о девочках, которым это совсем необязательно.

О том, что «запретное» должно быть открыто и объяснено без недомолвок, и причем здесь морг, роддом, тюрьма и скотобойня.

А еще о том, к чему мы не готовы и к чему давно готовы наши дети.

ВЕДУЩИЙ АНАТОЛИЙ УЛЬЯНОВ

А. Ульянов: Здравствуйте, дорогие друзья. Мы снова в гостях у замечательного человека. Это каббалист, профессор Михаил Лайтман. Мы продолжаем серию наших бесед об этапах жизненного пути. Здравствуйте, профессор.

М. Лайтман: Здравствуйте.

А. Ульянов: В нашей предыдущей беседе мы остановились на этапе с шести до девяти лет. И у меня еще есть пару вопросов, которые относятся к этому этапу.

М. Лайтман: Я уверен, что у вас будет их еще очень много. Да, пожалуйста.

А. Ульянов: У меня вопросы, связанные с наказанием и поощрением. Как выстраивать систему наказания и поощрения для детей этого возраста?

С 6 ДО 9. ВОСПИТАНИЕ – ЭТО, НА САМОМ ДЕЛЕ, СОВМЕСТНОЕ ОБСУЖДЕНИЕ

М. Лайтман: Надо относиться к детям в соответствии с тем, что ты желаешь из них вырастить. Надо относиться к ним таким образом, чтобы они понимали связь между наказанием, вознаграждением и поступком, чтобы они понимали, что наказание – это не наказание, а естественное следствие неправильного поступка, что вознаграждение – это не награда, а естественное следствие поступка правильного, и что в любом из этих двух случаев отношение к ним родителей или воспитателей направлено только лишь им на пользу.

Так как это сделать?

 Первое. Воспитание надо организовать таким образом, чтобы ребенок был наказан не в тот момент, когда он совершает проступок.

Нужно достичь того, чтобы это наказание было осознано ребенком правильно как такое воздействие на него, которое поможет ему в следующий раз избежать этого проступка, поможет не допускать снова той же ошибки.

Поэтому самое лучшее – это выбрать особое время в один из дней недели, когда обговариваются все происшествия за неделю и проводится беседа с ребенком. Например, в таком русле: «А сейчас тебе положено вот такое-то наказание. Правильно будет, если мы тебя таким образом накажем. И как ты думаешь, поможет ли оно тебе в следующий раз сдержаться и не нарушить то-то и то-то, или нужен другой вид наказания? Давай вместе подумаем, ведь мы вместе с тобой работаем над твоим превращением в настоящего большого человека. А этот рост связан с увеличением в тебе эгоизма. Ты являешься как бы посторонним человеком относительно своего эгоизма. Мы вместе смотрим на него со стороны. И как ты считаешь, что же нам делать с этим, иногда вредным, иногда полезным существом, которое в тебе находится?»

Да, да, да. Так мы воспитываем человека в нем, а иначе он просто будет злиться, он не будет понимать, он будет считать, что все это неверно. Он будет искать какие-то поводы, чтобы улизнуть от этого.

А при таком нашем отношении к нему и к его эгоизму, и к тому, что в нем растет «Человек», мы начинаем возвышать эту лучшую его часть, начинаем ее поднимать, уважать. Он начинает видеть, что мы его уважаем, что мы к нему относимся, как к взрослому, что мы советуемся с ним, пытаемся вместе с ним найти правильное решение против того зла, которое порой проявляется в нем. Это первое.

 И второе. Наказуемый ребенок должен сам выносить себе вердикт. Он сам. Иначе это не будет воспитанием, иначе это будет действительно простым наказанием. А нам надо сделать наказание воспитанием.

И оно должно быть естественным, и никоим образом не под воздействием каких-то наших эмоций в тот же момент. Только потом, в определенное время – знаете, как суд: сегодня подаешь заявление, а через полгода приходи, будем разбираться, – вот так мы должны вместе с ним действовать. Он должен это осознать.

Мы должны вместе с ним записать его поступок, а затем только через день-два его обсуждать.

Причем, он должен быть с нами на равных, как с равными партнерами – это с одной стороны, а с другой стороны – этот его эгоизм, который вдруг выскочил и, как чертенок, подбил его на какие-то нехорошие действия. Необходимо совместное обсуждение, совместная работа над тем, что в нем происходит.

А. Ульянов: А каким должен быть характер этих наказаний: какие-то ограничения, допустим, не пускать гулять?

М. Лайтман: Я думаю, что совместное обсуждение детьми их собственных поступков в коллективе, и является самым лучшим их воспитанием.

Слово «наказание» вообще надо убрать из лексикона. Только обсуждение. Но это при условии, что правильные выводы ребенок сделает сам, с нашими подсказками и намеками, что он в итоге придет к осознанию раскрытого в себе зла и того, что это зло он должен каким-то образом в себе покорить, организовать. Не убирать его, как будто его нет, а властвовать над ним. В результате такой работы над собой человек может достичь такого состояния, когда он поднимется над своим эгоизмом, над всеми своими свойствами, с которыми родился.

Он ведь не виноват, что родился с какими-то определенными свойствами, он не виноват, что в нем внезапно возбуждаются всевозможные порывы, когда он проходит какой-то этап своего развития. Он должен понимать, что кроме этого ему дан разум, инструкция правильного становления, внутреннего оформления. Он должен из всего набора своих качеств, вроде бы из такого несуразного, такого сумбурного (свойств, мыслей, внутренних желаний, внешних влияний), – он должен из всего этого слепить маленького человечка и идти далее до взрослого, действительно гармоничного человека.

А. Ульянов: Допустимо ли родителям или воспитателям говорить ребенку, что его действия их расстроили?

М. Лайтман: Да, да, да. Если только он правильно с ними взаимодействует, потому что иногда дети специально поступают так, чтобы играть на чувствах взрослых, вызывать у них какие-то эмоции сочувствия, а иногда просто для того, чтобы раздразнить их, каким-то образом разозлить, настроить против себя. Все это для того, чтобы привлечь к себе внимание: ребенку этого не хватает. Мы это понимаем, но мы должны и этим взаимно пользоваться, то есть заранее давать ребенку установку на такие взаимоотношения, при которых у него не было бы такого умысла – играть на наших чувствах.

О МАЛЬЧИКАХ, КОТОРЫМ НАДО ДРУЖИТЬ ДРУГ С ДРУГОМ, И О ДЕВОЧКАХ, КОТОРЫМ ЭТО СОВСЕМ НЕОБЯЗАТЕЛЬНО

А. Ульянов: Существует ли какая-то разница в воспитании, связанная именно с наказанием, с обсуждением девочек и мальчиков? Есть какая-то разница в этих беседах, выяснениях?

 М. Лайтман: Девочек должны воспитывать женщины, а мальчиков – мужчины. Это абсолютно ясно и понятно, и не может быть здесь никаких пересечений.

Ни в коем случае, конечно, не воспитывать в каком-то противопоставлении друг к другу – наоборот, в понимании правильной природы противоположного пола и того, что природа создала нас именно такими, чтобы добиться гармонии между мужчинами и женщинами. Причем гармонии на всех уровнях наших взаимоотношений: личных, социальных, семейных, общественных, сексуальных. То есть все-все-все должно быть выстроено именно так, что достижение этой гармонии является задачей правильного воспитания человека относительно другого пола. Это первое.

И второе: конечно, у мальчиков и у девочек воспитываются, в принципе, одинаковые намерения бороться с собственными недостатками, анализировать свои внутренние качества, выявлять их, сортировать, исправлять. Но у мальчиков и у девочек это разные качества относительно определенных категорий ценностей. Совершенно разные. Поэтому, в принципе, задачи одинаковые, но их форма разная.

А. Ульянов: Хорошо, если я правильно понял, то эту беседу по поводу ошибок в течение недели с мальчиками должны проводить мужчины, а с девочками должны проводить женщины?

М. Лайтман: Да.

А. Ульянов: А какое-то совместное действие: садятся рядом папа, мама, – это допустимо?

М. Лайтман: Я думаю, что это уже следующий этап, и он непростой. Я бы рекомендовал от этого воздержаться. И ребенок будет чувствовать дискомфорт, потому что на него влияют двое родителей. Одному из них войти с ребенком в контакт прямой, дружеский, такой тет-а-тет, намного проще: отцу с мальчиком, а матери с девочкой. Мы же знаем, как смотрят дети на противоположный пол, даже если это родители. Возникает огромное количество всевозможных посторонних взаимосвязей, претензий, соревнований, оттенков ревности и так далее. Я думаю, что так делать не надо. Противостояние одновременно с отцом, и матерью ребенок воспримет очень негативно.

А. Ульянов: То есть как давление уже, как наказание?

М. Лайтман: Да.

А. Ульянов: Вы сказали, что у мальчиков и девочек проступки немножко разные. Можете буквально хотя бы обозначить, за какие такие проступки мальчиков нужно проводить эти воспитательные беседы, и что из совершенного девочкой следует с ней обсудить?

М. Лайтман: Я думаю, что в первую очередь, это отношение к среде, окружению, товарищам, группе, классу и так далее.

 У мальчиков должен быть настрой на то, чтобы они стали между собой товарищами.

Девочки, исходя из своей природы, не могут быть друзьями. Подружками, вдвоем или втроем, – да, но не более того. Всегда существует между ними что-то типа женского соревнования, отдаления друг от друга, – и это у них естественное, природное. Нам ни в коем случае нельзя нарушать эту природную установку, которая существует у женщин. Именно благодаря тому, что каждая женщина не связана с другими, в ней есть определенные качества, которые помогают ей в продолжении рода, воспитании, переключении именно на детей, на потомство, на заботу о них.

У мужчин этого нет, и поэтому они – более общественно развитый элемент.

 У девочек должно быть воспитание, которое направлено на развитие правильного контакта с окружающими не в форме дружбы, а в виде взаимной поддержки, взаимного понимания, взаимного сострадания.

У мальчиков наоборот: надо быть друзьями, в полной взаимопомощи, понимать, что без товарищей не достичь определенной цели. Чисто мужская дружба, что называется. Это интересная категория. Не говорится о женской дружбе, а именно «мужская дружба».

И, естественно, проступки должны оцениваться только в их социальном плане: относительно родителей, сестер, братьев, группы, школы, государства или мира. И обсуждать с ребенком надо на всех этих уровнях, начиная с маленького возраста, хотя он, возможно, и не знает еще, что же такое человечество. Ему надо говорить, что «все люди связаны друг с другом, и твое поведение затрагивает всех», то есть вводить в его сознание это абстрактное понятие.

Постепенно он перестанет воспринимать его абстрактно и начнет осознавать.

И тогда, социальная часть в человеке будет развиваться, а иначе возможно такое, что, став взрослым, он будет внутренне способен контактировать только с некоторыми близкими ему людьми.

Это качество надо развивать в нем заранее, и при этом всегда подготавливать его к следующей ступени. Обращаясь к нему на уровне детского сада, ты уже готовишь его к тому, что будет в школе. Говоря о том, что происходит в школе, ты готовишь его к следующему этапу, когда он будет в университете или во взрослой жизни: в армии, в семье, где у него тоже будут дети, в общественной жизни и так далее.

Каббала говорит о том, что каждый элемент, каждая маленькая структура содержит в себе элемент общей структуры, и поэтому на любом уровне мы должны говорить обо всем вместе взятом.

Итак, все построено на беседах, на совместном выявлении, на общем сострадании, на общем выводе, на общих целях, когда ребенок чувствует, что ты вместе с ним находишься в анализе происходящего и в поисках правильного решения и его реализации.

 Ребенку необходимо постоянно ощущать взрослого человека как равного партнера, он должен иметь право с ним спорить, требовать от него…

А. Ульянов: Отстаивать свою позицию.

М. Лайтман: Да, отстаивать свою позицию обязательно. Мы должны это поощрять, иначе он не будет знать в следующий раз, как поступать. Он ошибется в том же самом, и не будет даже видеть, что ошибается.

А. Ульянов: Когда Вы рассказываете эту типологию этапов жизненного пути, бросается в глаза то, что ребенку нужно с трех до шести лет прививать грамоту, он должен учиться писать, читать. А в обычной жизни … происходит как будто отставание на одну ступень.

М. Лайтман: Мы говорили о том, что можно приступать к систематическому обучению детей с трех лет, но это поздновато. Мы видим детей, с которыми изначально, с первого дня жизни разговаривают на нескольких языках – и они схватывают это абсолютно нормально. Ребенок в состоянии уловить сразу несколько языков, научиться не путать их между собой, и это становится для него единым языком общения. При этом интересно, что у него другие внутренние ассоциации, более чувственные, которые потом он переводит во внешние, словесные.

Поэтому воспитание и образование детей надо начинать с нулевого возраста и даже, как мы говорили, с внутриутробного состояния.

А. Ульянов: Хорошо, мы затронули этап от шести до девяти лет, немножко об этом поговорили. Конечно, это разговор, который требует бесконечного выяснения деталей. А что происходит дальше? Какой этап следующий, после девяти лет?

С 9 ДО 13. «А КТО ВЗРОСЛЫЙ?»

М. Лайтман: С девяти до тринадцати лет нам надо больше обращать внимание на то, что человек взрослеет. У него возникают гормональные проблемы, взаимоотношения с противоположным полом: для чего, как и зачем.

 С девяти до тринадцати лет человеку надо находиться не с воспитателем или воспитательницей (для девочек), а в группе взрослых людей, где он может воспринять от них правильную социально-половую ориентацию. Он учится уже не от одного человека, – он уже понимает, что этот вопрос является достоянием общества, мужского или женского. Он понимает, что наше отношение к противоположному полу, к зачатию, к семейной жизни является нормой общественного строя, нашего существования, – мы таким образом созданы. Ему необходимо объяснять корневые причины: откуда это происходит.

Творец и творение противоположны друг другу, и именно в правильной комбинации между собой их взаимных свойств, желаний, намерений, мыслей и происходит достижение этой наивысшей точки слияния между Творцом и творением. И реализация этого происходит в правильном слиянии на уровне нашего мира его мужской и женской составляющих, дополняющих друг друга, во взаимном уважении, взаимном понимании и так далее.

Этот возраст, с девяти до тринадцати или до двенадцати лет, становится возрастом подготовки к правильной общественной, семейной связи между полами. То, что раньше казалось действительно невероятным – как же в таком возрасте, и зачем у ребенка возбуждать эти вопросы – сейчас оказывается, что мы запаздываем с этими вопросами, потому что время подошло, эгоизм так развился, что он вызывает, как будто бы раньше времени, и эти всевозможные вопросы, связанные с половым созреванием.

Поэтому нам надо систематически выявлять и обсуждать эти вопросы, решать их с детьми. Но, при этом, возникает проблема, потому что отец с сыном или мать с дочкой не могут снять эти вопросы полностью, как бы ни были они откровенны друг с другом. Все-таки ребенок еще не взрослый, он не может говорить откровенно с матерью или с отцом на любые темы. А когда он видит в группе мужчин или в группе женщин, как они поступают при решении этих вопросов, каким образом они между собой взаимодействуют – это является для него, конечно, самым большим воспитательным примером.

А. Ульянов: Вот видите, опять мы сталкиваемся с тем, что воспитание производится не бесконечным повторением этого «ну-ну-ну» назидательно, а именно примером.

М. Лайтман: Только лишь примером, причем, самым непосредственным. Естественно, полезны фильмы, песни, книги, занятия и игры на эту тему, – и все должно быть подобрано таким образом, чтобы помочь человеку обрести правильное, комфортное, гармоничное отношение к себе, своей семье, окружающей среде, противоположному полу, чтобы у него это было естественно, чтобы не было здесь никаких недомолвок. Чтобы было все открыто и просто, без отклонений в какую-либо сторону – в сторону ханжества или в другую…

А. Ульянов: Излишних откровений.

М. Лайтман: Да. У нас вообще нет влияния на детей после достижения ими тринадцати лет. Если мы до тринадцати лет (для мальчиков) и до двенадцати лет (для девочек) не заложим в них все вышеупомянутые основы, то после этого будет только проигрыш абсолютный, мы зря будем трудиться. Мы должны начать эту работу с девяти лет и закончить в двенадцать или тринадцать лет, и после этого нам практически нечего делать. После этого они равноправные взрослые люди, которые имеют полное право поступать так, как они хотят сами, самостоятельно. И мы видим, насколько они нас не слушают, насколько у них все равно свой мир, – и мы в нем просто лишние.

Чтобы не быть им помехой, быть гармонично связанными с ними в одном глобальном социуме, в котором поколения не отрываются друг от друга, не входят в противоречие друг с другом, нам надо таким образом своих детей подготовить.

А. Ульянов: У меня есть вопрос, который очень часто возникает: люди обращаются, не знают, что с этим делать. Сейчас появилась техническая возможность, очень легкий доступ к порнографической продукции в Интернете, и уже в тринадцать лет – мальчики особенно – активно ее используют, находят какие-то моменты, влезают. Каким образом, вообще, говорить на эту тему?

М. Лайтман: А кто взрослый?

А. Ульянов: (смеется).

ВСЕ «ЗАПРЕТНОЕ» ДОЛЖНО БЫТЬ ОТКРЫТО ОБЪЯСНЕНО

М. Лайтман: Нас, взрослых людей, на самом деле еще нет, все мы – повзрослевшие дети. Конечно, мы можем с Вами фантазировать о том, как бы нам убрать эту порнографию, или о том, как бы нам вообще изменить общество взрослых, но мы должны исходить из реальности, из того, что мы действительно можем и должны изменить.

Я считаю, что ничего не надо менять. Я считаю, что никакой порнографии убирать не надо. Я считаю, что надо предоставлять этому абсолютную свободу: не надо никаких сокрытий и недомолвок. Наоборот, все должно быть открыто и объяснено, нужно показать к этому правильное отношение, – и тогда у детей появится неискаженное представление, и они будут с тобой откровенны.

Когда мои дети были в маленьком возрасте, я специально ходил с ними в разные биологические музеи. У меня в Торонто много родственников, и мы обычно проводили там много времени. Там есть прекрасный музей науки и огромное количество очень хороших фильмов о зачатии, о половом соитии, о рождении детей, и я специально водил их смотреть это кино в таком возрасте. И мы сидели вместе и смотрели эти картины, я им все это объяснял, и они понимали, что я им рассказываю о жизни.

Меня к этому немножко приучила, правда, моя мать – она гинеколог, и она была со мной довольно-таки откровенна. И я помню, как мы, будучи студентами, попали в роддом (это было на втором курсе, мне было девятнадцать лет), и тем не менее, это у меня все равно вызвало шок. Были очень сложные роды, нас специально привели их посмотреть. И вот мы, девятнадцатилетние мальчишки, когда видели происходящее, получили огромное впечатление. Я помню, что после этого мы начали уважительно относиться к девочкам нашего курса, что удивительно. Этот акт родов чень тяжелый, и это не порнография. Просто ты видишь, как это тяжело, как это на самом деле происходит – рождение.

Кроме этого, нас водили и в морг, и на операции всевозможные, то есть нам много демонстрировали из основ человеческой жизни. Я думаю, что все это надо детям показывать, не дожидаясь определенного возраста, в правильном постепенном подходе, чтобы это не произвело на них такое шоковое воздействие. Но это необходимо.

А. Ульянов: Мы сейчас, я уточню, говорим про возраст с девяти до тринадцати лет.

М. Лайтман: Да.

А. Ульянов: Да?

М. Лайтман: Да, да, да, да, да.

А. Ульянов: То есть…

М. Лайтман: Именно в этом возрасте, с 9 до 13, я повторяю, закладываются все основы социально-полового развития. То есть то, как ребенок будет относиться к другому полу, как он будет относиться к сексу, как он будет относиться ко всему.

Он должен понимать, что это ему дано не только для зачатия, мы не пуритане. Понимаете? И вступаем в брак не только для того, чтобы детей заводить и далее размножаться, и думать о следующем поколении, но, что эти отношения являются для нас огромным выбросом энергии.

Это является самым большим наслаждением в жизни.

Мы должны все это рассказывать ребенку, но, при этом, мы должны ему рассказывать и о том, как это можно гармонично вписать в нашу жизнь.

Этой гармонии не хватает и нам самим. И всем нам ее еще надо найти.

А. Ульянов: В одной из бесед Вы затрагивали эту тему, только тогда Вы еще сказали, что помимо рождения и смерти, ребенку очень важно посмотреть, как лечат людей, чтобы появилось уважение у него и к человеческой жизни.

М. Лайтман: Я – за: его надо брать в тюрьму, его надо брать на скотобойню – то есть ему надо показывать все, что происходит в мире, постепенно, чтобы он увидел все эти картины, и понял, что булочки не растут на деревьях. Чтобы он понял, как это все добывается, как все достается, каким образом устроен мир, каково отношение людей к животным, каково отношение людей к людям. Что происходит с теми людьми, которые делают общественно отрицательные поступки, какие их ждут наказания. Брать их в зал суда! Пускай они смотрят, что там происходит, на какой-нибудь показательный процесс.

Нам надо показывать все это растущему человеку. Просто необходимо. Он видит из телевидения, из Интернета фантастические, изуродованные картины, якобы из нашей действительности, и потом с этими лживыми примерами, создает себе такую же лживую жизнь. Он все время проигрывает в себе, по отношению к другим, какие-то сценки, которые он видел в кино, штампы, примеры, и все время таким образом действует.

Так вот, нам надо дать ребенку примеры максимально естественные, чтобы установить в нем его личные, поведенческие, правильные действия, а не какие-то голливудские штамповки, которые искусственно созданы и не ведут нас к правильному взаимодействию.

А. Ульянов: Вы сказали, что это нужно сделать каким-то мягким способом, чтоб не травмировать ребенка.

М. Лайтман: У воспитателей, которые вместе с детьми проходят этот путь, это получается естественно.

А. Ульянов: Мы подошли к рубежу периода с девяти до двенадцати для девочек, и с девяти до тринадцати для мальчиков. А какой период следующий? Что происходит дальше с человеком?

С 13 ДО 20. КОГДА МЫ НЕ ГОТОВЫ К ТОМУ, К ЧЕМУ ДАВНО ГОТОВЫ НАШИ ДЕТИ

М. Лайтман: Следующий этап – до двадцати лет. Это этап полного становления человека, когда он должен приобретать специальность. То, что у нас идут в университеты после двадцати лет и позднее – это не верно. Человек должен приобрести специальность до двадцати лет.

Если нужно, – отслужить в армии. И армия должна быть контрактной, туда должны идти люди, которые чувствуют, что они таким способом реализуют себя. Это способ заработать, обрести хорошую специальность. В общем, он подходит для тех людей, которые имеют к этому склонность.

Мы с вами знаем, что изначально люди делятся на атлетов и мудрецов: есть атлетически сложенные, сильные физически, а есть сильные внутренне.

А. Ульянов: Ментально.

М. Лайтман: Ментально.

А. Ульянов: Чувственные люди.

М. Лайтман: Чувственно развитые. Так вот, здесь все зависит просто от склонности человека. Поэтому часть с удовольствием пойдет в армию, потому что будет хорошо обеспечена, потому что обретет специальность и так далее. А другая часть обретет специальность в университетах и будет заниматься другими проблемами.

И до двадцати лет человек должен: встать на ноги, жениться или выйти замуж и даже стать отцом или матерью. И все это до двадцати лет.

Я вам скажу, что если бы мы правильно занимались детьми… Вся эта школьная программа, которая растянута на огромное количество лет, ничего им не дает, они просто не могут ее терпеть, они занимаются… Я не знаю, чем они занимаются. Огромные ненужные пласты знаний, которые… не знания даже, а вся эта история и все эти сложности, навороченные людьми. Их надо учить тому, что намного ближе к природе, их надо учить естественным наукам. Те же самые естественные науки, только в их взаимосвязи между собой. И далее – университет, который должен давать специальность, не растягивая этот процесс на пять, шесть, семь или неизвестно сколько лет.

Человек сейчас все равно всю свою жизнь продолжает заниматься самообразованием, потому что жизнь у нас такая: она постоянно усложняется и с таким ускорением, что ему необходимо совершенствоваться всю жизнь, каким бы специалистом он не был.

Надо готовить какого-то определенного специалиста в каждой области, но не узкопрофильного. И после этого вводить для него совмещенные с работой дополнительные курсы, которые не будут заканчиваться. Мы знаем, что врачам, биологам, зоологам, физикам, химикам необходимо постоянно над собой работать и постоянно развиваться, потому что и наука развивается очень быстро и постоянно.

И еще раз. В двадцать лет человек должен уже быть мужчиной или женщиной в семье, с детьми и начинать свою полную, абсолютно полную, независимую, общественную, семейную, социальную жизнь. Я вам говорю, на самом деле, дети к этому готовы. Мы к этому не готовы.

А. Ульянов: Ну, да.

М. Лайтман: Только лишь. А дети готовы к этому, и они хотят. И если вы этого вовремя не даете, человек остается ребенком. Он и в сорок лет не хочет жениться. Или он женится в двадцать лет, поживет пару лет в семье с женой, бросает ее, приходит снова к маме. Вот кого мы воспитываем.

А. Ульянов: Я хотел бы все-таки вернуться к выбору профессии, потому что это тоже сейчас очень важная тема. На что должен ориентироваться человек при выборе профессии? На какие-то свои особенности? Или он должен ориентироваться на то, приносит ли это доход или нет? И каково должно быть влияние окружения взрослых, как они должны помогать своему ребенку сделать этот выбор?

М. Лайтман: Я считаю, что выбор профессии должен происходить совместно с воспитателями и семьей. В этом возрасте до тринадцати лет угадываются уже склонности ребенка. Допустим, одна моя дочка точно знала, что она будет биологом, и не только биологом – генетиком, – и не только генетиком, а заниматься именно раком груди.

А. Ульянов: До тринадцати лет?

М. Лайтман: Она знала это с младшего возраста. Она была настроена примерно так: «Я хочу этим заниматься», и она этим занимается. А вторая – ее действительно привлекало то, что она и освоила: философию, общие вопросы.

Я видел, что у детей очень рано можно проследить их склонности, и мне кажется это естественным: видеть в человеке то, к чему он тянется больше. Так что здесь нет проблем. Но я считаю, что не должно быть ограничительных экзаменов в университетах, люди должны пытаться пробовать себя везде, знания они должны получать в открытых аудиториях и набирать себе курсы какие угодно, просто по необходимости, для специальности, каждый должен закончить те или иные курсы. Мы должны обеспечить человеку бесплатное обучение.

В определенном возрасте пускай он болтается между всеми этими учебными курсами, пускай делает все, что угодно. Правда, это должно быть каким-то образом организовано, но в принципе он может брать уроки и по рисованию, и по музыке, и по математике, и по боксу. Понимаете?

Совершенно глупо это показал, но специально, чтобы было понятно. Он имеет право так делать: может быть, он не выяснил до конца и еще не знает, куда себя деть. Дайте ему эту возможность. Допустим, с тринадцати до пятнадцати лет пускай выясняет свободно, бесплатно. Это как у нас сегодня в университетах: первые два курса общие, практически без намека на четкую специализацию. Вот и дайте ему эту возможность. И тогда, по крайней мере, мы не будем видеть неудовлетворенных людей: они будут иметь возможность спокойно выбрать себе специальность.

Здесь также закладываются некоторые основы, и они должны быть обязательными в этом возрасте. Курсы по ведению семейной жизни, например, – не знаю, как лучше назвать. Потому что этого не достаточно: того, что мы ему дали до тринадцати лет, – и сейчас мы должны продолжить его сопровождать, как личные психологи. Но не один на один. Это должны быть предметы, которые каждый из этих детей изучает. Они должны быть с демонстрационными возможностями, и при этом постоянно сопровождаться разъяснительной работой – подростку надо дать полное понимание основ всего общества: всех проблем, всех взаимоотношений, всех решений.

Сейчас этого нет. И люди сейчас не знают ничего: взрослый человек не знает, как обратиться в полицию, как обратиться к юристу, какие у него есть возможности, права, как работает вся эта система и государственная машина, – ничего не знает. А наш мир становится таким широким, глобальным, что просто не дает человеку возможности чувствовать себя комфортно.

Так что работа по воспитанию до 20 лет – это очень сложная системная задача, где ты из подростка лепишь, лепишь, лепишь и лепишь серьезное существо, человека делаешь из него.

И после 20 лет, если он получил такое сопровождение, тогда можно уже думать о том, что и он, в свою очередь, может быть воспитателем для следующих подрастающих поколений, идущих за ним.

 Более того, мы должны постоянно и каждого из наших детей привлекать к работе воспитателем. Потому что он не сможет дальше развиваться, если не будет воспитывать младших.

И это говорится обо всех. Ты математик, больше ты ничего не понимаешь, ты устроен только таким образом? Хорошо, возьми свою математику, – не важно, что – каждый взрослый должен заниматься воспитанием следующего поколения. Каждый! Это сделает из него взрослого в полном смысле этого слова.

А. Ульянов: А с какого возраста надо начинать?

М. Лайтман: С 20 лет. С 20 лет он уже обязан этим заниматься.

А вообще нам следует привлекать людей каждого следующего этапа к помощи в воспитании предыдущего этапа. Я беру мальчиков с 9 до 13 лет, и они мне помогают воспитывать мальчиков с 3 до 6 лет. А если я хочу подействовать на мальчиков с года до трех, то не могу на них подействовать, привлекая двадцатилетних: они их не понимают, не воспринимают. Они их воспринимают, как какие-то механизмы. А если я к детям трехлетнего возраста приведу шестилетних – о-о-о! – это для них бог и царь!

ПРЕСТУПЛЕНИЕ И НАКАЗАНИЕ. КОГДА СУДЬЯ И ПОДСУДИМЫЙ В ОДНОМ ЛИЦЕ

А. Ульянов: В процессе общения между детьми и взрослыми вообще возникают конфликты, и эти конфликты требуют разрешения. Какими Вам видятся принципы разрешения конфликтов?

М. Лайтман: Общее обсуждение самими детьми того, что произошло, и эти обсуждения должны быть как при наличии конфликтов, так и при их отсутствии. Постоянно должен быть какой-то час в день, не меньше, когда они обсуждают все возникшие у них проблемы и вопросы, когда дети повышают уровень своего сотрудничества, своей жизни. Они постоянно думают о том, каким образом ее можно улучшить, о том, что произошло, они осуждают, они поощряют, они устраивают суд, они сами являются судьями, и сами как бы являются подсудимыми.

Им нужно обязательно участвовать в этом процессе анализа, синтеза и выяснения всех проблем.

А. Ульянов: То есть если двое 9-летних ребят повздорили между собой, то разрешить это нужно в группе людей?

М. Лайтман: Прекрасно, прекрасно, значит можно использовать этот случай для выяснения огромного количества накопленных проблем или, может быть, они уже ушли, а мы их не заметили. Это очень хорошо. Но сами дети в этом должны участвовать, сами дети должны понимать, на основании каких критериев они выносят свои суждения, и является ли их приговор исправлением, а не наказанием.

Есть такая сеть «демократических школ», в которых преподаватели вообще не участвуют в жизни детей. Сами дети смотрят друг за другом – не выслеживают, а смотрят, чтобы повысить свою коммуникабельность, – и затем устраивают суд. Есть дежурный судья, два его помощника (я бывал в этих местах: очень интересно, да), приходят дети и их товарищи, которые на сегодняшний день назначены быть вершителями их судеб, и они обсуждают проблемы и вместе с подсудимыми выясняют: а что же в таком случае делать, чтобы улучшить общество.

Я был на этих обсуждениях, и меня поначалу сильно потрясло их взросление, их суждения, когда они так важно сидят. Но с другой стороны, они понимают, что они этим действительно строят свою жизнь, и уже видны их отношения в коллективе. Уже видно, как они взрослеют.

А. Ульянов: Но никакие процессы невозможны без правил.

М. Лайтман: Да! Здесь необходим кодекс, и у них есть кодекс поведения, и все происходит согласно ему, а если нет, то они свои правила динамично меняют, они сами приходят к выводу, что вот эти правила устарели, и им нужны другие. И таким образом растут вместе с тем, как изменяют свой устав.

А. Ульянов: Я как-то слышал в одной из Ваших бесед, что детям можно было бы рекомендовать каждый свой день начинать с того, чтобы корректировать этот устав «как мы живем сегодня?»

М. Лайтман: Да.

А. Ульянов: Вы об этом говорите?

М. Лайтман: Да.

А. Ульянов: У меня тогда вопрос. Если ребенок все-таки нарушил какое-то правило и находится в аффективном состоянии, кто его должен остановить и как это сделать?

М. Лайтман: Не хорошо, если его останавливает взрослый, не хорошо. Это должно быть воздействием сочувствия со стороны его товарищей, а не осуждением и не силовым методом, – так, чтобы ему было очень удобно самому себя начать осуждать. Каким же образом мы можем стать самыми близкими к человеку, находящемуся в аффективном состоянии? Мы либо должны сами войти в состояние аффекта, солидаризироваться с ним и начать так же выступать, а затем потихонечку, потихонечку начать гасить: «Ну, да. Вот, смотри…», – либо по-другому: сначала соединиться с ним, а потом начать постепенно воздействовать сочувствием.

А. Ульянов: Вы рассказываете такие простые вещи, они действительно звучат очень естественно и понятно, но в жизни, к сожалению, мы видим репрессии, которые не приводят ни к чему хорошему.

М. Лайтман: Это вообще абсолютно запрещено.

 Мы говорили о том, что если и возможно наказание, то только в виде вынесения такого приговора, в котором участвует сам наказуемый. Тогда он понимает, что это его исправление для того, чтобы в следующий раз он не совершил этого проступка, и он согласен, что это проступок и понимает, что и в следующий раз он не защищен от своей природы.

И он думает, а как же он может сделать так, чтобы предохраниться, чтобы подняться над своей природой, защититься от нее?

Мы его ставим в абсолютно объективное состояние относительно его самого, выводим его из себя, чтобы он увидел себя и понял, как же он может что-то с собой сделать. Мы из него делаем человека, который понимает: есть животное тело со всевозможными задатками, и есть человек в нем, который хотел бы быть лучше.

ЭТАПЫ РАЗВИТИЯ ЧЕЛОВЕКА
(окончание)

Беседа шестая, в которой мы подводим итоги двух предыдущих и узнаем несколько любопытных вещей.
Вопрос на тему смерти и вопрос на тему секса. Еще раз о том, что не стоит изолировать ребенка от информации, которую он все равно получит, а стоит дать ему правильное отношение к ней.

ВЕДУЩИЙ АНАТОЛИЙ УЛЬЯНОВ

А. Ульянов: Я хотел бы задать вопрос на тему смерти: ребенок задает его уже в 5 лет. И я помню, что и у меня он возник именно в этом возрасте. Что ответить ребенку?

М. Лайтман: Мы должны брать пример с древних обществ. Они относились к этому абсолютно спокойно. Дети видели и знали, что умирают взрослые и близкие, или раненые, или больные люди. Они понимали это все. Затем участвовали в процессе похорон, их не изолировали, им все это показывали. Они ко всему этому относились естественно.

В наше время, именно благодаря тому, что мы не желаем вести и ощущать естественный поток жизни, мы создаем какое-то синтетическое отношение к себе и окружающим, мы думаем, что мы этим облегчаем свое существование, – на самом деле, совершенно нет. Это неверно!

Смотрите, что у нас с фильмами. Каждый фильм – это сплошные убийства, издевательства, насилие, какие-то ужасные действия. Мы видим, что заменили естественное отношение к человеку, к его нормальному физиологическому существованию: рождение, жизнь, смерть, – мы заменили его чем-то искусственным, уродливым.

Вообще любые фильмы построены на страхах, угрозах, подавлении, власти. И детские мультфильмы отличаются еще даже более изощренными способами выражения этих явлений, чем взрослые.

Я считаю, что мы должны все показывать детям, но делать это правильно. И что бы мы им ни показали, по сравнению с тем, что они видят с экрана, – делать это нужно гораздо более мягко и естественно.

А. Ульянов: Вы как-то говорили, что более правильно будет не изолировать ребенка от информации, которую он все равно получит, а давать правильное отношение к ее восприятию…

М. Лайтман: Абсолютно четко. Я помню, когда я был маленьким ребенком… Ну, во-первых, моя мать – гинеколог. У нее было очень много соответствующей литературы. Она постепенно каким-то образом делала эту литературу для меня доступной.

А вообще я рос в доме, где книжки стояли по возрасту. И я не мог дотянуться до верхних полок, слишком высоко.

Это с одной стороны. А с другой стороны, между нами были очень откровенные разговоры. Я считаю, что все это было правильным.

Были даже книги… В России вообще в то время считалось, что секса нет. Но были дореволюционные книги: «Мужчина и женщина» – два больших тома, я помню. Были очень интересные статьи.

Конечно, я, как ребенок, с удовольствием разглядывал обнаженных женщин всяких… Но рисунки были очень красиво сделаны, художественно очень хорошо выполнены, и там очень здорово, прилично, приятно, объяснялось вообще все: свойства, особенности полов, их характер, физиология и так далее. Здорово!

В царской России этому уделялось правильное внимание. А в те годы, в пятидесятые годы, когда я рос, этого не было.

Я помню, каким фурором была встречена книжка моего учителя, профессора Свядыша, «Сексуальное поведение мужчины. Сексуальное поведение женщины».

А. Ульянов: Да, я помню такую книгу.

М. Лайтман: Это был мой учитель. Он преподавал психологию, физиологию, анатомию у нас на курсе.

ДОМАШНЕЕ ЗАДАНИЕ? НИКАКОГО! ИГРАТЬ В ФУТБОЛ И ИСКАТЬ КЛАД!

А. Ульянов: Следующий вопрос. Он уже относится к образованию, воспитанию. Домашнее задание. В новой школе есть место домашнему заданию или нет? Если есть, то в каком виде?

М. Лайтман: Никакого. Абсолютно никакого!

Единственное, что есть, – выходные дни, когда желательно для детей создать такие условия, чтобы они могли сами приходить в свои школы и там играть, проводить время. День без занятий. Или сделать так, чтобы в этот день состоялась интересная и познавательная поездка куда-то, потому что, в принципе, делать дома нечего! Телевизор, компьютер ничего хорошего не дадут. Я думаю, это лучше, чем с родителями, которые должны заниматься семьей, маленькими детьми, уборкой, готовкой, стиркой и так далее.

Я считаю, что большинство детей были бы счастливы, если бы школа была в выходной день открыта. Хорошая школа, в которой им были бы предоставлены все возможности.

А. Ульянов: Я с Вами согласен, потому что из практики встреч с так называемыми «хорошими родителями» могу сказать, что действительно ребенку достаточно буквально до 15 минут такого полноценного, хорошего общения с ними – и все, этого достаточно.

М. Лайтман: Потом они не могут быть друг с другом. На самом деле это так.

А сделать им, допустим, воскресный футбольный матч или какую-нибудь другую игру, или поиск сокровищ, клада. Не важно, что делать. Но делать что-то такое увлекательное, серьезное, с элементами взаимопомощи: иначе не найти клад, иначе не влезть на вершину горы, иначе не забить мяч, – то есть развлечение с обучением.

ОБУЧИТЬ РЕБЕНКА НЕДЕЛАНИЮ? ОЧЕНЬ ПОЛЕЗНО!

А. Ульянов: Есть еще такой частный случай, и он сейчас встречается очень часто, когда ребенок на вопрос: «Чем ты хочешь заниматься?» – отвечает: «Я не хочу ничего».

М. Лайтман: Очень хорошо. Очень хорошо!

Давай мы сделаем так, что ты как будто бы действительно ничего не хочешь. Мы предоставим тебе полную возможность – вот сейчас ты не делаешь ничего, абсолютно ничего. То есть ты не читаешь книгу и не смотришь телевизор, ни с кем не разговариваешь, – не делаешь ничего! И сколько ты хочешь? Целый день? Пожалуйста. Но как только ты начнешь что-то делать, мы тебе напомним, что мы договорились, что ты не делаешь ничего.

Это интересный эксперимент! Тогда ребенок понимает, что он не то, что ничего не делает, он просто занимается бесполезными делами. А может ли он сделать приятными полезные дела? Понимаете?

Поэтому стоит обучить его тому, что никогда нет такого, чтобы он не был бы чем-то занят. Он слоняется из угла в угол. Он одно просит, другое пробует. Он смотрит бесконечно телевизор. Он чем-то занят. Это не значит, что он ничем не занимается.

Это значит, что у него нет четкого источника наслаждения, наполнения.

Но обучить его ничего неделанию, необходимо следующее: давай договоримся, что мы с тобой сейчас 15 минут ничего не делаем. И этого будет ему достаточно.

О ТОМ, КАК ВАЖНО ПОДСУДИМОМУ ЧАЩЕ МЕНЯТЬСЯ МЕСТАМИ С СУДЬЕЙ, А СУДЬЕ – С ПОДСУДИМЫМ

А. Ульянов: Система воспитания должна быть такая же постоянная, как и жизнь?

М. Лайтман: Да. Это жизнь, и мы должны создать для ребенка такой вид общения, что у него всегда будет возможность находиться вместе с себе подобными. В таком правильном круге, в котором он будет себя, во-первых, свободно выражать, и, во-вторых, будет свои действия анализировать и, таким образом, расти.

И пусть рядом с ним постоянно будет воспитатель – не только с одним ребенком, а допустим, на десять детей – один или два воспитателя, которые всегда вместе с ними, как и они, участвуют во всех процессах.

Сейчас любой ребенок – он не представляет себя в одиночестве. Правильно, что сегодня дети уходят в Интернет-пространство. Они находят там общение.

 Наши дети ищут общения. И мы должны нашим детям его дать, чтобы в любой момент их бодрствования у них была эта возможность,

имеется в виду, круглосуточная физическая или виртуальная среда, которая позволит каждому быть в правильном общении с другими; обстановка, в которой каждому ребенку можно будет впитать в себя новые навыки взаимодействия, сотрудничества, взаимопонимания, общения, достичь такого уровня отношений с другими, при которых он сможет почувствовать другого человека, сможет жить его желаниями.

То есть все игры настроены только на то, чтобы он был связан с окружающей средой непосредственно. Он должен чувствовать себя ее интегральной частью.

А. Ульянов: Это очень интересно.

Если попытаться представить группу детей, которая существует таким образом, то можно предположить, что моментально она разобьется на слои: там появляются лидеры, появляется свита лидеров, появляются нейтральные люди и изгои. И кто-то постоянно будет попадать в эти изгои. И даже если убирать этого изгоя, то среда выдавит туда других людей.

Как работать с этим? Можно ли сделать так, чтобы этой структуры не было? Или к ней нужно относиться, как к естественной вещи?

М. Лайтман: Надо вносить в группу правильные ценности.

Ценность человека, любого ребенка оценивается всеми вместе и только на основании его включения в общую группу: насколько он переживает за нее, насколько он реализует себя так, чтобы группа стала одним общим целым. И в этом возможно соревнование групп. Вот это единственное, в чем можем мы позволить соревнование.

Так вот, для того чтобы у нас не было разделения на лидеров, нейтральных, сопутствующих и выпадающих в осадок, что называется, мы должны заранее, при организации группы, нейтрализовать любые подобные побуждения и постоянно с этим работать.

 Полезно составить среди детей образ такого героя, который, наоборот, действует против себя, играет против себя, реализует в обратном направлении свои возможности властвовать: «Вот, властвуй, пожалуйста. Но сделай так, чтобы все были в дружбе, в любви, и чтобы все играли вместе. Чтобы было так, как на поле боя, когда сильные заботятся о слабых, потому что знают, что только вместе они выполнят определенное задание».

Все зависит от действий воспитателя, от того, каким образом мы сформируем эту среду, какие для нее приготовим игры, задания, обсуждения.

Здесь очень-очень важны дискуссии, судебные процессы в виде таких обсуждений: «Правильно это, или нет? Тут сидят заседатели, тут присяжные, тут судьи, тут свидетели, а тут…», – и так далее.

Стоит вовлечь их в такие дискуссии. А потом пусть поменяются местами. И тогда человек начнет понимать, почему природа с ним так играет, что же она желает от него. Обязательно включать в программу эти выяснения! Не просто дискуссии на уровне людей, а выяснять, почему мы такими созданы, чего же от нас хочет природа, которая создала нас такими. Ведь в ней все целеустремленно, все заранее предусмотрено, и мы видим огромную логику во всем. Для чего же она создала в нас такие побуждения, такие ужасные свойства? Для того чтобы мы могли прийти к взаимности, к сосуществованию? И как мы можем это использовать по-другому? И так далее.

Здесь должно быть очень серьезное, очень открытое обсуждение. Вполне возможно, здесь уже должны быть и смешанные группы, потому что мы говорим об обществе, – значит, уже и мальчики, и девочки находятся вместе.

Я думаю, что в основном человек воспитывается в обсуждениях, анализе, таких вот играх, когда дети друг друга судят, исследуют, причем не в личностном плане, естественно, а в общечеловеческом.

А. Ульянов: В судебных заседаниях в конце выносится вердикт. А в подобных играх кто является высшим авторитетом?

М. Лайтман: Присяжные.

А. Ульянов: Присяжные?

М. Лайтман: Присяжные. Это может быть большая часть группы – не важно. Главное, чтобы они пришли к общему мнению. Или, если нет, то почему?

И даже если они не смогут прийти к общему мнению и не будет выводов, они все-таки себя исследовали. Они изучили много всевозможных вариантов. Их это научило по-разному относиться друг к другу.

А когда они вовлечены в дискуссию, то каждый обязан слушать другого для того, чтобы ему возражать, а потом перейти на его место и возражать самому себе, с его точки зрения: «Вот, а теперь поменяйтесь своими мыслями. Ты начинай защищать его точку зрения, а он – твою».

Вы представляете, к чему приведет в ребенке такой переход?! К расширению сознания буквально. В одном человеке возникают несколько человек в абсолютно противоположных комбинациях, и он должен научиться понимать, как этот процесс действует в мире. У него появляется такая возможность, и, если он научится ставить себя на место другого, он сможет всегда мгновенно воспринимать образ любого другого человека.

У нас нет этого. Мы другого человека воспринимаем просто как препятствие, стену, которую надо отодвинуть в сторону. А здесь у ребенка будет все иначе. У него будет инстинктивно работать такая привычка, что он станет схватывать образ другого человека и внутри себя работать с ним. И это будут, конечно, совершенно другие люди.

А. Ульянов: Мне представляется такая картина: какой-то учебный класс, и учительница такая, килограммов сто весом, нависая над малышом, требует от него сказать правду, с угрозами. Ребенок трясется… и говорит правду. Его тут же наказывают.

М. Лайтман: Конечно.

А. Ульянов: И тогда вопрос: «Вот эти инструкторы, которые будут работать с детьми, как они должны выстраивать к этому отношение?»

М. Лайтман: А никакого наказания вообще нет! Никакого наказания нет или вознаграждения в таком виде.

Наказание или вознаграждение появляются только лишь вследствие обсуждений между детьми, когда они воспринимают, как результат этих обсуждений, тот вывод, который делают сами для себя. Это вознаграждение и наказание, когда ребенок сам себя начинает проверять и видит, как в нем сработал эгоизм, и насколько это плохо.

И тут же он понимает, что это дано ему от природы, и правильно, что он осознал, что это плохо. Не надо заниматься здесь самоедством, не надо себя укорять: я выразил это свое внутреннее свойство неправильное, я его сейчас осознал, я постараюсь больше с ним не работать, потому что я вижу его отрицательные последствия, – то есть надо полностью доводить до конца весь этот процесс анализа так, чтобы он заканчивался лечением.

КОГДА РЕБЕНОК ВРЕТ

А. Ульянов: Предположим, ребенок начинает врать, просто откровенно врет.

М. Лайтман: Ну, и что?

А. Ульянов: Ну, и что? (Смеется) Как я должен с ним взаимодействовать? Как я должен работать с его враньем?

М. Лайтман: Начать ему врать в лицо еще больше, чем он сам. И так вы доведете ситуацию до абсурда и вернетесь к правде.

А. Ульянов: Очень интересно. (Смеется). Видите, я не могу сдерживаться…

М. Лайтман: Вы же его должны привести к правде. Как вы можете иначе? Как вы можете иначе? Вы должны ему показать на своем примере, что значит врать. Вот так вот просто и открыто вы ему врете. Еще больше даже.

А. Ульянов: Утрировать?

М. Лайтман: Утрированно, гротескно. Очень помогает!

КОГДА РЕБЕНОК ПОДВЕРГСЯ НАСИЛИЮ

А. Ульянов: У меня следующий вопрос: «Если я как родитель столкнулся с тем, что мой ребенок подвергся насильственному действию посторонних людей где-то на улице. Как я должен отреагировать? Какой пример я должен ему дать?»

М. Лайтман: Вы должны взять ребенка и исследовать то, что произошло, этот случай. Но я думаю, что родители здесь не могут заменить ему его окружающей среды, когда он вместе с друзьями обсуждает, решает этот вопрос, и одновременно все они учатся на этом примере. Так что, я думаю, лучше всего это проводить в его компании.

А. Ульянов: То есть любое подобное действие – из него надо делать какой-то вывод и правильное отношение к этому действию, каким бы оно ни было, да?

М. Лайтман: Да. Обязательно! Обязательно. Даже если таких происшествий или действий нет, то мы должны их как-то генерировать, мы должны находить причины для того, чтобы выявлять какие-то отношения, например, показывать им какие-то фильмы, а потом обсуждать. Нам необходимо постоянно проводить анализ: «я и окружающая среда», «я сам с собой».

Все эти вещи очень полезны. Главное, привести человека к такому состоянию, когда он оторвет себя, свое «Я» от этих свойств, которые ему навязала природа, и увидит себя относительно них абсолютно свободным.

Пускай он почувствует: я могу быть над своим эгоизмом, над этими своими свойствами, давай-ка, я попробую ими свободно оперировать во имя вот таких-то целей, таких-то ценностей. Это самое главное в воспитании. К этому нам надо ребенка привести.

А. Ульянов: Еще один вопрос – это степень откровенности ребенка во взаимодействии. Ведь в нашем мире нас учат, что есть информация, которую я могу выносить на общее обсуждение, а есть информация только моя. Как в этом отношении мы должны воспитывать детей?

М. Лайтман: У меня нет никакого сомнения, что дети будут наслаждаться, когда они полностью открыты.

Это просто отдохновение такое, когда у тебя ничего не остается тайного на сердце, никакого камня за пазухой, когда ты можешь быть абсолютно открытым, когда ты можешь быть самим собой, – просто, как младенец на руках матери.

Поэтому я думаю, что в итоге дети очень быстро придут к мнению, что им вообще нечего скрывать. Это все абсолютно естественно: кто мы, что мы. И нам надо прилагать все усилия для того, чтобы мы были понятны, открыты друг другу, не ожидая подвохов, ударов друг от друга, но показывая, чего мы на самом деле друг от друга ждем. И тогда мы придем к правильному и гармоничному союзу. И в нем обнаружим себя счастливыми.

ОТ 20 И СТАРШЕ. ЛЕГКАЯ ЗАРИСОВКА НЕКОТОРЫХ ЭЛЕМЕНТОВ ОБЩЕСТВА БУДУЩЕГО

А. Ульянов: Следующий вопрос. Мы затронули периодизацию этапов жизненного пути. Я бы хотел, чтоб Вы несколько слов сказали про период с 20 до 40 и с 40 до 70 лет: чем они все-таки характерны, какие задачи, с Вашей точки зрения, наиболее важны в эти периоды?

М. Лайтман: Здесь проблема в чем? Если мы говорим о возрасте детском, то это то, что в наших силах менять.

И если мы не сделаем, не вырастим, не создадим правильного поколения, воспитанного до двадцатилетнего возраста, то и остальных периодов не будет.

Поэтому, когда говорим о правильной жизни человека от 20 до 40 лет, – мы говорим уже об обществе, которое по другим законам живет.

Это не наше общество – это уже нечто совершенно другое. Когда человек получает по потребностям и выдает по способностям, потому что самое главное для него – участвовать в социуме. Таким образом он воспитан. Он понимает, что при этом он может полагаться на общество, которое всегда его обеспечит, которое всегда будет думать о нем, которое всегда будет заботиться о нем.

Это… это социализм своего рода. Но социализм правильно воспитанный, не насильственным путем.

Это элементы, которые хотели ввести в бывшей России, но с помощью красного террора. Поубивали до сорока миллионов человек, но ничего не достигли, потому что силовым методом это насаждать нельзя. Необходимо высшее вознаграждение.

Недостаточно даже того, что я буду правильным элементом в обществе, хотя это и многого стоит. Это может помочь, если общество действительно будет таким. Но проблема в том, что нам необходим еще дополнительный элемент воздействия на нас со стороны природы.

Это называется «Высшим вознаграждением», когда человек, правильно соединяясь с социумом, ощущает переход на следующий уровень своего сознания; когда он ощущает себя плывущим в вечном потоке информации, вечном потоке ощущения жизни, и уже не адаптирует себя, не ассоциирует себя со своим физиологическим телом; когда он чувствует себя настолько связанным с окружающим его обществом, что даже когда тело умирает, он продолжает существовать в своем сознании, в своем слиянии с этим окружающим обществом.

Это… это психология, не более того. Мы можем к этому прийти. Каббала об этом говорит. И мы должны человеку это объяснить и показать.

А. Ульянов: Мы рассмотрели эти периоды развития, согласно науке каббала. Вы могли бы сказать, на чем все это основывается, почему именно такие периоды? Почему вот так? Почему с трех до шести? Почему с шести до девяти и так далее?

М. Лайтман: Потому что наша физиология таким образом построена. И наше общество построено таким образом. Потому что таким образом воздействуют на нас высшие силы природы: на каждого из нас и на социум в целом. И поэтому все мы проходим именно такой путь, такие стадии:

- Внутриутробное развитие.
- Период вскармливания – до двух лет.
- До трех лет – становление младшего возраста.
- С трех до шести – обучение, первичное обучение азам.
- С 6 до 12 – подготовка к социальной среде.
- С 9 до 13 – подготовка к половому развитию, становлению.
- С 13 до 20 лет – половое становление, обретение специальности и создание семьи.
- До сорокалетнего возраста человек, практически, создает свою семью, растит детей, мужает.
- После 40 лет он становится дедушкой, бабушкой. И проходит следующий этап жизни – до 70 лет.

За 70 годами существует очень интересный процесс, которого сейчас в нашем мире мы наблюдать не можем. Если бы мы жили в исправленном обществе, то когда человек преодолевает семидесятилетний барьер, он даже на физиологическом уровне продолжает существование до 120 лет. И при этом он обретает особые жизненные силы, особую жизненную мудрость, которая помогает всему человеческому сообществу находиться в общей мысли, в общих рамках, в общей поддержке. То есть возраст от 70 до 120 лет становится, на самом деле, для человечества благодатным, приносящим ему огромную психологическую, энергетическую поддержку, когда старики не являются обузой для молодого поколения, а наоборот, выполняют свою особую функцию – создают вокруг нашего мира правильную среду, в которой все остальные благодатно существуют.

А. Ульянов: Можно ли произвольно трактовать эти периоды? Или они жестко связаны с законами природы и по-другому никак быть не может?

М. Лайтман: Совершенно верно. Они абсолютно жесткие. Нам надо только их изучать и использовать.

Мы являемся интегральными частями природы. Идти против нее – себе во вред.

НЕСКОЛЬКО ОСНОВНЫХ ПРИНЦИПОВ ВОСПИТАНИЯ ЧЕЛОВЕКА

А. Ульянов: Вы могли бы сформулировать вкратце пять основных принципов современного воспитания человека, о которых мы с Вами, так или иначе, говорили ранее?

М. Лайтман: Так, как я считаю?

А. Ульянов: Да, конечно.

М. Лайтман: Пять основных принципов.

Первый и самый главный – это пример.

Второй – это абсолютно равное отношение ко всем, когда и воспитатели, и дети находятся практически на одном уровне, и воспитатель незаметно подтягивает детей выше и выше.

Третье – это участие в учебном процессе минимум двух, желательно трех специалистов на группу от 10 до 15 человек.

Четвертое. Раздельное обучение мальчиков и девочек. Раздельное воспитание мальчиков и девочек.

Пятое. Полный школьный день, в течение которого дети учатся, обсуждают свои вопросы, отдыхают, кушают – все делают вместе. Обучение не в классах, а в комнате, где все дети сидят в круге. Нет никакого «учителя», а вместо него инструктор, близкий к ним по возрасту.

И связь между возрастами такая, что более взрослые берут шефство над младшими, а он, в свою очередь, опекают более маленьких. И они понимают этот процесс и участвуют в нем, как в непрерывном и необходимом процессе жизни.

Обучение психологии противоположного пола и правильного с ним взаимодействия, понимания.

ВЫБОР ПАРТНЕРА И ПРОФЕССИИ

Беседа седьмая, в которой мы выясняем, в каком возрасте наука каббала рекомендует молодым людям задуматься о вступлении в брак и о выборе профессии.

СОБЕСЕДНИКИ: ИЛЬЯ ВИНОКУР, ИРИНА ЯКОВИЧ

И. Винокур: Дорогие читатели! С нами психолог в области воспитания, психотерапевт Ирина Якович и ученый-каббалист, доктор Михаэль Лайтман. В предыдущих беседах мы довольно подробно остановились на периоде завершения полового созревания. В завершение этой темы мы подготовили вопросы, которые нам хочется обсудить, чтобы помочь родителям справиться с типичными проблемами детей данного возраста.

И. Якович: Здравствуйте, д-р Лайтман.

М. Лайтман: Здравствуйте, Ирина.

И. Якович: В каком возрасте наука каббала рекомендует молодым людям вступать в брак или строить постоянные отношения?

М. Лайтман: Каббала вообще не знает, что такое непостоянные или постоянные отношения. Это новое понятие!

И. Якович: Верно, это терминология нашего времени. Считается, что мужчина и женщина должны сначала попробовать себя. Есть понятие «мораторий», когда люди специально откладывают брак до 30-35 лет, и только тогда чувствуют, что готовы создать семью.

М. Лайтман: А почему вдруг становится «можно»? Что меняется?

И. Якович: Они чувствуют, что созрели. Это происходит от желания ничего не упустить в этой жизни, от стремления получить как можно больше впечатлений и жизненного опыта. Вместе с тем очень сложно понять, чего же я хочу? На это уходит много времени. По моему мнению, вместо внутреннего поиска ответов на вопросы «кто я?», «что я?» и «что мне подходит?» пытаются идти методом проб и ошибок. Это очень долгий и изнурительный путь, и он имеет свою социальную цену. Ведь люди создают большое количество связей, много раз расстаются. Если мужчина и женщина несколько лет живут вместе, то их расставание – настоящий развод. Даже экономически они уже связаны друг с другом, так что развод обходится им очень дорого. При этом количество разводов не уменьшается, а только растет. Что можно посоветовать сегодняшней молодежи вместо многочисленного и длительного поиска?

НАШ МИР – САМЫЙ НИЗШИЙ И ХУДШИЙ ИЗ ВСЕХ МИРОВ

М. Лайтман: Дело в том, что мы не найдем спокойствия, цели и смысла в этом мире. Он не предназначен для того, чтобы мы наслаждались, преуспевали и довольствовались тем, что здесь происходит. Он существует – и мы существуем в этой реальности – только для того, чтобы побудить нас к раскрытию Высшего мира, ведь, наш мир – самый низший и самый худший из всех миров.

И. Якович: Мир, в котором мы живем?

М. Лайтман: Да, хуже мира, в котором мы живем сейчас, нет. Возможно, это вас в чем-то успокоит.

И. Якович: Не особенно! Но допустим. Значит, это самое дно?

М. Лайтман: Да, это дно, хуже не будет. Мы просто не представляем, что значит «лучше». Если уж мы способны довольствоваться тем, что здесь есть, то представьте, насколько может быть лучше! Поэтому мы должны объяснить молодежи, используя примеры из науки: психологии, биологии, естественных наук в целом, а также с помощью каббалы, которая включает в себя все дисциплины и содержит научное объяснение происходящего, – что целью нашего существования является развитие. Но развитие не относится к плоскости этого мира: быть умнее, сильнее, богаче – вплоть до полетов к звездам.

Мы чувствуем, что исчерпали себя, и нас ничто не привлекает. Нам хотелось бы закрыть глаза и не видеть этого мира. Таков переходный период, в котором мы находимся. Поэтому мы разочарованы и за неимением выбора занимаем себя, придумывая разные глупости, – лишь бы что-то делать и не размышлять о жизни серьезно.

На самом деле мы стоим в преддверии замечательного подъема. Он увлечет нас, как ничто другое ранее, ведь мы поднимемся на иной уровень существования, в иное измерение, в новую эру. Это будет духовный мир, который мы раскроем, находясь в нашем мире. Это мир реальный: мы в нем живем, чувствуя и понимая силы, которые нами управляют. И ты знаешь, что произойдет в следующее мгновение, через месяц, через год. Ты знаешь, кто ты такой, и кто остальные, ты видишь перед собой весь мир, и он прозрачен. От начала мира и до конца ты понимаешь, ощущаешь и знаешь, что тут происходит, что задумано и ради чего, куда все идет. Зная это, ты уже не делаешь глупостей, будто маленький ребенок, который зашел в магазин игрушек и потерял голову. Напротив, ты начинаешь понимать и чувствовать.

ВЫИГРАТЬ У ЖИЗНИ ПО-КРУПНОМУ. НО КАК?

И. Якович: Потому что несешь ответственность.

М. Лайтман: Еще какую! Ты знаешь, с чем имеешь дело, знаешь реальный размер своего выигрыша. И тогда выбор профессии, партнера и окружения определяется целью выиграть у жизни по-крупному.

И. Якович: В каком возрасте нужно сделать выбор?

М. Лайтман: Я думаю, что ребенок должен быть готов к выбору в возрасте шестнадцати лет. Не то, что это надо делать, – не стоит нарушать законы общества, – но уже в таком раннем возрасте человек должен знать, каково его будущее.

И. Якович: Но в шестнадцатилетнем возрасте у человека только начинает появляться ощущение целостности личности. Это касается его предпочтений и способностей, становится ясно, к чему он больше предрасположен.

М. Лайтман: Мы определяем общую тенденцию, к каким наукам или виду творчества ребенок предрасположен: рисованию, музыке, медицине, технике или спорту. Я не исключаю ни одной из профессий и не ставлю никаких ограничений – мы определяем общую направленность ребенка. Мы выбираем ему не конкретную профессию, а только определяем сферу приложения его способностей. В соответствии с выбранной областью знаний мы распределяем детей по разным направлениям обучения. В сегодняшних школах так делают, верно?

И. Якович: Да, но к этому относятся лишь как к опыту. Ученики испытывают себя: довольны ли они своим выбором, есть ли у них к этому способности.

М. Лайтман: Наука каббала позволяет на очень раннем этапе выявить способности ребенка и определить, к чему он более склонен и где сможет реализовать себя. Это не означает, что мы отнимаем у него возможность заняться чем-то другим. Но относительно выбора профессии, я думаю, что это возможно в очень раннем возрасте.

И. Винокур: Как выбор партнера, так и выбор профессии можно начать уже в возрасте шестнадцати лет?

М. Лайтман: Да. Я думаю, что в этом возрасте уже можно начать.

И. Якович: И выбор партнера тоже?

М. Лайтман: Если в возрасте шестнадцати-семнадцати лет мы будем не то чтобы выбирать, но ориентировать людей на совершение выбора, мы тем самым избежим большого количества проблем. Ребенок делает выбор в сопровождении взрослых на фоне полученного воспитания. В общем-то, он уже не ребенок, это мы его так называем. Но если дом, семья, профессия, окружающее общество, которое дает ребенку все, находятся в одном русле, то мы не обнаружим нашего ребенка в тридцатилетнем возрасте неженатым, сменившим несколько профессий и десятки женщин, без малейшего понятия, что с ним происходит и ради чего он живет.

И. Якович: Но мыслимо ли это: ребенку принять подобное решение в шестнадцать лет?

М. Лайтман: Лучше принять его в шестнадцать лет, чем в тридцать пять.

И. Якович: Это точно.

М. Лайтман: Так в чем проблема? Нужно только привыкнуть к новой идее.

И. Якович: Могу сказать, что среди знакомых мне подростков я наблюдаю, что становление чувственного мира и окончательное развитие происходят у них в шестнадцать-восемнадцать лет.

М. Лайтман: Сказать вам, почему так происходит? Потому что они не получают должного воспитания. Это именно так. Мы должны понять, что с семи-восьми лет и далее ребенок познает окружающий мир и себя самого. Если он проходит все, о чем мы говорили в предыдущих беседах – родители возят его по разным местам, показывают устройство мира, – он начинает ощущать свое окружение и себя, познает основные законы природы, основы каббалы, которые раскрывают ему, что существует высшее управление. Тогда нет никакой причины, чтобы в шестнадцать лет он не был бы достаточно развит, чтобы быть готовым к взрослой жизни. Очень желательно к этому прийти.

И. Якович: А Вы помните себя в шестнадцать лет? Вы тогда уже выбрали себе жену?

М. Лайтман: Я не думаю, что выбор супруги это что-то очень сложное. Согласно чему я выбрал? Мы работали вместе в неком учреждении, познакомились и поженились. Я хотел выехать в Израиль. Моя мать сказала: «Прошу тебя, только после того, как ты женишься, один ты не поедешь». Ведь в те годы репатриация из СССР была редким явлением. Поэтому я ориентировался на то, что мне близко, понятно, хорошо знакомо, без неожиданностей.

И. Якович: Иными словами – соответствие.

М. Лайтман: Да, есть простое внешнее соответствие, а больше я не требовал.

И. Якович: В каком возрасте человек должен создавать семью?

М. Лайтман: Я женился в двадцать пять лет. Но почему нельзя было это сделать на шесть-семь лет раньше? Дело не в возрасте, не в цифре, а в развитии.

И. Якович: Верно. Однако развитие включает и физиологические аспекты. Скажем, мышление развивается и меняется до пятнадцати лет.

М. Лайтман: Я повторяю: все зависит от того, насколько мы дадим детям развиться.

И. Якович: Вы хотите сказать, что развитие можно опередить?

М. Лайтман: По детям моих учеников, которые, кстати, не получают в полном объеме того воспитания, о котором я говорю, я вижу, что парни и девушки к семнадцати годам уже абсолютно готовы к нормальной здоровой совместной жизни. Скажите, чем отличается сегодняшний человек, который развивается и растет гораздо более интенсивно, от человека, который жил сто-двести лет назад, когда брак заключали в раннем возрасте? Я думаю, что таким образом мы позволим нашим детям избежать всевозможных ненужных связей и проблем. В любом случае, они вступают друг с другом в половые и иные связи…

И. Якович: Половые связи разного рода.

М. Лайтман: Зачем же давать этим опасным вещам проявляться бесконтрольно? Самое лучшее – дать детям хорошее воспитание и организовать их жизнь так, чтобы они знали, что для них действительно важно. Я вижу, что дети, которые воспитываются в нашем центре, никуда от нас не «сбегают». Они готовы к браку, готовы быть среди нас. Ты можешь объяснить лучше меня, как это происходит!

И. Винокур: Да, это верно. Когда я решил жениться, Вы мне сказали, что надо подождать год-два.

И. Якович: В каком возрасте ты женился?

И. Винокур: В двадцать лет.

И. Якович: А, все-таки не в шестнадцать!

И. Винокур: Да, но тогда еще не было нашей системы воспитания. Я помню времена, когда в доме д-ра Лайтмана собирались десять-двенадцать учеников. Мне было тогда двенадцать лет. Это совсем не та система воспитания, которая существует сегодня. Уже в восемнадцать лет я хотел жениться, но д-р Лайтман посоветовал подождать. Сегодняшние дети кажутся мне гораздо взрослее, чем на самом деле.

И. Якович: В них действительно видна зрелость, я наблюдаю это сама.

И. Винокур: Без сомнения, они понимают то, о чем мы с вами говорим, лучше нас. Я не хочу сказать, что у них нет никаких желаний и позывов. Но эти желания не являются для них главной проблемой и смыслом жизни, как для обычных детей. В подростковом возрасте обычные дети очень слабо развиты именно в сфере отношений между полами. А наши дети обладают внутренней зрелостью. Не важно, полностью они воспитывались у нас или частично. Внутренне ребенок гораздо больше готов к восприятию половых отношений. Он знает, что им движет, чего именно он хочет и почему.

И. Якович: Значит, он ищет что-то другое.

И. Винокур: С одной стороны, он ищет, а с другой – понимает, что это совсем не то, что наполнит его жизнь смыслом. Он пойдет, попробует и вернется. Не за этим он должен гоняться все свою жизнь.

И. Якович: По сути, Вы говорите, что вечный поиск чего-то вне себя можно заменить…

М. Лайтман: …духовным поиском. А у тела в его материальной жизни есть потребность в семье и партнере противоположного пола, и этим его необходимо обеспечить.

ВСЕ УСТРОИТСЯ, ЕСЛИ РЯДОМ БУДУТ ЛЮДИ, БЛИЗКИЕ ПО ДУХУ

И. Якович: А в каком возрасте можно создавать семью?

М. Лайтман: Я не думаю, что будет какая-то проблема, если мы поможем нашим детям создать семью в семнадцать-восемнадцать лет. Все устроится. Я не вижу необходимости тянуть дальше. Наоборот, отсрочки приводят к таким последствиям, что лучше бы они женились еще раньше – только бы не потеряли ориентиры.

И. Якович: А какова здесь роль семьи? Несколько раз Вы сказали, что мы должны помочь нашим детям создать семью.

М. Лайтман: Я полагаю, что дети должны остаться в общине людей, близких по духу. Человечество всегда заботилось о детях в рамках такой общины. Подрастающее поколение всегда ощущало, что кроме родителей есть еще некая среда, большое количество людей, похожих на них и родственных им.

И. Якович: В наши дни это совершенно утрачено.

М. Лайтман: Это ясно, ведь мир стал интегральным.

И. Якович: Он просто разваливается на части…

М. Лайтман: И все ради того, чтобы мы начали строить его заново. Иначе нам не выжить. Мы не понимаем этого, не чувствуем, поскольку совершенно не ощущаем природу как единую силу, не знаем, как она действует. Мы также не чувствуем, каковы потребности человека, какая среда ему необходима, из скольких сфер она должна складываться: человек, его семья, близкие, дальние. В нашей жизни мы это утратили. Мы не знаем, что такое поддержка и забота окружающих, большой общины.

И. Якович: Вы указываете на различные уровни социальной поддержки.

М. Лайтман: Понятия деревни, местечка, рода не такие уж простые. Они лежат в основе нашей природы. Если мы от них отдаляемся, что нас тогда защитит? Невозможно просто отключиться от природы и заявить, что я все ломаю. Чем это восполнить? Получается, что сегодня человек стоит один в пустом пространстве и не знает, что с ним происходит.

И. Якович: Верно.

И. Винокур: Вы как-то говорили, что если учить ребенка правильно относиться к большой семье, то это дает ему правильный подход к миру.

М. Лайтман: Он не может правильно относиться к миру, если не знает, откуда он, кто он, не видит своего окружения, которое всегда на него воздействует. Современному человеку этого очень не хватает. Причем, я не имею в виду родственников. Речь идет об обществе, к которому ты принадлежишь. Именно это мы стараемся дать нашим детям. Поэтому они не хотят от нас уходить. Принимая участие в совместных действиях и собраниях, они чувствуют общую силу и заключенную в ней духовность – это их привлекает. Кроме того, они видят пример товарищей, отцов и матерей. Мы их не держим, ведь в этих вопросах невозможно принудить человека. Их держит именно окружение.

И. Винокур: То есть влияние оказывает не столько семья, сколько община – люди, которых я чувствую близкими?

М. Лайтман: Люди, с которыми у тебя одна цель.

И. Винокур: В мире сейчас ищут именно это, причем, в виртуальном пространстве.

М. Лайтман: Это заложено в природе, и нам этого не хватает. Мы просто разрушили этот слой.

И. Якович: Как разрушается семья, так и более широкие семейные связи. Человек остается совершенно один. Это вызывает одиночество и депрессию.

СЛЕДОВАТЬ ЗА СЕРДЦЕМ

И. Винокур: Мне хотелось бы вернуться к вопросу выбора профессии. Чтобы помочь ребенку правильно определиться, мы даем ему информацию о различных видах деятельности и развиваем его способности. Но что можно сделать для тех, кто хочет быть художником, писателем, поэтом?

М. Лайтман: Им должно помогать все общество, окружение.

И. Винокур: Но ведь мы их учим, что они должны зарабатывать, чтобы обеспечить себя и семью. Как соединить желание родителей и ребенка и сделать правильный выбор?

И. Якович: Как природную склонность ребенка к творчеству соединить с необходимостью зарабатывать?

М. Лайтман: Каждую проблему следует обсудить отдельно. Сейчас мы не можем предложить какое-то одно решение. Я думаю, что этим должно заниматься общество. Если дети приобретают рабочую специальность, то это не вызывает вопросов. Но если кто-то хочет стать художником или ученым, что требует многих лет учебы и финансовых вложений, то это другое дело. Общество должно об этом позаботиться, создавая поддержку. Мы еще не сталкиваемся с этими вопросами, потому что наши дети только приближаются к этому этапу.

И. Винокур: В возрасте 15-16 лет они начинают заниматься в школе киноискусства.

М. Лайтман: Это наша школа – мы заинтересованы в том, чтобы дети приобретали нужные нам профессии. Они находятся на рабочих местах и работают. Но если человек хочет быть врачом или исследователем, то общество должно позаботиться о реализации его желания.

И. Винокур: А как почувствовать такую склонность в ребенке, чтобы помочь ему?

М. Лайтман: Для этого есть инструкторы и воспитатели. Надеюсь, что вместе с воспитателями и родителями мы выявим их склонности и обеспечим то, в чем они нуждаются.

И. Винокур: Вы считаете, что это нужно делать в раннем возрасте, не дожидаясь окончания школы?

М. Лайтман: Это известно.

И. Якович: Но этот процесс должен направляться взрослыми: не ждать, что ребенок будет искать сам.

М. Лайтман: Если мы обнаруживаем в нем определенную склонность, то должны ее развивать, проверяя, действительно ли она важна, и тогда поддержать. Мы всегда так действуем.

И. Якович: В начале программы Вы сказали, что обществу нужны все профессии. То есть не обязательно быть врачом, юристом или психологом, чтобы получить признание общества. На самом деле профессий намного больше, чем тот спектр, который пропагандируется сегодня.

М. Лайтман: Если мы освобождаем ребенка от расчетов относительно престижности профессии и показываем, что в жизни есть нечто кроме денег, то тем самым ограждаем его от многих проблем. Он следует за велением сердца. Вполне возможно, что он будет простым человеком, занимающимся видеосъемкой, и это его удовлетворит.

И. Якович: Это очень важно.

И. Винокур: На этом мы сегодня закончим. Говоря о двух важных выборах – партнера и профессии – мы отметили необходимость правильного воспитания. Если уже с 7-8 лет ребенок будет понимать свою природу и природу мира, то к 16-17 годам сможет выбрать профессию. Воспитатели помогут раскрыть его способности и склонности, развить их и проверить. Это даст ему возможность правильно выбрать специальность и спутника жизни. Кроме того, мы говорили о важности общины, в которой находится ребенок. Важный совет – ввести ребенка в общество, в котором он будет развиваться. Сегодня этого нет, а потому человек чувствует себя в пустоте. Чтобы не упустить ребенка, ему нужно создать поддерживающее окружение. Если он почувствует, что находится в хорошем окружении, то не захочет от вас уходить.

ДЕТСКАЯ ДЕПРЕССИЯ

Беседа восьмая, исследующая вышеуказанную тему.

О родителях нашего времени, которые менее развиты, чем их собственные дети, и поэтому не могут их услышать.

О простой причине этого нового и необычного для нас явления.

Дополнительные веские аргументы в пользу новой школы, устройства которой мы немного коснулись в предыдущих беседах.

И о людях, проигравших свое поколение.

СОБЕСЕДНИК: ЕЛЕНА ФРИДМАН

Е. Фридман: Здравствуйте, господин Лайтман.

М. Лайтман: Здравствуйте.

Е. Фридман: Тема нашей сегодняшней программы: «Детские депрессии». Готовясь к этой программе, я нашла такую информацию: последние 15-20 лет очень распространенным явлением стала детская депрессия.

М. Лайтман: Да, это в последнее время.

Е. Фридман: И врачи совершенно не знают, что с этим делать. Они не могут найти причину…

М. Лайтман: А с взрослой депрессией они знают, что делать?

Е. Фридман: Да.

М. Лайтман: Подавляют.

Е. Фридман: Да, но Вы знаете, наверное, что взрослой депрессии возможно найти какие-то разумные объяснения.

М. Лайтман: Дело не только в этом. Взрослую депрессию мы можем подавить. Мы можем заставить человека быть ниже, ограниченней в запросах.

А дети – мы должны их развивать, и это противоположно той депрессиии в них, которую мы можем только подавить.

Когда человек находится в депрессии, мы ему даем успокоительные…

Е. Фридман: Да.

М. Лайтман: …транквилизаторы, даже… даже наркотики немножко, что-нибудь, чтобы только его как бы усыпить.

О СТАРЫХ МОЛОДЫХ ДУШАХ И ИХ НОВЫХ УСТРЕМЛЕНИЯХ

Е. Фридман: Вы знаете, самое интересное, – я не знаю, насколько уместно это слово, – то, что пациентами становятся дети в возрасте 5-6 лет. Откуда у ребенка шестилетнего эта взрослая депрессия, осознание того, что его ничто в жизни не радует, и так далее?

М. Лайтман: Вопрос о смысле жизни! Об этом писал Авраам Кук, Бааль Сулам, другие великие каббалисты. А Вы себя не помните? У Вас не было этого вопроса? Вы четко знали, что Вы хотите в жизни, да?

Е. Фридман: Нет.

М. Лайтман: Так вот, я себя помню. И сколько я себя помню, у меня был этот вопрос, не в явном виде, вопрос такой: «А зачем? А для чего? А почему? А к чему это вообще все?» И этот вопрос не давал мне жить, не давал мне быть веселым. Надо было находить оправдание для того, чтобы повеселиться: «А для чего? А зачем?» Ну, загулять себя, ну, чем-то увлечь, ну, убежать как бы от этого вопроса. И это было в таком возрасте.

Я Вам скажу так: надо исходить из того, что душа, которая в нас, возраста не имеет. Тогда нам будет легче все понять.

Е. Фридман: Душа, которая…

М. Лайтман: Не будем смотреть на детей как на «детей».

Е. Фридман: Да, а как на что…?

М. Лайтман: Душа возраста не имеет. Они получили ее от прошлого кругооборота жизни, в котором были стариками и, возможно, дожили до преклонных лет…

Е. Фридман: Да.

М. Лайтман: …а теперь получили новое тело. И сегодня в молодом тельце живет старая душа, много-много-много-много поколений прожившая на этой земле, прошедшая очень-очень много состояний.

Так вот, вы не судите о ребенке по маленькому тельцу, а судите его по той душе, которая в нем. Она уже старая, ей надо делать что-то с собой. Она уже мудрая, она уже понимает, что все это – ни к чему. Она уже прожила столько, что вы не сможете ее запутать. Что вы будете с ней делать?

Е. Фридман: Вот и я не знаю, что делать.

М. Лайтман: Вот она и выдает вам свою внутреннюю пустоту в виде депрессии.

И что с того, что это в маленьком ребенке?! А если в тридцатилетнем человеке, в сорокалетнем, – это по-другому?

Вы можете сказать, что у взрослых это «от жизни». Но это не от жизни возникло! Абсолютно нет! Мы видим людей, у которых все есть в жизни. У них большее количество депрессий. У них большее количество самоубийств.

Е. Фридман: Правильно, ведь о таких говорят: «С жиру бесятся, – у них уже все есть».

М. Лайтман: Это не «с жиру бесятся».

 Человеку надо знать, для чего он живет. И когда у него все есть, то он действительно не видит ради чего жить.

То есть если у человека не стоит вопрос о хлебе насущном, если он немножко освободился от этого, то сразу – он не знает, для чего же еще жить.

В древние века он должен был выжить на животном уровне, содержать свое тело, заботиться о еде, безопасности, тепле, крыше над головой, и у него не было возможности для других запросов. А как только он наполнил свое тело, дал ему все, – сразу же возник вопрос о «смысле жизни».

И этот вопрос, он сейчас возникает у детей: «Для чего мы существуем?»

О ВНУТРЕННЕЙ ПУСТОТЕ, КОТОРАЯ, НА САМОМ ДЕЛЕ, И НЕ ПУСТОТА ВОВСЕ

Е. Фридман: То есть Вы хотите сказать, что мы изначально неправильно подходим к человеку, потому что ориентируемся на него только, как на тело биологическое?

М. Лайтман: Конечно. Конечно! А это совсем не человек. Это животное тело. Животное! И чем оно отличается от других животных?

А вот внутренняя его часть, наше «Я», – оно, согласно науке каббала, к этому телу отношения не имеет. Оно проходит много-много-много всевозможных своих усовершенствований, окунаясь в наше тело, выходя из него, сопровождая его. В одно тело, потом, в следующем круговороте, в другое.

Такие метаморфозы, в итоге, приводят к тому, что мы живем сейчас в том поколении и в то время, когда надо обязательно отвечать на вопрос: «Для чего все это? Для чего мы живем?!»

Е. Фридман: Эта внутренняя пустота – она проявляется в уже развитой душе...

М. Лайтман: Эта пустота – не пустота. Это запрос о следующем – над животным – уровне существования, об уровне существования «человек».

Человек – это не животное. В нашем мире мы находимся на уровне животном. Есть природа неживая, растительная и животная. А человек – кто? А человека нет в нашем мире. Человек – это совершенно иное существо, это – не мы. Мы себя не можем называть людьми, потому что заботимся только о нашем теле, о том, как просуществовать в его рамках.

Е. Фридман: Правильно, потому что мы не знаем чего-либо другого.

М. Лайтман: Нет, не то, что не знаем – у нас нет к этому запроса. Поэтому мы до сих пор так и остаемся животными, только более высокоорганизованными.

О ПРОБЛЕМЕ В РОДИТЕЛЯХ НАШЕГО ВРЕМЕНИ

Е. Фридман: Хорошо. Есть проблема, в связи с этим отцов и детей. Допустим, дети – более развитые души.

М. Лайтман: Да.

Е. Фридман: Родители – они, так сказать, пока еще менее развиты...

М. Лайтман: Да.

Е. Фридман: ...получается...

М. Лайтман: Конечно.

Е. Фридман: ...и в них этого запроса нет.

М. Лайтман: Конечно.

Е. Фридман: А в детях уже есть.

М. Лайтман: Да.

Е. Фридман: Тогда, если родители как-то пытаются понять своего ребенка…

М. Лайтман: Не могут.

Е. Фридман: …услышать.

М. Лайтман: Не могут.

Е. Фридман: А если они подавляют его, ведут его к психологам, дают ему риталин и считают, что…

М. Лайтман: К сожалению, это проблема большая. Но этим они ничего не решают. Пройдет еще одно-два поколения, – и это отпадет. Мы увидим, что это ничего не дает. Мы получим, в итоге, жуткое поколение. Мы уже сейчас это имеем: «поколение риталина», которое ни на что не способно, которое просто себя убивает. От риталина следующий шаг – это наркотики. Риталин – это тоже вроде наркотиков: он успокаивает, он сковывает человека – и все.

Мы не хотим заниматься тем, чтобы дать нашим детям настоящее понимание сути жизни. Мы не хотим ломать устои нашей школы. Наша школа сделана по конвейерному типу. Сколько лет-то всего нашей школе? Сто лет с небольшим. Когда она создалась, эта школа? Когда появилось машинное производство, поточное производство. Надо было делать быстренько рабочих, которые умели бы немножко читать, немножко писать, которые понимали бы указы, понимали бы устройство машин, которые стояли бы на конвейере и работали.

Поэтому быстро, таким же поточным методом, была создана современная школа, чтобы загонять туда людей, делать из них ускоренно рабочих и ставить их к станку. И из этого возникла наша система образования. И по сей день она такая.

Сегодня и мир-то другой – информационный, – уже нет этого ничего, а школа осталась старой. Запросы у наших детей совершенно другие, а школа осталась той же. Дети не могут в ней существовать! Они просто «умирают» в ней. Вот и происходит…

Е. Фридман: Они «умирают» в ней, потому что у них есть это внутреннее несоответствие?

М. Лайтман: У них есть несоответствие со школой. У них есть другой запрос совершенно. Школа им в этом ничего не дает.

Школа не воспитывает человека. Школа не делает человека. Школа наполняет их совершенно не нужными на сегодня знаниями.

Сегодня нужна другая школа, другая система образования, другая атмосфера в классе! Мы должны сделать школу, подходящую под новое поколение!

И не будет проблем с риталином.

Е. Фридман: Исходя из чего Вы…? Вот Вы говорите: «Надо менять школу. Надо менять образование. Надо менять подход. Надо понять, что мы это некое развивающееся существо…»

270

М. Лайтман: Я исхожу из каббалы.

Е. Фридман: Да.

М. Лайтман: Я вижу процесс жизни, который перед нами проходит. Я вижу его предыдущий и следующий этапы. Я знаю и понимаю весь этот процесс и его цель. И поэтому, если мы будем насилием что-то со своими детьми делать, нам это выйдет боком. Мы не имеем права так поступать с нашими детьми! Не имеем права!

Е. Фридман: Ну, я не думаю, что здесь…

М. Лайтман: Я ушел из обычной школы в вечернюю в последние несколько лет обучения. Я и в институте два последних года заканчивал вечерний, а не дневной, факультет.

Е. Фридман: Почему?

М. Лайтман: Да потому что я был свободен. Я не мог этого давления переносить! И я знаю это по своим детям. Хотя у меня дочка одна – доктор биологии, а вторая – делает докторат по философии. Но ни в коем случае я не давил на них – никак и никогда.

Е. Фридман: У меня возникло внутреннее противоречие…

М. Лайтман: Да.

Е. Фридман: Я хочу кое-что тут уточнить.

М. Лайтман: Да.

Е. Фридман: Вы сказали, что, с одной стороны, детям уже не надо тех знаний, которые дает им школа или университет – это уже излишне, потому у них другой запрос. В то же время Вы говорите, что Ваши дети достаточно преуспевают…

М. Лайтман: Но я на них не давил! Я на них не давил, а давал развиваться, как они желали.

Е. Фридман: Скажите, а вот то, что Вы не давили на своих детей…

М. Лайтман: Сказано: «Воспитывай отрока по пути его». У каждого своя душа. Как я могу давить?!

Е. Фридман: Но это пришло к Вам уже после того, как Вы начали заниматься каббалой? Если бы Вы не занимались каббалой…

М. Лайтман: Ничего бы этого не было! Эта депрессия детская (с чего Вы начали)…

Е. Фридман: Да.

М. Лайтман: …она не пройдет! Нам придется ответить детям на их запрос. Депрессия – это следствие их внутренней проблемы. И это проблема огромная, общественная, и потому мы наблюдаем это абсолютно у всех детей в разных странах мира.

Вы знаете, что есть такое понятие, как депрессия у животных?! Особенно у домашних животных, которые находятся рядом со своими хозяевами. Они тоже ощущают депрессию! Есть лекарства от депрессии для животных: собак и кошек, которые живут рядом с людьми.

 Сегодняшняя глобальная депрессия – это ощущение недостатка силы жизни. Нам не хватает жизненной силы.

Е. Фридман: Жизненной силы?

М. Лайтман: Да, в нашем мире. Мы видим, что все истощается, все как-то стареет, все исчезает, все как бы теряет…

Е. Фридман: Теряет смысл?

М. Лайтман: … теряет свою ценность.

Мы пытаемся из последних сил как-то себя воодушевить новыми веяниями и модами, новыми устремлениями, друг друга «заиграть» с помощью изобретений в областях техники и технологии. Но в итоге – надо посмотреть правде в глаза – нам необходим совершенно иной уровень существования, нам необходима следующая, совершенно другая ступень, включающая в себя понимание того, для чего мы существуем, куда мы идем. И это проблема, которая стоит перед всем человечеством, особенно сейчас, во время постоянной угрозы следующей волны кризиса.

Дети должны сыграть здесь очень большую и полезную роль.

Я и во внуках своих начинаю чувствовать эти запросы. Есть у меня внук, которому 11 месяцев. И я в нем это чувствую. И я спрашивал у своей супруги, – и она тоже говорит, что она это чувствует. Существует внутренний запрос у этого, буквально, младенца. И видно по нему, что он чего-то в жизни своей очень внутреннего, даже в таком маленьком возрасте, не дополучает.

Нам нужна серьезная реформа самих себя, нашего отношения к детям. Не просто реформа самой системы образования или преподавания, или воспитания, а вообще всей нашей жизни.

Когда-то мальчик смотрел на папу, девочка – на маму. Отец – какой-нибудь там кузнец, сапожник, портной, неважно кто, – и ребенок знал, что он вырастет и тоже будет кузнецом, сапожником или портным.

Е. Фридман: Не было этого внутреннего запроса?

М. Лайтман: Не было. Передавались из поколения в поколение одежды, ремесла. Дети жили рядом с родителями. Они не стремились быть другими. И весь уклад, все примеры, которые родители им показывали: как надо жить, как надо общаться, – все это было более-менее стабильно и нормально, все это подходило детям.

Сегодня – нет. Сегодня дети смотрят на нас и понимают, что им неоткуда брать примеры! Они чувствуют себя в пустом мире. Они для себя должны свой мир изобретать сами. А мы, глупые, не понимаем, что если у них появляются эти сходки, бары, изуверства всякие, наркотики и все прочее, то это происходит, потому что у нас, взрослых, не готовы для них примеры правильной жизни, такой, какой она должна быть в их поколении – в новом поколении.

Е. Фридман: Что ребенку остается?…

М. Лайтман: Мы не согласны с тем, что они другие.

Е. Фридман: Да.

М. Лайтман: Вот это наша проблема.

Е. Фридман: Да.

М. Лайтман: Самая основная. Мы должны принять во внимание, что они иные, у них другие души.

 Нам надо жить ради наших детей, а не ради себя. Вот это проблема. Живя ради них, мы и себя попутно исправим. И так сказано: «Возвращающий сердца отцов к детям и сердца детей к отцам». То есть наши дети должны нас этому научить.

Когда у вас появляется ребенок, вы становитесь матерью. И ребенок неявно требует от вас, чтобы вы росли, чтобы у вас появилась ответственность.

Совсем другое отношение к жизни у вас появляется, когда вы становитесь мамой.

То же самое и здесь. Мы должны понять, что имея детей, мы должны быть более ответственными. И они должны нам диктовать, какими мы должны быть.

Мы должны изучить следующий этап, на котором наши дети уже должны существовать, который они запрашивают. А мы пока этого не понимаем и дать этого им не можем.

Мы находимся в таком поколении, в ножницах таких.

Е. Фридман: Они уже должны существовать на этом этапе? Они этого от нас?…

М. Лайтман: И мы должны, в принципе.

И мы должны! Мы проиграли свое поколение, мы вовремя не успели. Мы находимся в таком переходном процессе и стоим между двумя эпохами.

О ЛЮДЯХ, КОТОРЫЕ ЖЕЛАЛИ МЕНЯТЬ ТЕХНОЛОГИИ ВОКРУГ СЕБЯ, НЕ ПОНИМАЯ, ЧТО НУЖНО МЕНЯТЬ САМИХ СЕБЯ

Е. Фридман: Что значит «проиграли свое поколение»? Вы говорили: у человека в этом поколении еще не было этих внутренних запросов.

М. Лайтман: Были, но мы не считались с ними. Мы считали, что мы их должны подавить, мы считали, что мы можем их как-то по-другому реализовать. Мы создали для себя всевозможные игрушки: телевидение, интернет, мода, общественное мнение, всякие компьютерные забавы, и мы этим, конечно, себя не подняли на следующий уровень.

А дети, они… Пока что, конечно, жалко их.

Е. Фридман: То есть человек…

М. Лайтман: Просто человек не желает меняться.

Человек не желает понимать, что это он должен меняться и стать совершенным, а не технологии вокруг него.

А сейчас, усовершенствовав до предела всю эту технологию, мы наконец-то, я думаю, начинаем осознавать, что она нам ничего не принесла. И эти все угрозы природы – огромнейший мировой кризис во всех областях, проблемы здоровья, проблемы экологии – все это требует кардинальной реформы, которая должна происходить, очевидно, не во внешнем мире, а внутри нас.

Е. Фридман: А вот, видимо, в том-то и проблема, что…

М. Лайтман: Люди пока не хотят обращаться внутрь себя.

Е. Фридман: …они видимо не поняли… Да.

М. Лайтман: Мы не представляем себе того, насколько малейшее движение в сторону такого изменения – в сторону совершенства, согласия друг с другом, гармонии с природой, – изменит абсолютно весь мир, изменит наших детей и нас самих, внесет внутреннее равновесие в наши семьи.

Ответы на детские вопросы

Беседа девятая, в которой мы предоставляем нашим детям возможность задать вопросы. Каббалист отвечает на них, а мы узнаем кое-что еще из методики науки каббала. И снова про «свет, возвращающий к источнику», воздействие которого на нас надо нам вызвать самим. Но как?

СОБЕСЕДНИК: МИХАИЛ САНИЛЕВИЧ

М. Санилевич: Вопрос Тамира, 9 лет: «В чем смысл жизни, если, в конце концов, мы все равно умираем?»

М. Лайтман: Только дети умеют задавать вопросы так запросто и с такой прямотой! Это просто чудо, какие иногда я слышу вопросы от детей!

Смысл жизни находится выше смерти. Мы, без сомнения, умираем. И он прав в том, что внутри жизни у жизни нет смысла. То есть смысл нашей жизни должен быть выше жизни, чтобы мы, прежде чем умереть, приобрели нечто, что выше смерти. Это значит, что в течение семидесяти лет жизни я должен подняться на такую высокую ступень, что даже смерть тела не помешает мне продолжать жить.

М. Санилевич: Что это за высшая ступень?

М. Лайтман: Духовность. Состояние, при котором человек отождествляет себя с душой. Человек живет, знакомится с наукой каббала и с ее помощью начинает подниматься над уровнем этой жизни. Он продолжает жить в своем теле, но, вместе с тем, живет выше своего тела, в душе. Он отождествляет себя с ней настолько, что остается жить в душе даже после смерти тела.

М. Санилевич: Где он остается жить?

М. Лайтман: В своей душе, в ощущении жизни. Наше тело – это животное, а не моя личность. Это я сейчас ощущаю себя существующим в теле, но на самом деле оно дано мне лишь для того, чтобы я поднялся над ним на духовный уровень. В этом и заключается ответ на вопрос, заданный ребенком. Наше тело и эта жизнь существуют только для того, чтобы мы поднялись на уровень души и жили в ней. Ради этого мы существуем в этом мире и живем в этой жизни.

М. Санилевич: Прошу прощения за настойчивость, но где все же находится душа?

М. Лайтман: Я не знаю, что значит «где». Я знаю, где находится тело, стол, стул и т.д. Но у души нет места. Есть ли место у желания? У желания нет места в теле. Силы не имеют «места», но мы обнаруживаем их при помощи различных инструментов. Душу также можно почувствовать и обнаружить. С помощью каббалистической методики каждый из нас обнаруживает свою душу, отождествляет себя с ней и начинает жить в этой сущности, называемой душой.

Тогда человек поднимается над этой жизнью и чувствует одновременно и ее, находящуюся на животном уровне, и свое существование на человеческой ступени. То есть мы находимся в нашем животном теле, чувствуя жизнь так же, как животные, и одновременно чувствуем жизнь на более высоком уровне. В этом случае после смерти тела мы не чувствуем, что расстаемся с жизнью. Мы продолжаем жить в той жизни, которую приобрели, находясь в теле – жизнь в душе.

М. Санилевич: Вопрос Алика, 6 лет: «Одинок ли Творец?»

М. Лайтман: Да! Написано, что Он сидит в одиночестве в Своем дворце на высокой горе и ждет, чтобы мы пришли к нему в гости. (Я специально объясняю такими простыми словами). У меня есть книга под названием «Сказка о печальном Волшебнике». Эта книга объясняет, как добраться до Творца, почему Он нас сотворил и почему пока что остается одиноким. Он ждет, что мы придем к Нему, ведь, как написано в книге, «очень грустно быть одному». И потом объясняется, каким образом мы можем достичь Творца.

(Показывает рисунок из книги) Вот – высокая гора, и вот – маленький человек, который хочет подняться на эту гору и попасть во дворец Царя мира, к Творцу, где Он его ждет. И когда маленький человек приходит туда, Он открывает ему дверь и говорит: «Я так долго ждал тебя, наконец-то ты пришел!». И тогда им хорошо вместе! Написано, что «грустно быть одному», а вместе уже не грустно. Он ждет тебя!

М. Санилевич: Вопрос Гали, 9 лет: «Что такое грехи?»

М. Лайтман: Грехи – это только и исключительно пользование эгоизмом. Их нечем исправить, кроме как исправлением эго. Все мое эго желает использовать ближних и весь мир в мою пользу. Как же, в соответствии с этим, я его исправляю? Тем, что я извлекаю силы от занятий каббалой, которая исправляет мое эго. И тогда вместо использования ближнего, я его люблю.

Но как я могу любить ближнего? Просто так? – Мне не хочется! Поэтому наука каббала называется тайной наукой, так как раскрывает мне мир, и я начинаю видеть всю систему. Я начинаю обнаруживать, что за этим миром действуют силы. Это подобно вышитой ткани, на обратной стороне которой мы видим связи нитей между собой. Так же и я вдруг начинаю видеть, как одно связано с другим. Это видение, эта картина называется раскрытием силы Творца. Она воздействует на меня до такой степени, что я понимаю, что не могу вредить окружающим, ведь это возвращается ко мне и к моим близким.

Я также вижу, насколько это приносит вред мне, насколько этого нельзя делать, поскольку приводит к ужасным явлениям в мире. Такое видение – оно называется «открытием глаз в Торе» – охраняет человека от совершения плохих поступков. Эта сила его ограничивает и исправляет. Поэтому если мы не обратимся к тайной науке, которая раскрывает нам скрытое, делая явным скрытый мир, мы не сможем исправить самих себя, а поступки наши будут все более и более ухудшаться.

М. Санилевич: Вопрос Толи, 6 лет: «Я хочу знать, почему Творец делает столько плохого, если Он такой хороший?»

М. Лайтман: Творец делает только хорошее. Но когда это хорошее приходит к нам, и мы его получаем, то вследствие нашей испорченности мы просто ощущаем все Его подарки, все хорошее, как плохое. Допустим, я плохой ребенок. Принесли мне хорошую книгу и просят прочесть ее. Но я не хочу – хочу играть в футбол. Приносят мне шахматы. Я не хочу шахматы – хочу велосипед. И тогда я говорю, что мама и папа плохие, потому что не приносят мне то, что я хочу.

Точно так относительно Творца мы выглядим, как малые и все еще плохие дети. А Он ждет, пока мы поймем, что должны себя исправить. По мере исправления мы начнем видеть, что все приносимые Им вещи на самом деле являются хорошими.

М. Санилевич: Вопрос Эдика, 10 лет: «Кто-нибудь охраняет Творца или Он охраняет себя сам?»

М. Лайтман: Творцу не нужна охрана, и Он, кстати, сам себя не охраняет. Знаешь, почему? Потому что Творец – это сила отдачи и любви. Тому, кто хочет отдавать и любить, у кого нет никакой заботы о себе, незачем себя охранять. Поэтому если мы желаем избавиться от всех бед и забот, от страха и боязни, от всех охранников и стражников, то у нас нет иного решения, кроме достижения свойства Творца – отдачи, любви. Человек, который действительно отдает и любит других, выходит из себя и ощущает жизнь вне себя. Он забывает о своей жизни, он уже живет вне себя, независимо оттого, живет при этом его тело или умирает. У него уже есть жизнь вне себя, вне тела. Тогда он может не заботиться о себе и не нуждается ни в охране, ни в сторожах.

М. Санилевич: Вопрос Данилы, 9 лет: «Почему Творец не дал нам волшебных сил? Как я узнаю, что приближаюсь к Нему?»

М. Лайтман: На самом деле Творец создал в нас способность использовать волшебные силы – Его силы. Если человек хочет достичь уровня Творца, что, в принципе, является нашей целью, то может потребовать, чтобы эти силы пришли к нему, облачились в него, и он будет как Творец. Так и написано: «И будете, как Творец, познаете добро и зло». И тогда ты увидишь, как эти силы облачаются в тебя, почувствуешь, что мир вдруг становится более прозрачным, и через все окружающее ты видишь стоящие за ним силы. Ты увидишь, как мир управляется, поймешь связи между вещами, тебе раскроются дополнительные явления, которые называются духовными мирами. Ты начнешь узнавать общую силу, обволакивающую весь мир, которая называется «Элоким» – ты раскроешь все!

М. Санилевич: Вопрос: «Скажите, только честно, есть ад или рай?»

М. Лайтман: Да, внутри человека. Мое плохое отношение ко всем остальным называется адом, а хорошее – раем, потому что в этом я чувствую ад или рай. Либо я ощущаю себя только в этом мире, в котором есть угрызения совести, всевозможные проблемы, стыд – это ад, или же я ощущаю абсолютно комфортное состояние, нахожусь в связи с другими над материей – и это рай.

М. Санилевич: Я думаю, надо в Голливуд написать. Они по-другому себе это представляют.

М. Лайтман: Рай и ад – это внутренние состояния человека.

М. Санилевич: Вопрос: «Если я стану великим каббалистом, то смогу наколдовать много денег?» – интересуется Дима из 9-го класса города Мурманска.

М. Лайтман: Задолго до того, как ты, Димочка, станешь великим каббалистом, – я тебе этого желаю, – ты уже перестанешь видеть в деньгах счастье.

М. Санилевич: Вопрос: «Мы с братом близнецы. Какое значение имеет это на духовном уровне и связано ли с прошлыми жизнями?»

М. Лайтман: Естественно, что есть связь, поскольку души определяют в нашем мире взаимосвязь между всеми объектами, в том числе и человеческими телами.

Но я бы советовал не придавать слишком большого значения этой связи, развиваться каждому и не обращать внимания на другого. Желает он развиваться или нет – это его личное дело.

У меня есть брат, младше меня на пять лет, мы с ним совершенно разные люди. У него абсолютное отторжение от каббалы. Вся его жизнь только в бизнесе, он любит бизнес, сам процесс. Даже, может быть, не богатство, хотя у него этого уже достаточно. Начинали мы с одного и того же уровня, и он достиг богатства. Его интересует сам процесс, работа в бизнесе.

А меня совершенно это не интересует. Меня интересуют познания: ощущения внутри природы всего мира, системы управления, сопоставление всего, что происходит в мирах, то есть системы мироздания – то, что является, в принципе, моей специальностью.

В то же время мы с ним, вроде бы, братья! Есть какая-то родственная связь между душами, и поэтому в нашем мире мы кровно близки. Но я ни в коем случае не советую никому заниматься поисками связей и, вообще, уделять этому время. Это прояснится потом.

Внутри нашего тела существуют органы, которые занимаются очень ответственной работой. И хотя сам по себе орган может быть очень важным, выполняющим командную роль для всего организма, в этих органах есть всевозможные элементы, играющие чисто вспомогательную роль: хрящи всевозможные, кости, связки и так далее.

Взаимосвязи, их диагональные и меридианные пересечения по всему организму настолько многообразны, что не надо строить какие-то теории, делать выводы из родственных связей; мол, каким образом это проецирует духовную связь между вашими душами?

М. Санилевич: Это не только братья, но и сын с отцом?

М. Лайтман: Да. Абсолютно все – неважно кто! Надо перестать об этом думать. Когда мы начнем видеть систему душ, нам откроется, почему у нас были именно такие кругообороты. Вы говорите об этом кругообороте, но в прошлых жизнях у нас были другие взаимоотношения. Мы увидим, каким образом мы взаимосвязаны, почему в каждый момент времени мы должны были быть связаны с определенными душами и, соответственно с этим, проходили какие-то определенные земные события. Это все раскроется человеку.

Ничего в этом нет! Я бы не советовал уделять этому внимание: прошедшей истории или даже будущей, возможной. Надо уделять внимание тому, чтобы максимально раскрыть Высший мир и действовать в нем дальше.

М. Санилевич: То, что от нас скрыто, не стоит раскрывать?

М. Лайтман: Раскрывать надо. Но раскрывать для себя, для своего подъема, самосовершенствования, для сближения с самым высшим уровнем природы.

М. Санилевич: Спрашивает пятиклассница: «Если все люди планеты сразу же, все вместе, попросят Бога, чтобы Он нам помог, правда же Он нам поможет?»

М. Лайтман: Нет. К сожалению, нет. Дело в том, что надо уметь Его просить. Мы кричим об этом уже тысячи лет, – и все вместе, и каждый из нас в отдельности. Помощь не зависит от того, будем ли мы кричать вместе. Она зависит только от того, что именно мы будем просить. Если все люди планеты попросят об объединении – все вместе, – тогда Он нас точно услышит. Ничто другое не будет услышано.

М. Санилевич: «Я слышал, что любовь спасет мир. Я люблю своих друзей – Колю и Влада. Это поможет спасти мир?» – спрашивает десятилетний Игорь из Вологды, обеспокоенный состоянием мира.

М. Лайтман: Нет. Ты прав, Игорек, что ты их любишь. Они твои товарищи, и поэтому ты их любишь. Если кто-то из них разозлится на тебя и перестанет с тобой дружить, то ты его перестанешь любить.

А нам надо подняться до такой любви, которая не зависит от того, как к нам относятся. Мы все являемся частями одного тела, и поэтому мы должны достичь дружбы между собой. Независимо от того, хорошие люди или плохие, мы должны обращаться с ними хорошо, с любовью. Вот тогда мы их просто заставим, вынудим так же относиться и к нам.

Твоя любовь к товарищам основана на том, что и они к тебе хорошо относятся, что вы вместе играете, а надо любить не за это, а просто потому, что мы все взаимосвязаны в одно единое целое. Вот этого состояния нам надо достичь. Но желаю тебе, чтобы весь мир стал таким, какими ты представляешь себе своих товарищей.

М. Санилевич: Вопрос Димы, 8 лет: «Мне иногда трудно считаться с окружающими. Как человек, который не считается с окружающими, может не быть плохим?»

М. Лайтман: Не может. Мы не можем побороть свою природу, с которой родились и которая сопровождает нас всю жизнь, заставляя все время использовать окружающих себе на благо. Мы делаем это сознательно или бессознательно и не можем отвечать за это. Только если мы изучаем науку каббала, на нас воздействует особый Свет, возвращающий к Источнику. Тогда мы начинаем чувствовать в себе насколько и где именно эгоизм управляет нами.

По мере осознания эгоизма как зла, мы понимаем, что он наш враг, преграждающий нам все дороги к благу. Естественно, ощущая его как зло, я стремлюсь избавиться, отдалиться от него. То есть не нужно выполнять никаких насильственных действий. Одно лишь изучение каббалы по первоисточникам и правильной системе вызывает Свет, возвращающий к Источнику. Внутри себя человек не может найти путь и силы спастись от эгоизма.

М. Санилевич: Вы говорите о том, что человек ощущает свой эгоизм как врага, но человек ведь так не считает. Он ощущает свой эгоизм, как себя. Я хочу, я пытаюсь, стараюсь преуспеть, – в этом все ощущение человеком своей жизни.

М. Лайтман: Это так. Никто и не предлагает человеку отбросить все и делать что-то ради абстрактной идеи. Изучение каббалы раскрывает человеку глаза, он начинает понимать, что использование своего эгоизма и эксплуатация окружающих оборачивается ему во вред. Он начинает явственно ощущать, что отдавать, уступать, быть связанным с другими любовью и отдачей в своем внутреннем ощущении намного выгодней. Он ощутит, что через него проходит свет, наполнение, хорошее ощущение, подъем. Мир станет для него прозрачным, он почувствует, что мы связаны в единую систему.

Без явного ощущения этого невозможно совершить исправления. Как написано: «Познай Творца своего и служи Ему». Мы должны раскрыть это, и так прийти к правильным действиям. Продвижение возможно только таким путем, и оно не требует от нас просто быть «хорошими». Как я могу стать добрым, если я по природе своей зол? Поэтому сказано: «Свет, кроющийся в Пятикнижии, возвращает человека к Источнику».

 Единственное, что нужно сделать, – вызвать этот свет.

ДОПОЛНИТЕЛЬНАЯ ИНФОРМАЦИЯ

МЕЖДУНАРОДНАЯ АКАДЕМИЯ КАББАЛЫ

www.kabacademy.com

Международная академия каббалы (МАК) основана в 2001 году профессором Михаэлем Лайтманом. Основная цель организации – изучение и раскрытие законов мироздания.

Без знания этих законов невозможно полноценное решение как глобальных проблем общества, так и личных проблем каждого человека. Филиалы академии открыты в 52 странах мира. На сайт академии ежемесячно заходит более 4.5 миллиона человек. Информация обновляется ежедневно и выставляется на 35 языках.

Принципы методики – обучение в общении и открытая информация. Разделы сайта: «Интерактивные уроки», «Форум», «События». Все материалы находятся в открытом доступе. По окончании обучения студенты получают диплом и возможность участия в конгрессах, проводимых академией в разных странах мира.

БЛОГ МИХАЭЛЯ ЛАЙТМАНА

www.laitman.ru

От автора:

«В последнее время я обнаружил, что люди все больше осознают движение цивилизации к саморазрушению. Но одно временно обнаруживается невозможность предотвратить этот процесс. Общий кризис во всех областях деятельности человека не оставляет надежды на доброе будущее.

Каббала говорит, что это состояние человечества – самое прекрасное, потому что из него рождается новая цивилизация, которая будет основана уже на совершенно ином мышлении и восприятии реальности».

ВИДЕОПОРТАЛ – ЗОАР ТВ

www.zoar.tv

Каждый день реальность преподносит нам все новые сюрпризы, зачастую неприятные. Кризисы, катастрофы, политические передряги, природные катаклизмы, всего не перечесть. Иногда возникает такое ощущение, что мир постепенного сходит с ума, и желает непременно забрать нас с собой.

Но мы не поддаемся! Пока вдруг кто-то из нас не оказывается в центре циклона и, неожиданно, именно мы – жертвы очередного бедствия.

Почему я? За что?! А главное, что делать дальше?!!

Новый вебсайт Zoar.tv создан для того, чтобы попытаться ответить на эти вопросы. Раскрыть перед человеком изнанку происходящего; показать шестеренки, пружины и винтики механизмов, управляющих реальностью. И поставить человека перед неминуемым выбором: кто же я в этом механизме? В зависимости от этого выбора и сложится его дальнейшая судьба.

ИНТЕРНЕТ-МАГАЗИН

Содержание книг, дисков аудио и видео, затрагивает абсолютно все аспекты человеческой жизни: семья и воспитание, финансовый кризис и экология, жизнь и смерть, любовь и счастье.

Заказ можно оформить на сайте или по телефону:

Россия, СНГ, Азия
www.kbooks.ru
88001002145
(звонки по России бесплатно)
+7 (495) 649–6210

Израиль, Европа
www.kbooks.co.il/ru
+972 (3) 921–7172;
+972 (545) 606–810

Америка, Канада
www.kabbalahbooks.info
+1 (646) 435–0121
+1–866 LAITMAN

АННОТАЦИИ К КНИГАМ

ЗНАКОМСТВО С КАББАЛОЙ

ТОЧКА В СЕРДЦЕ
Чтобы не оставлять нас в этом крохотном мире больными, голодными, обездоленными и смертными, нам дана точка в сердце. Будь ты ребенок или взрослый, точка в сердце – это твой шанс ощутить себя в большом светлом мире, именно здесь и сейчас. Книга содержит избранные отрывки из материалов личного блога и ежедневных уроков каббалиста, профессора Михаэля Лайтмана.

КАББАЛИСТ
Этот кинороман о Бааль Суламе – одном из величайших каббалистов в истории человечества.
«Я нахожу крайне необходимым взорвать железную стену, которая отделяет нас от науки каббала», – написал он в одном из своих трудов. Он написал комментарии на важнейшие каббалистические труды: книгу «Зоар» и книги АРИ. Он делал все, чтобы донести каббалу до каждого человека, поэтому каббалистическая газета, которую он издал, так и называлась «Народ».
Тревога за судьбы человечества, переполнявшая сердце Бааль Сулама, предопределила весь его жизненный путь.

ПОСТИЖЕНИЕ ВЫСШИХ МИРОВ
«Среди книг и рукописей, которыми пользовался мой учитель, рав Барух Ашлаг, была объемистая тетрадь, которую он постоянно держал при себе. В этой тетради были собраны беседы его отца – великого каббалиста Йегуды Ашлага (Бааль Сулама). Он записывал эти беседы слово в слово – так, как они были услышаны им. В настоящей книге я попытался передать некоторые из записей этой тетради, как они прозвучали во мне», – так пишет в предисловии к книге ее автор, Михаэль Лайтман. Цель книги: дать читателю возможность познать цель творения и помочь сделать первые шаги на пути к ощущению духовных сил.

НЕВЕРОЯТНЫЕ ОТКРОВЕНИЯ КАББАЛИСТА
Эта книга – о наслаждении и страдании. О жизни и смерти. О любви и страхе. О деньгах и власти. Об уверенности и счастье. О свободе выбора и собственном «я» человека, – и о многом другом, волнующем каждого. Она состоит из бесед нашего современника, каббалиста и ученого Михаэля Лайтмана, со своими учениками.

ТАЙНЫЕ ПРИТЧИ БИБЛИИ

Библия закодирована. Прочитав эту книгу, вы узнаете секреты этого кода. И тогда вы сможете прорваться сквозь внешние события, из которых она на первый взгляд состоит, к тому, о чем в ней действительно говорится. Вы поймете, почему все мировые религии признают за Библией право первенства, ради чего ссылаются на нее политики, философы, писатели... Вам откроется истина.

Эта книга – путеводитель, руководство в продвижении для тех, кто задает вопросы о смысле жизни, инструкция о том, как открыть духовный мир. Как стать счастливым.

РАСКРЫТИЕ КАББАЛЫ

Неожиданно для многих, но не для тех, кто стоял у ее истоков, оказалось, что каббала актуальна как никогда в качестве духовного и практического руководства к жизни. Эта книга расскажет вам, чем на самом деле является эта древняя наука: откуда она взяла свое начало, как развивалась, какова ее роль в современном изменчивом мире.

ДЛЯ ИЗУЧАЮЩИХ КАББАЛУ

ЗОАР

Древнейший источник знания, основа каббалистической литературы – книга «Зоар», написанная метафорическим языком, – была покрыта тайной все 2000 лет своего существования. Истинный смысл текста и ключ к его пониманию веками передавался только от учителя к ученику. Разгадать секреты книги «Зоар» пытались мудрецы и мыслители всех времен и народов. Эти попытки не оставляют и современные ученые.

В предлагаемое издание включены фрагменты оригинальных текстов с переводом и пояснениями М. Лайтмана, основанными на исследованиях выдающихся каббалистов и на собственном опыте.

Автор раскрывает широкому кругу читателей тайный код, с помощью которого вы можете сами прикоснуться к информации, зашифрованной древними каббалистами.

КАББАЛА ДЛЯ НАЧИНАЮЩИХ. ТОМ 1, 2

Предлагаем вашему вниманию новое учебное пособие. Книга включает следующие разделы: «История развития каббалы», «Каббала и религия», «Сравнительный анализ каббалы и философии», «Каббала как интегральная наука» и «Каббалистическая антропология». Книга составлена на основе лекций каббалиста, профессора М. Лайтмана и снабжена чертежами, справочной информацией, ссылками на аудио- и видеоматериалы и печатные классические каббалистические источники.

НАУКА КАББАЛА

Эта книга – базовый курс для начинающих изучать науку каббала.

Главная часть книги – статья «Введение в науку каббала» – написана одним из величайших каббалистов в истории человечества, Бааль Суламом. Текст приводится на языке оригинала с переводом на русский язык и комментариями Михаэля Лайтмана – преемника и последователя школы Бааль Сулама. Рекомендована читателям, цель которых – обрести фундаментальные знания о духовных мирах, и о сути высшего управления. В приложении: контрольные вопросы и ответы, альбом графиков и чертежей духовных миров.

КЛАССИЧЕСКАЯ КАББАЛА

СБОРНИК ТРУДОВ БААЛЬ СУЛАМА

Йегуда Ашлаг (Бааль Сулам) является основоположником современной каббалы. Книга содержит адаптированные для широкой аудитории статьи, впервые публикуемые на русском языке. В основном, это рукописи, которые – под руководством профессора Михаэля Лайтмана – были подготовлены к печати переводчиками и редакторами Международной академии каббалы.

Публикуемые материалы содержат глубокий анализ различных общественно-политических проблем и показывают пути их решения. Это особенно актуально сегодня, когда все человечество погружается в глобальный кризис, требующий немедленного радикального решения.

УСЛЫШАННОЕ (ШАМАТИ)

Статьи, записанные со слов каббалиста Йегуды Ашлага (Бааль Сулама) его сыном и учеником, каббалистом Барухом Ашлагом (РАБАШ). Издание составлено под руководством Михаэля Лайтмана, ученика и ближайшего помощника Баруха Ашлага.

Раскрыв эту книгу, читатель прикоснется к раскрытию смысла своего существования. Он раскроет для себя мир, в котором вечно существует его «я». Это мир человеческой души. Каждая статья повествует о внутренней работе человека, вставшего на путь самопознания. Если вы взяли в руки эту книгу – она для вас. Вы не обязаны сразу понимать прочитанное, это придет потом. Но всю глубину мудрости, скрытую в этой книге, вы ощутите, прочитав ее первые строки.

УЧЕНИЕ ДЕСЯТИ СФИРОТ

«Учение Десяти Сфирот» – фундаментальный труд, соединяющий в себе глубочайшие знания двух великих каббалистов – АРИ (XVI в.) и Бааль Сулама (XX в.). Это основной учебник науки каббала, раскрывающий полную картину мироздания. Материал данной книги основан на курсе, проведенном руководителем МАК, каббалистом, профессором Михаэлем Лайтманом. Вы встретите здесь полный перевод оригинального текста первой части «Учения Десяти Сфирот», включая приводимые Бааль Суламом определения каббалистических терминов. Во второй части книги «Внутреннее созерцание» автор дает глубокий и всесторонний анализ изучаемого в каббале материала.

ДЛЯ ДЕТЕЙ И ИХ РОДИТЕЛЕЙ

СКАЗКА О ДОБРОМ ВОЛШЕБНИКЕ
Сказка – это мудрость. Ведь все проходит, и только истинные сказки остаются. Чтобы рассказывать сказки, надо очень много знать, необходимо видеть то, что не видно другим…

ДЕТСКИЕ СТРАХИ
Книга «Детские страхи» – первая в серии «Методика интегрального воспитания». Она призвана помочь родителям лучше понять себя и своих детей.
Это особый путеводитель, который позволяет родителям и детям вместе справляться с возникающими страхами. Книга поможет вам понять источник страха и его цель, а также предоставит дополнительную возможность укрепить связь с детьми, по-настоящему понять их и поддержать, как поддерживают товарища в пути.

ЧЕЛОВЕК – МАЛЕНЬКИЙ МИР
Эта книга сложена из коротких фрагментов – кусочков единой мозаики, спаянных в одно целое. Вместе они – емкий обзор методики интегрального воспитания, универсальной по применению, обширной по содержанию, глубокой по сути, а главное, адаптированной именно для нового поколения.
Книга предназначена всем, кому близка тема воспитания: родителям, тревожащимся за будущее своих детей, педагогам, желающим расширить кругозор, и каждому, в ком еще мерцает искра, еще живет ребенок, затаившийся в сердце.

ЧУДЕСА БЫВАЮТ. ТОМ 1, 2
Сказка – верный путь к сердцу ребенка, даже если этот ребенок затаился во взрослом. Сказка – друг искренности и враг фальши. Добрая, мудрая сказка может сделать больше, чем целый ворох наставлений, – поскольку она не поучает, а напутствует, не понукает, а влечет нас к добру. В этой книге собраны сказки, которые помогут детям

взяться за руки и уже никогда не терять друг друга. Пускай это покажется чудом, но ведь всем известно, что чудеса бывают.

ВОЛШЕБНЫЕ ОЧКИ

Эта книжка сказок открывает новую серию под общим названием «Сказки из будущего». Тема сборника – «Мироощущение». На первый взгляд может показаться, что это слишком возвышенное понятие для детей. Однако не будем забывать, что на дворе уже XXI век. Наши дети рождаются и растут в безбрежном информационном море, в котором даже взрослому трудно определить ориентиры. Поэтому так важен диалог родителей и детей о том, что движет человеком, к чему он стремится, как устроен окружающий мир и общество.

Мы надеемся, что сказки, идеалы которых: добро, любовь, дружба, взаимовыручка – помогут наладить этот не простой, но такой важный и необходимый диалог.

ПРОДАВЕЦ УКРОПА ИЛИ ПРИКЛЮЧЕНИЯ ВУДИ ФИТЧА

В стране наблюдаются поразительные аномалии. В результате этого возникают проблемы государственного и даже общемирового уровня. Профессор Маркус Беньямини собирает двенадцать детей с необычными способностями в особую школу на Заячьем Острове. Именно им, детям нового поколения, предстоит разрешить все проблемы человечества, раскрыв Главный Закон Природы.

Почему именно дети? Какими способностями они обладают? Какими методами решают поставленные задачи? Почему автор произведения скрывает свое имя? Все это и многое другое вы узнаете, прочитав эту книгу.

В сопроводительном письме анонимный автор произведения утверждает, что детективные расследования, описанные в книге – реальны. Изменены лишь имена и географические названия…

ЭКСТРЕННОЕ СООБЩЕНИЕ
Анонимный автор «Продавца укропа» раскрывает секреты на сайте
www.woodyfitch.com

РАЗВИТИЕ ЧЕЛОВЕКА ОТ 0 ДО 20

Дети – это наше будущее. В мире нашего завтра хозяевами будут они, и мы уже ничего не сможем изменить, но сегодня их развитие во многом зависит от нас.

Книга «Развитие человека от 0 до 20» прослеживает становление человека начиная с периода внутриутробного развития и заканчивая возрастом 20 лет – моментом вхождения во взрослую жизнь. Книга демонстрирует необычный и очень интересный подход к вопросам воспитания, отношение к окружающему миру. Речь идет о Законах природы, которые мы обязаны соблюдать, желаем мы того или нет, – чтобы не навредить себе. Все зависит только от того, насколько мы хорошо знаем эти законы и их следствия.

ПСИХОЛОГИЯ ИНТЕГРАЛЬНОГО СООБЩЕСТВА

Мир, в котором мы сегодня живем, – глобальный, интегральный. Это значит, что все его части полностью взаимозависимы, и каждая часть определяет судьбу всех. Таким он проявился благодаря прогрессу. Начиная с этого момента, нет места распрям между частями мира, потому что все, противоречащее интеграции, противоречит прогрессу, эволюции, закону природы. Абсолютная связь всех частей мира должна быть осознана нами, как факт.

Человек, который правильно войдет в интеграцию, от этого выиграет. Он не просто будет воспитанным, у него будут необходимые навыки для выживания. Выживет только тот, кто поймет, что интеграция, взаимное поручительство, уступки, объединение – это зов природы. А цель природы – привести человечество к подобию себе – к гармонии и совершенству.

Беседы с Михаэлем Лайтманом

ПОЛЕЗНЫЕ СОВЕТЫ КАББАЛИСТА
мужчине и женщине, родителям и детям

Редактор: Н. Крупинов, И. Колединцев
Корректор: Н. Серикова
Графика и дизайн: А. Мохин
Компьютерная верстка: А. Сопов
Выпускающий редактор: С. Добродуб

www.ingramcontent.com/pod-product-compliance
Lightning Source LLC
LaVergne TN
LVHW011929070526
838202LV00054B/4562